「領事報告」掲載フィリピン関係記事目録, 1881-1943年
付録1：『通商月報』『通商彙報』『南方院時報』（大阪発行），1894-1945年
付録2：『日本外交文書』「外務省外交史料館文書」（戦前・戦中）

早瀬晋三 編

龍溪書舎

List of Japanese Consular Reports on the Philippines, 1881-1943
Compiled by Shinzo HAYASE
Tokyo : Ryūkei Shosha, 2003

まえがき

『「領事報告」掲載フィリピン関係記事目録、1881-1943年　付録1：『通商月報』『通商彙報』『南方院時報』（大阪発行）、1894-1945年；付録2：『日本外交文書』「外務省外交史料館文書」（戦前・戦中）』が、『復刻版　比律賓情報　付録：比律賓協会会務報告』とあわせて、龍溪書舎から出版されることは、日比関係史だけでなく、関連する地域や分野の研究の発展に大いに貢献するものと確信している。

近年、大学院教育の重要性が唱えられ、大学院生の数が急増するなかで、原史料の読解を重視する歴史学教育においては、原史料を利用しやすくすること、研究工具・教育工具の整備などが課題となってきている。日比関係史では、本目録、『復刻版　比律賓情報』に既刊の『比島調査報告』などの「南方軍政関係史料」（龍溪書舎）、『マニラ新聞』（日本図書センター、1991年、全5巻）を加えて、かなり整備されてきたということができる。

今日のグローバル化のなかで、2国間関係史をより広い地域のなかで、さらには世界史のなかで把握しようとする試みがなされるようになってきている。この目録も、日本史やフィリピン史研究者だけでなく、さまざまな地域・分野の人が利用することになるだろう。また、タイについて同種の目録が出版されたことから（南原真『「領事官報告」掲載タイ（暹羅）関係記事目録　明治30年から昭和18年迄』法政大学比較経済研究所、2001年、78頁）、比較研究も容易になった。日比関係史も、より客観的な「他者」の眼を通して、洗練された研究分野になっていく状況が生まれつつある。

本目録は、研究者だけでなく、卒業論文や修士論文を準備している学生・大学院生、さらには日本語を修得した外国人が利用することも期待している。とくに、現在日本語文献を利用することのできる研究者が少ないフィリピン人が、利用することを期待している。2国間関係史は、両国の研究のバランスがとれて、はじめて議論を戦わすことができる。そして、両国以外の研究者の参加を得て、世界的な視野のなかで2国間関係史をみることができる。本目録が、そのような研究の発展に寄与することができれば、望外の喜びである。

2001年11月　　早瀬　晋三

目　次

まえがき ……………………………………………………………………1
解　説 ………………………………………………………………………5

「領事報告」掲載フィリピン関係記事目録，1881-1943年
1．『通商彙編』1881-86年 ……………………………………………21
2．『通商報告』1886-89年 ……………………………………………21
3．『官報』1890-93年 …………………………………………………21
4．『通商彙纂』1894-1913年 …………………………………………23
5．『通商公報』1913-24年 ……………………………………………49
6．『日刊海外商報』1925-28年 ………………………………………123
7．『週刊海外経済事情』1928-34年 …………………………………145
8．『海外経済事情』1935-43年 ………………………………………163

付録1：『通商月報』『通商彙報』『南方院時報』（大阪発行）掲載フィリピン
　　　　関係記事目録，1894—1945年
1．『通商月報』1894-1915年 …………………………………………169
2．『通商彙報』1915-44年 ……………………………………………172
3．『南方院時報』1944-45年 …………………………………………179

付録2：『日本外交文書』「外務省外交史料館文書」（戦前・戦中）掲載フィリ
　　　　ピン関係記事目録
1．刊行文書 ………………………………………………………………181
2．未刊行文書（明治・大正）……………………………………………182
3．未刊行文書（昭和戦前・戦中）………………………………………187

索　引

1．「領事報告」地名索引 …………………………………………………193
2．「領事報告」事項索引 …………………………………………………199

解　　説

　一般に「領事報告」とよばれる当該国・地域の領事からの通商経済情報は、政治的外交的情報とは区別され、民間業者の要望に応えるため、誌名を変えながら定期的に編集・刊行され、ときには希望者に無料で配布された。「領事報告」が本格的に刊行されたのは、『通商彙編』(1881-86年)、『通商報告』(1886-89年)、『官報』(「通商報告」欄)(1890-92年)、『官報』(「公使館及領事館報告」欄)(1893-1905年)の後を受けて刊行された『通商彙纂』からである。『通商彙纂』は、1894年1月から1913年3月まで発行され、当初の月1回から、1895年5月に月2回、1897年6月に月3回、1900年4月に再び月2回、1902年7月に週1回、1903年4月に月6回と年6回の臨時増刊と、日本人の海外での経済活動の活発化とともにその発行回数を増やしていった。そして、さらに発行回数を増やし、内容を充実させて『通商公報』(1913-24年)に引き継がれ、『日刊海外商報』(1925-28年)、『週刊海外経済事情』(1928-34年)、『海外経済事情』(1935-43年)まで中断することなく、一貫して海外の経済情報を民間に提供し続けた。その内容は、当該地の消費者のニーズを知るため、単なる通商経済情報に留まらず、風俗・習慣・流行にいたるまで幅広く、詳細にわたっていた。したがって、「領事報告」は日本経済史研究にとって第一級の史料であるばかりでなく、当該地の歴史研究においても貴重な情報を提供しているといえる。とくに、日本と当該地の関係史を研究する者にとって、欠くべからざる史料といえる。にもかかわらず、フィリピン史研究あるいは日比関係史研究において、従来「領事報告」が利用されたことはほとんどなかった。

　フィリピンは、1899年にアメリカ合衆国領となって貿易が活発となり、日本とのかかわりも多方面に及ぶようになった。しかし、第一次世界大戦勃発までは日本の大資本の進出はあまりみられず、経済的にはもっぱら地理的な近さを利用しての個人的な交流が中心であった。一方、軍事的には朝鮮さらに中国東北地区への「北進論」ほど明確ではなかったが、世紀転換期のフィリピン革命期以来、日本の軍部はフィリピン「進出」への足掛かりをつかもうとしていた。このような状況のなかで、マニラの日本帝国領事館からどのような情報が日本にもたらされ、取捨選択されて掲載されたかを把握することは、日比関係史を理解するうえで極めて重要な意味をもつ。ここでは、まず『通商彙纂』に掲載されたフィリピン関係記事をリストアップし、さらに『通商彙纂』で分類された項目ごとに掲載数を

表にし、若干の考察を加えたい。以下、継続誌についても同様の考察を加える。なお、記事題目は目次や索引ではなく記事中の題目に従い、旧漢字は新漢字に改めた。

1．『通商彙纂』（1894年1月―1913年3月）

　表1から、フィリピンがアメリカ合衆国領となった翌年の1900年から急速に掲載件数が増えたことがわかる。そして、道路工事人夫など5,000人余の日本人労働者がフィリピンに渡航した1903年、1904年両年の前年、1902年に55件、1903年に52件とピークをむかえている。したがって、これらの労働者は渡航前に多少なりともフィリピンに関する情報を得ることができたわけで、情報量の増加と渡航者数の増加は無関係ではなかったと思われる。その後、掲載数の増減はあるが、1904年から1910年頃までフィリピン在留日本人人口は2,000人前後で安定しており、継続的に商業関係の情報を中心に日本に送られていたことがわかる。

　『通商彙纂』の分類項目は時代が下るにしたがって細分化されたため、項目毎の正確な比較はできないが、「商業」の記事がもっとも多く、全体の4分の1強の119件を占める。つぎに「交通」または「交通及通信」合計47件、「関税」または「関税及諸税」合計40件と続く。これらの多くは大規模な日本商品の輸出のために欠くことができない情報であったが、具体的な商品に関する情報となるとマッチなど小規模なものが中心であった。また、「移民」または「移民及労働」合計19件、「居留地及居留民」5件が示す通り、フィリピンへの移住または出稼ぎ労働が期待され、現実にフィリピンに在留している日本人にかかわる、漁業やマニラ麻に関する情報が掲載された。これらのことから、当時の日本がフィリピンに期待したことは、まず外貨を稼ぐための貿易の促進と日本人商人の進出先、そして余剰労働力の移住・出稼ぎ労働先としてであったことが想像される。

2．『通商公報』（1913年4月―1924年12月）

　『通商彙纂』を受け継いだ『通商公報』は、1913年4月から1924年12月まで週2回発行された。1914年7月から1918年11月までヨーロッパを中心に第一次世界大戦がおこなわれ、ヨーロッパからのアジア市場向け商品が品薄になる現象が起きた。1917年4月にはアメリカ合衆国も参戦し、日本製商品にとってアジア市場進出の絶好の機会が訪れた。しかし、当時の日本製商品は「安かろう、悪かろう」という評判に代表されるように、けっして欧米製品にとってかわる品質を保っていたわけではなかった。

表2から、第一次世界大戦勃発後1916年まで掲載件数が順調に伸び、1916年には150件におよび、そのうち「商業」が95件、63.3％を占めたことがわかる。その後一時減少するが、1922年に急増し、173件が掲載された。全期間を通して「商業」が半数近くを占め、「電報」が増加し1922年には「電報」31件、「速報」29件で、合計60件、全体の34.7％を占めた。このなかの多くは「商業」関係で、情報の即時性が重要になってきたことを示している。また、「紹介」が全体で114件、9.0％を占め、取扱商や輸入商が紹介されている。このように全体として、商品流通に関する情報が主流となっていった。

3．『日刊海外商報』（1925年1月—1928年3月）

『通商公報』を受け継いだ『日刊海外商報』は、さらに発行頻度を増して、1925年1月から1928年3月まで毎日発行された。

表3から、「商品市況」が約半分の197件、全体の49.9％を占め、ついで「商取引紹介」が84件、21.3％を占めたことがわかる。このころから商取引に関係のない現地事情の情報はほとんどなくなる。換言すれば、フィリピン研究に関係する資料としては役に立たなくなる。このことは、日本の生産者にフィリピンの消費者の「顔」がみえなくなったことを意味し、モノの交流がヒトの交流に結びつかなくなったことを想像させる。当時、フィリピンにかんする情報は、南洋協会が発行した『会報』『南洋協会々報』『南洋協会雑誌』『南洋』（1915-44年）や台湾総督官房が発行した『南支那及南洋情報』『南支南洋』（1931-41年）、さらには比律賓協会『比律賓情報』（1936-44年）などによって得ることができた。

4．『週刊海外経済事情』（1928年4月—1934年12月）；『海外経済事情』（1935—43年）

『日刊海外商報』を受け継いだ『週刊海外経済事情』は、発行頻度を減らし、1928年4月から1934年12月まで毎週発行されたが、さらに1935年から毎月10日と25日の月2回の発行となり、誌名を『海外経済事情』に変更した。

表4から、日刊から週刊になって掲載件数が半減し、さらに月2回の発行になって年10件未満に激減したことがわかる。しかし、太平洋戦争間近の1940、41年になるとそれぞれ20、37件と増加した。相変わらず、「商品」（107件、全体の28.6％）、「貿易」（69件、18.4％）、「紹介」（33件、8.8％）といった商取引関係が半数以上を占めたが、1930-34年には「関税及条約」（33件）、「外国法規」（15件）が目立った。そのほか分類項目が増加し、現地事情にも関心が払われるようになってきていることがわかる。国策としての「南進」

が現実味を帯びてきた影響かもしれない。

5．大阪発行『通商月報』ほか

このように「領事報告」掲載のフィリピン関係の記事は、商取引関係の情報が中心になり、現地事情の情報は減る傾向にあった。その商取引は、もっぱら日本側では阪神、フィリピン側ではマニラでおこなわれていた。「領事報告」はマニラの領事館から東京の官庁に向けて発信した情報であり、はたして実際に商取引にたずさわっていた阪神の商人などに充分な情報をもたらしていたかどうかの疑問があった。当時、すでに東京、大阪、京都、横浜、神戸といった大都市では各商業会議所を中心に海外の情報が収集され、「領事報告」のような雑誌を発行していた。そこで、1894年から府立大阪商品陳列所発行の『通商月報』(1894-1915年)、府立大阪商品陳列所(のち大阪府立貿易館、大阪南方院に変更)発行の『通商彙報』(1915-44年)、大阪南方院発行の『南方院時報』(1944-45年)の記事目録を付録として掲載した。なお、大阪商業会議所(のち大阪商工会議所)発行の雑誌に、『大阪商業会議所月報』(1882-1904年)『貿易通報』(1906-21年)『月報』(1922-24年)『大阪商業会議所月報』(1925-27年)『大阪商工会議所月報』(1928-43年)がある。

『通商月報』は毎月25日の発行、『通商彙報』は当初隔月10日発行であったが、1919年から毎月1日発行、1922年10月から1、11、21日の月3回、1926年10月から月1～2回、1928年6月から1、15日の月2回、1931年4月から月1回発行、『南方院時報』になって1944年4月から1、15日の月2回の発行となった。フィリピン関係記事掲載件数については「領事報告」に比べ非常に少なく、記事内容についても「領事報告」からの引用があったりで、大きな違いはなかった。したがって、とくに阪神の商人などに向けた情報はなかった。なお、1894-95年発行の『通商月報』については、製本にさいし表・裏表紙をカットしたものがあるため発行月日不明のものがある。

年	1894	95	96	97	98	99	1900	01	02	03	04	05	06	07	08	09	10	11	12	13	14	15	16	17	18	19
記事件数	5	1	0	0	0	1	2	6	8	5	2	0	1	2	5	2	3	3	4	0	1	1	0	0	0	2

年	1920	21	22	23	24	25	26	27	28	29	30	31	32	33	34	35	36	37	38	39	40	41	42	43	44	45
記事件数	0	9	4	5	4	12	3	5	5	2	9	10	7	1	0	0	1	0	0	7	12	14	4	6	13	0

6. 索　引

　索引からわかることは、まず「地名索引」からその大半が「マニラ」で、マニラ以外の情報はほとんどなかったことがわかる。マニラ以外では、日本人入植者が多数いた「ダバオ」が目立つ。「事項索引」では、貿易および輸出入に関するものが多い。フィリピンから日本への輸出品では、日本人入植者が栽培していたマニラ麻に、マニラ麻と並ぶフィリピンの２大輸出品の砂糖や木材、コプラ、日本からの輸入品ではフィリピン駐在アメリカ軍用の石炭、タマネギや馬鈴薯などの蔬菜類が目立つ。そのほか、種々雑多な日本製の日用雑貨類が輸出されていたことがわかる。これらの貿易品を扱う輸入商や取扱商の紹介も、「領事報告」の重要な役割だった。また、フィリピンの主食である米についての記事も多く、日本人入植者のためかコレラや牛疫（リンダーペスト）の情報が多く載せられていた。索引からも、マニラを中心とした貿易が、記事の中心であったことがわかる。

　「領事報告」の調査にあたっては、1988年から開始された復刻版の刊行以前におこなったものが多く、おもに東京大学明治文庫、同経済学部図書館、鹿児島大学附属図書館、神戸大学附属図書館、大阪市立大学学術情報総合センターのお世話になった。また、本目録の作成にあたって、平成３年度文部省科学研究費補助金（奨励研究Ａ）、平成５-７年度文部省科学研究費補助金（重点領域①）および平成10-11年度外務省プロジェクトの助成を得た。記して感謝を申しあげます。本目録の出版は、同時に出版される『復刻版　比律賓情報』とともに、平成11-13年度科学研究費補助金（基盤研究(B)(1)）「東南アジア史研究で卒論・修論を書くための教育・研究工具の開発のための研究」（代表早瀬晋三）の活動の一環でもあることを、付記する。なお．索引の入力および確認でそれぞれ大阪市立大学学生・院生（当時）の南部登志子さんおよび田中麻里絵さんのお世話になった。あわせて感謝を申しあげます。

　本目録の初出一覧は、以下の通りである。

「外務省外交史料館（東京）所蔵フィリピン関係文書目録Ｉ：明治・大正期」『日本のフィリピン占領期に関する史料調査フォーラムNEWSLETTER』No. 2（1990年10月）pp. 17-24。

「外務省外交史料館（東京）所蔵フィリピン関係文書目録Ⅱ：昭和期20年まで」『日本のフィリピン占領期に関する史料調査フォーラムNEWSLETTER』No. 3（1990年11

月）pp. 26-30。

「『通商彙纂』掲載フィリピン関係記事目録」『鹿児島大学教養部史学科報告』第38号（1991年7月）pp. 55-83。

「『海外経済事情』掲載フィリピン関係記事目録、1941-43年」『日本のフィリピン占領期に関する史料調査フォーラムNEWSLETTER』No. 6 （1991年7月）pp. 5-8。

「『通商公報』掲載フィリピン関係記事目録、1913-24年」『鹿児島大学教養部史学科報告』第39号（1992年7月）pp. 81-128。

「『日刊海外商報』掲載フィリピン関係記事目録、1925-28年　付：領事報告掲載フィリピン関係記事目録、1881—93年」『鹿児島大学教養部史学科報告』第39号（1992年7月）pp. 129-46。

参考文献

高嶋雅明「領事報告制度と『領事館報告』について」『経済理論』(和歌山大学経済学会) 168号 (1979年3月) pp. 62-85。

角山榮「『領事報告』について」『経済理論』(和歌山大学経済学会) 167号 (1979年1月) pp. 1-19。

角山榮『「通商国家」日本の情報戦略：領事報告をよむ』日本放送出版協会、1988年、214頁。

角山榮編著『日本領事報告の研究』同文舘、1986年、530頁。

角山榮・高嶋雅明監修『マイクロフィルム版　領事報告資料収録目録』雄松堂フィルム出版、1983年、494頁。

早瀬晋三「アメリカ植民統治下初期（明治期）フィリピンの日本人労働」池端雪浦・寺見元恵・早瀬晋三『世紀転換期における日本・フィリピン関係』東京外国語大学アジア・アフリカ言語文化研究所、1989年、pp. 67-170。

早瀬晋三『「ベンゲット移民」の虚像と実像―近代日本・東南アジア関係史の一考察』同文舘、1989年、292頁。

早瀬晋三『フィリピン行き渡航者調査（1901～39年）―外務省外交史料館文書「海外渡航者名簿」より―』京都大学東南アジア研究センター、文部省科学研究費補助金重点領域研究「総合的地域研究」成果報告書シリーズNo. 8、1995年、141頁。

早瀬晋三「日米比貿易統計1874-1942年―アジア貿易と阪神2港の視点から―」『人文研究』(大阪市立大学文学部紀要) 第52巻、第2分冊 (2000年12月) pp. 83-115。

早瀬晋三「米比自由貿易体制下の日本商品とその取扱商―予備的考察」池端雪浦編『日比交流史』(仮題) 岩波書店、(近刊)。

元吉光大『比律賓群島ニ於ケル日本商品ノ声価及其将来』横浜正金銀行、1919年、37＋17頁。

表１：『通商彙纂』（1894—1913年３月）

年	1894	95	96	97	98	99	1900	01	02	03	04	05	06	07	08	09	10	11	12	13*	合計
時　　　事																	1	3	6	3	13
商　　　業		1	1		1		7	6	11	5	3	3	14	7	9	8	12	13	13	5	119
工　　　業				1				1	1	1		2	1				2		2		11
農　　　業									1			3		2	1	3	2	2	2		16
林　　　業																	2	2			4
山　　　林								1													1
畜　産　業																	1				1
鉱　　　業													1		2		1				4
移　　　民					1	1		1	5	2	3	3									16
移民及労働															1			1	1		3
水　産（業）									1		2		2		1			2			8
関　　　税			1			2	4	1	4	7	4	5	1								29
関税及諸税													2	2	2	1	3	1			11
交　　　通		1					2	5	13	11	2	2	5								41
交通及通信														2		1	1	1	2		7
海外貿易品取引商紹介																2		6			8
貨幣及金融							5	4	6	3	2	3									23
財政及経済															1		1				2
条約及諸法規											1	2	2				1	2			8
検疫並衛生															1						1
居留地及居留民													2	1	1	1					5
各　地　事　情																	1	1	1		3
雑（雑報）	1				1	1	3	14	20	15	2	6	19					2	1		85
参　　　考				1																	1
電　　　報												1	3								4
合　　　計	1	2	2	2	2	4	17	31	55	53	17	26	51	17	20	17	26	34	34	13	424

＊　1913年は１月から３月までの３ケ月間のみ

表2：『**通商公報**』(1913年4月—1924年12月)

年	1913*	1914	1915	1916	1917	1918	1919	1920	1921	1922	1923	1924	合計
電　　　報	3	17	10	11	12	9	3		1	31	30	14	141
速　　　報									3	29	11		43
口　　　絵		7		3			2				2		14
時　　　事	1												1
各種産業機関							1	1		1			3
産　業　機　関										1	2	2	5
企　　　業											4	2	6
商　　　業	14	41	80	95	84	36	49	28	37	50	23		537
商　品　市　況											40	54	94
財政及経済	3			1		2	2	6	4	2	1	2	23
経　　　済									2				2
工　　　業			2	2	1	2		1	2	2	1		13
鉱　　　業			1	1						4		1	7
採　掘　業									5	2			7
農　　　業		4	8	9	2		2	3	2	5		5	40
畜　産　業			1	1									2
林　　　業		1	1				1		1	3	1		8
関税及諸法規	3	9	4	5	3								24
関税及外国諸法規						9	3	3					15
対外通商法規						1							1
外　国　法　規								1		1	2	2	6
関税及条約								1	2	2			5
関　　　税									1	3		1	5
貿　易　一　般											8	9	17
検疫並衛生		1	2	9	9	2				1			24
衛　　　生									1			1	2
交通及通信	4	8	5	5	1		1						24
交通及港湾								4		2		2	8
交　　　通								4	2	14	13	7	40
港　　　湾										1	1		2

年	1913*	1914	1915	1916	1917	1918	1919	1920	1921	1922	1923	1924	合計
各地事情		1				1			1			1	4
移民及労働	1					1							2
在外本邦人		1	1										2
移　　民								2	1	1			4
移民及社会									1				1
労　　働									1	1			2
労働及社会										1			1
雑　　報	3	1	3							2			9
雑　　録										1	1		2
博覧会及各種会議		2											2
紹　　介	2	6	14	8	2	2	8	22	20	15	8	7	114
欄　　外												3	3
合　　計	34	99	132	150	114	65	68	80	87	173	147	116	1,265

＊ 1913年は4月から12月までの9ケ月間のみ。

表3：『日刊海外商報』（1925年1月—1928年3月）

年月	1925 1-3	4-6	7-9	10-12	1926 1-3	4-6	7-9	10-12	1927 1-3	4-6	7-9	10-12	1928 1-3	合計
電　　報	4	2	1	12	2	2				1	2		1	27
速　　報		1												1
貿　　易	4	1		2		5	3	5	7	4	4	8	5	48
経済一般	2	4	1	1		3	3		2		1	4	3	24
商品市況	16	15	17	15	11	23	16	13	11	16	16	16	12	197
商取引紹介	1	7	11	8	7	14	20	9			2	2	3	84
欄　　外	6	2	4	1	1									14
合　　計	33	32	34	39	21	47	42	27	20	20	24	32	24	395

表 4 :『週刊海外経済事情』（1928年4月—1934年12月）
『海外経済事情』（1935—43年）

年	1928	1929	1930	1931	1932	1933	1934	1935	1936	1937	1938	1939	1940	1941	1942	合計
電　　　　報	4	3	1													8
商　　　　品	5	8	15	16	2	14	19	3	1	5	1	2	2	14		107
財経及経済				5	1	1	2			1			6	6	1	23
経　　　　済	5	9	6													20
工　　　　業					2	1		1								4
鉱　　　　業			3	1						1			1	1		7
農　　　　業			1	1	5	5	1	2					1	2		18
農業・商品					4	3										7
畜　産　業					1											1
林　　　　業					1									1		2
水　産　業				1		1										2
産業機関						1										1
外国法規				3	4	3	4						1			15
関税及条約			8	10	9	1	5									33
関税及条約・商品					1											1
貿　　　　易	2	4	5	6	7	2	7	3	2	2	1	4	9	13	2	69
検　　　　疫			3	2												5
交通、保険、倉庫及港湾				1	3		3									7
各地事情					1											1
移民、労働及社会				1		1										2
雑　　　　録				1		3	3									7
雑録・紹介						1										1
紹　　　　介	6	7	5	6	2	2	5									33
合　　　　計	22	31	55	54	37	41	46	8	3	9	2	6	20	37	3	374

1028年は4-12月の9ヶ月間のみ。1943年は、フィリピン関係記事なし。

表5　フィリピン在留日本人人口（明治22～昭和18年）

年　月　日	フィリピン			マニラ及其付近			ダバオ及其付近		
	男	女	合計	男	女	合計	男	女	合計
1889.12.31 （明治22年）	2人 100.0%	0人	2人	2人 100.0%	0人	2人 100.0%	—	—	—
1891.12.31 （明治24年）	5 100.0%	0	5	4 100.0%	0	4 80.0%	—	—	—
1896.12.31 （明治29年）	7 100.0%	0	7	7 100.0%	0	7 100.0%	—	—	—
1897.12.31 （明治30年）	13 81.3%	3 18.7%	16	13 86.7%	2 13.3%	15 93.8%	—	—	—
1898.12.31＊ （明治31年）	18 16	6 8	24 24						
1899.12.31 （明治32年）	82 89.1%	10 10.9%	92						
1900.3.31 （明治33年）	78 92.9%	6 7.1%	84						
1900.12.31 （明治33年）	103 61.7%	64 38.3%	167						
1901.12.31＊ （明治34年）	226 57.1%	170 42.9%	396						
1902.7.23＊ （明治35年）	約590 65.6%	約310 34.4%	900						
1903.6.9＊ （明治36年）	—	—	—	—	—	711	—	—	—
1903.6.30 （明治36年）	773 63.6%	442 36.4%	1,215	630 63.6%	361 36.4%	991 81.6%	22 100.0%	0	22 1.8%
1904.7.15＊ （明治37年）	1,622 77.4%	474 22.6%	2,096						
1905.8.17＊ （明治38年）	1,687 78.8%	455 21.2%	2,142						
1905.12.31 （明治38年）	1,802 74.0%	633 26.0%	2,435						
1906.11.19＊ （明治39年）	1,476 70.8%	609 29.2%	2,085						
1907.7.20＊ （明治40年）	1,500 68.8%	680 31.2%	2,180	—	—	—			
1907.12.31 （明治40年）	1,461 77.2%	431 22.8%	1,892	415 66.2%	212 33.8%	627 33.1%	311 99.7%	1 0.3%	312 16.5%
1908.12.31 （明治41年）	1,520 79.2%	399 20.8%	1,919	499 69.2%	222 30.8%	721 37.6%	319 98.2%	6 1.8%	325 16.9%
1909.12.31 （明治42年）	1,688 78.2%	470 21.8%	2,158	537 68.9%	242 31.1%	779 36.1%	330 96.5%	12 3.5%	342 15.8%
1910.12.31 （明治43年）	1,902 74.4%	653 25.6%	2,555	517 65.2%	276 34.8%	793 31.0%	348 96.4%	13 3.6%	361 14.1%

解　説　17

年　月　日	フィリピン			マニラ及其付近			ダバオ及其付近		
	男	女	合計	男	女	合計	男	女	合計
1911.12.31 (明治44年)	2,268 76.9%	683 23.1%	2,951	774 71.8%	304 28.2%	1,078 36.5%	290 95.4%	14 4.6%	304 10.3%
1912. 6.30 (明治45年)	2,536 78.4%	694 21.6%	3,233	794 72.1%	308 27.9%	1,102 34.1%	351 97.0%	11 3.0%	362 11.2%
1912.12.31 (大正元年)	2,863 78.4%	791 21.6%	3,654	955 72.5%	363 27.5%	1,318 36.1%	415 96.7%	14 3.3%	429 11.7%
1913. 6.30 (大正2年)	3,431 80.2%	846 19.8%	4,277	—	—	—	—	—	—
1913.12.31 (大正2年)	3,935 82.4%	840 17.6%	4,775	1,282 75.8%	410 24.2%	1,692 35.4%	573 94.9%	31 5.1%	604 12.6%
1914. 6.30 (大正3年)	4,315 83.3%	864 16.7%	5,179	1,349 76.1%	423 23.9%	1,772 34.2%	675 95.1%	35 4.9%	710 13.7%
1915. 6.30 (大正4年)	4,689 83.3%	942 16.7%	5,631	1,381 75.9%	439 24.1%	1,820 32.2%	984 95.8%	43 4.2%	1,027 18.2%
1916. 6.30 (大正5年)	5,193 83.7%	1,010 16.3%	6,203	1,475 74.6%	501 25.4%	1,976 31.9%	1,383 95.9%	59 4.1%	1,442 23.2%
1917. 6.30 (大正6年)	6,290 86.2%	1,011 13.6%	7,301	1,634 74.7%	552 25.3%	2,186 29.9%	2,746 96.1%	112 3.9%	2,858 39.1%
1918. 6.30 (大正7年)	9,812 90.2%	1,069 9.8%	10,881	1,801 77.1%	535 22.9%	2,336 21.5%	6,149 96.6%	219 3.4%	6,368 58.5%
1919. 6.30 (大正8年)	8,731 90.5%	912 9.5%	9,643	1,690 81.7%	378 18.3%	2,068 21.4%	5,413 96.3%	208 3.7%	5,621 58.3%
1920. 6.30 (大正9年)	8,091 87.9%	1,116 12.1%	9,207	1,582 78.3%	439 21.7%	2,021 22.0%	5,168 93.1%	384 6.9%	5,552 60.3%
1921. 6.30 (大正10年)	7,255 86.5%	1,136 13.5%	8,391	1,899 81.6%	429 18.4%	2,328 27.7%	3,856 90.4%	408 9.6%	4,264 50.8%
1922. 6.30 (大正11年)	6,158 83.9%	1,181 16.1%	7,339	1,770 77.8%	505 22.2%	2,275 31.0%	2,847 89.1%	349 10.9%	3,196 43.5%
1923. 6.30 (大正12年)	5,729 84.4%	1,062 15.6%	6,791	1,667 76.9%	501 23.1%	2,168 31.9%	2,436 90.8%	248 9.2%	2,684 39.5%
1924. 6.30 (大正13年)	6,629 82.2%	1,438 17.8%	8,067	1,692 73.0%	625 27.0%	2,317 28.7%	3,253 87.1%	480 12.9%	3,733 46.3%
1925.10. 1 (大正14年)	7,069 82.0%	1,553 18.0%	8,622	1,571 72.2%	606 27.8%	2,177 25.2%	3,917 86.8%	598 13.2%	4,515 52.4%
1926. 6.30 (大正15年)	7,772 80.9%	1,835 19.1%	9,607	1,687 72.1%	654 27.9%	2,341 24.4%	4,585 84.8%	822 15.2%	5,407 56.3%
1927.10. 1 (昭和2年)	8,927 81.3%	2,060 18.7%	10,987	1,648 74.3%	571 25.7%	2,219 20.2%	5,806 83.6%	1,141 16.4%	6,947 63.2%
1928.10. 1 (昭和3年)	10,020 78.3%	3,018 21.7%	13,938	1,931 70.8%	798 29.2%	2,729 19.6%	7,141 80.1%	1,771 19.9%	8,912 63.9%
1929.10. 1 (昭和4年)	11,926 77.0%	3,561 23.0%	15,487	2,302 71.2%	929 28.8%	3,231 20.9%	7,885 78.7%	2,140 21.3%	10,025 64.7%
1930.10. 1 (昭和5年)	14,624 74.5%	5,004 25.5%	19,628	2,756 69.2%	1,228 30.8%	3,984 20.3%	9,716 77.5%	2,821 22.5%	12,537 63.9%

年　月　日	フィリピン			マニラ及其付近			ダバオ及其付近		
	男	女	合計	男	女	合計	男	女	合計
1931.10.1 （昭和6年）	14,432 74.3%	4,979 25.7%	19,411	2,886 69.0%	1,296 31.0%	4,182 21.5%	9,599 75.3%	3,157 24.7%	12,756 65.7%
1932.10.1 （昭和7年）	14,572 72.9%	5,421 27.1%	19,993	2,899 69.4%	1,280 30.6%	4,179 20.9%	9,557 73.6%	3,435 26.4%	12,992 65.0%
1933.10.1 （昭和8年）	14,363 71.6%	5,686 28.4%	20,049	3,052 69.4%	1,345 30.6%	4,397 21.9%	9,129 71.7%	3,601 28.3%	12,730 63.5%
1934.10.1 （昭和9年）	14,425 70.2%	6,133 29.8%	20,558	2,744 67.3%	1,332 32.7%	4,076 19.8%	9,128 69.9%	3,930 30.1%	13,058 63.5%
1935.10.1 （昭和10年）	14,822 69.0%	6,646 31.0%	21,468	2,828 68.4%	1,309 31.6%	4,137 19.3%	9,249 68.4%	4,279 31.6%	13,528 63.0%
1936.10.1 （昭和11年）	14,339 68.0%	6,748 32.0%	21,087	2,570 66.8%	1,276 33.2%	3,846 18.2%	9,270 66.1%	4,759 33.9%	14,029 66.5%
1937.10.1 （昭和12年）	16,074 67.2%	7,860 32.8%	23,934	3,043 68.0%	1,431 32.0%	4,474 18.7%	9,879 65.2%	5,271 34.8%	15.150 63.3%
1938.10.1 （昭和13年）	17,211 66.8%	8,565 33.2%	25,776	3,110 68.6%	1,424 31.4%	4,534 17.6%	10,770 64.3%	5,985 35.7%	16,755 65.0%
1939.10.1 （昭和14年）	16,575 65.6%	8,694 34.4%	25,269	2,304 67.5%	1,109 32.5%	3,413 13.5%	11,118 62.9%	6,549 37.1%	17,667 69.9%
1940.10.1＋ （昭和15年）	18,896 65.8%	9,835 34.2%	28,731	3,145 <u>68.2%</u>	1,465 <u>31.8%</u>	4,610 <u>16.0%</u>	12,088 62.7%	7,179 37.3%	19,267 67.1%
1941.12.10 （昭和16年）	—	—	—	—	—	—	—	—	17,674
1943.1.23# （昭和18年）	—	—	—	—	—	—	11,758 61.6%	7,331 38.4%	19,089
1943.7.※ （昭和18年）	—	—	—	5,575 75.6%	1,761 23.9%	7,376	—	—	—

＊年月日報告、#年月日発表、ほかは年月日現在。
※男女の合計と「合計」が一致しない。
＋在マニラ総領事館管内および在ダバオ領事館管内の合計データしかないため、マニラのデータは1939年のデータからの推計（下線部）、ダバオについては1939年の数値で管内合計の96.7%がダバオであることから、管内合計の数値を掲載した。
男・女の下の数値は男女比率、合計の下の数値はフィリピン全体に対する比率。

出典：外務省外交史料館文書7.1.5.4「海外在留本邦人職業別人口調査一件」；同K3.7.0.7「在外本邦人職業別人口表一件」；外務省通商局編『海外各地在留本邦人職業別人口表』、外務省調査部編『海外各地在留本邦人人口表』；『通商彙纂』；『マニラ新聞』

表6 目的別フィリピン行き外国旅券下付人員 (明治24〜昭和12年)

	公用		留学		商用		農事漁業		職工		備		遊歴		其他		合計	
	男	女	男	女	男	女	男	女	男	女	男	女	男	女	男	女	男	女
明治24年馬	—	—	—	—	1	—	—	—	—	—	—	—	—	—	—	—	1	—
比	—	—	—	—	1	—	—	—	—	—	1	—	—	—	1	—	3	—
											出稼・備							
25年比	3	—			2	1	—	—	—	—	—	—	—	—	—	—	5	1
26年比	1	—			4	—	—	—	18	—	—	3	—	—	—	—	23	3
27年比	—	—			—	—	—	—	—	—	2	1	—	—	2	—	4	1
28年比	—	—	私費2	—	8	—	—	—	—	—	1	—	—	—	1	—	12	1
							•				出稼							
29年麻	2	—			6	—	—	—	—	—	—	—	—	—	—	—	8	—
比					4	—	—	—	—	—	—	—	—	—	—	—	4	—
30年馬	3	—			4	—	—	—	3	—	3	2	—	—	5	—	18	2
31年馬	3	—			5	—	—	—	—	—	1	—	—	—	1	—	10	—
32年馬	2	—	1		20	3	12	—	—	—	—	—	—	—	32	8	67	11
比	1	—			3	—	—	—	—	—	4	—	—	—	2	2	10	2
33年比	4	1	3		21	1	5	—	—	—	4	—	—	—	13	6	53	8
34年馬	—	—	1		21	4	12	—	8	—	42	2	—	—	51	9	135	15
比	2	—			9	—	—	—	—	—	16	—	—	—	11	4	38	4
35年	—	—			—	—	1	—	—	—	36	—	—	—	9	1	46	1
36年	1	—			53	2	—	—	42	—	51	12	—	—	69	41	216	55
37年	3	2			70	—	—	—	27	—	419	7	—	—	92	26	611	35
38年	2	—	4		183	2	9	2	165	—	94	26	—	—	29	26	486	56
39年	5	4	2		34	12	45	8	14	1	14	10	—	—	42	35	156	70
40年	2	—	1		26	9	51	—	3	—	101	17	—	—	38	23	222	49
41年	1	—	1		23	2	—	—	12	1	118	18	—	—	8	10	166	31
42年	3	2	—		35	3	—	2	14	—	132	13	—	—	10	13	194	33
小計 男	38		15		536		138		307		1,038		—		416		2,488	
女	9		—			39		12		2		110		—		204		378	
女性比率	19.1%		—		6.8%		8.0%		0.6%		9.6%		—		32.9%		13.1%			
合計	47		15		575		150		309		1,148		—		620		2,866			
	1.6%		0.5%		20.1%		5.2%		10.8%		40.1%		—		21.6%					

	公用		就学		農業		商業		漁業		再渡航・呼寄		移民		視察		雑		合計	
明治43年	2	—					26	5					291	44			9	19	328	68
44年	2	—	1	—			32	4	3	—			533	49			19	14	590	67
45年	6	—	—	—			33	2	1	—			764	41			53	23	857	66
大正2年	1	—	2	—			51	3	1	—			891	70			50	23	996	96
3年	2	1	1	—			64	8	6	—			736	61			31	12	840	82
4年	4	2	5	—			66	11	3	4			456	74	32	1	47	36	613	128
5年	3	—	3	1	6	1	74	20	4	—			949	62	28	—	53	46	1,120	130
6年	3	—	5	—	10	—	155	23	4	—			3,141	90	30	—	86	52	3,434	165
7年	7	1	3	—	23	10	225	29	11	2			2,944	259	98	3	54	64	3,365	368
8年	1	2	2	—	5	—	214	39	12	3			816	145	55	—	85	117	1,190	306
9年	4	2	2	1	12	4	169	37	19	—			305	126	31	2	87	100	629	272
10年	4	—	2	—	2	2	95	30	28	7			342	81	27	3	86	90	586	213
11年	13	7	18	—	9	1	108	30	6	3			151	41	27	—	78	83	410	165
12年																				
13年	5	3	1	1	397	41	92	14	—	—	122	124	—	—	26	3	23	5	666	191
14年	11	6	6	—	1,332	101	129	23	4	1	198	224	—	—	27	7	60	8	1,767	370
15年	11	5	2	—	1,472	69	149	25	2	1	99	310	—	—	72	13	351	75	2,158	498

	公用	就学	農業	商業	漁業	再渡航・呼寄	移民	視察	雑	合計
小計 男	79	53	3,268	1,682	104	419	12,319	453	1,172	19,549
女	30	3	229	303	21	658	1,143	32	767	3,185
女性比率	27.5%	5.4%	6.5%	15.3%	16.8%	61.1%	8.5%	6.6%	39.6%	14.0%
合計	109	56	3,497	1,985	125	1,077	13,462	485	1,939	22,734
	0.5%	0.2%	15.4%	8.7%	0.5%	4.7%	59.2%	2.1	8.5%	

	製造工業		土木建築		農業		商業		漁業		鉱業		運輸交通		理髪業		洗濯業		家事使用人		雑		合計	
昭和6年*	7	3	47	23	534	140	99	52	76	27	—	—	2	1	3	5	2	—	2	4	44	50	814	307
7年	7	—	23	11	248	149	121	57	36	—	—	—	1	—	7	2	—	—	2	5	32	45	477	269
8年	5	4	25	16	240	168	194	81	67	6	—	—	—	—	—	—	—	6	—	—	71	56	604	337
9年	17	—	45	18	525	262	213	104	133	46	—	—	13	3	3	1	—	—	2	1	89	69	1,040	504
10年*	25	17	59	39	612	291	196	50	273	40	1	1	4	1	8	3	—	—	15	—	28	139	1,205	597
11年	37	6	130	40	1,227	562	172	19	381	57	2	2	1	—	5	5	—	1	6	10	81	147	2,042	849
12年*	20	4	143	61	2,197	578	204	31	127	14	—	—	—	—	13	24	—	—	4	17	159	220	2,862	949
小計 男	118		472		5,583		1,199		1,093		3		23		39		2		31		504		9,044	
女	34		208		2,150		394		190		3		5		40		1		43		726		3,812	
女性比率	22.3%		30.6%		27.8%		24.7%		14.8%		50.0%		17.9%		50.6%		33.3%		58.1%		59.0%		29.7%	
合計	152		680		7,733		1,593		1,283		6		28		79		3		74		1,230		12,856	
	1.2%		5.3%		60.2%		12.4%		10.0%		0.0%		0.2%		0.6%		0.0%		0.6%		9.6%			

昭和6～12年については、「目的別フィリピン行き移民渡航者数」
比：比律賓群島または西領比律賓または米領比律賓；馬または麻：馬尼剌または麻尼剌
再渡航・呼寄：再渡航者及同伴又ハ呼寄家族
＊各項の合計と「合計」の数値が一致しない。
出典：内閣統計局編『日本帝国統計年鑑』各年；拓務大臣官房文書課編『拓務統計』各年。

「領事報告」掲載フィリピン関係記事目録, 1881—1943年

1. 『通商彙編』1881—86年

『通商彙編』[1881〜86年（明治14〜19年）]
　　なし

2. 『通商報告』1886—89年

『通商報告』[1886年（明治19年）]
　　なし

『通商報告』[1887年（明治20年）]
　　なし

『通商報告』[1888年（明治21年）]
81号　明治21年9月25日, 12-18頁, 雑録
　　「フィリッピーヌ」群島ノ景況並ニ貿易
82号　明治21年9月29日, 18-20頁, 雑録
　　「フィリッピーヌ」島産物ノ見本

『通商報告』[1889年（明治22年）]
95号　明治22年1月26日, 7頁, 明治21年12月16日付香港報告, 綿花
　　西班牙領「ヒリッピン」島棉花耕作ノ景況
107号　明治22年5月8日, 15-17頁, 明治22年3月25日付マニラ報告, 雑貨
　　「ヒリッピン」島産「インヂゴー」ニ関スル報告
128号　明治22年10月30日, 19-20頁, 明治22年9月6日付マニラ報告, 雑録
　　フヰリピン島輸出入税ノ改正

3. 『官報』[1890—93年]

(1) 『官報鈔存通商報告』1890年

『官報』[1890年（明治23年）]
1984号　(明治23年3月25日), 69頁, 明治23年2月13日官報掲載, マニラ報告, 貿易統計

マニラ港金銀輸出入高

2057号　（明治23年6月25日），66-77頁，明治23年3月11日付マニラ報告，雑録
　　　　フィリッピン群島輸入税率

2068号　（明治23年6月25日），99-102頁，明治23年3月4日付マニラ報告，貿易統計
　　　　フィリッピン群島貿易景況

2071号　（明治23年6月25日），61-62頁，明治23年4月29日付マニラ報告，雑貨
　　　　マニラ港物価及為換相場

(2) 『官報通商報告欄再録』（復刻版頁）1890—93年

『官報』[1890年（明治23年）]
2226号　明治23年11月28日，52頁，明治23年10月23日付マニラ報告
　　　　フヒリッピン島日本紙景況

『官報』[1891年（明治24年）]
2367号　明治24年5月23日，238頁，明治24年4月30日付マニラ報告
　　　　「アバカ」砂糖及麦粉輸出入ニ関スル件

2481号　明治24年10月5日，358頁，明治24年9月11日付マニラ報告
　　　　マニラ為換相場

2489号　明治24年10月14日，365頁，明治24年9月23日付マニラ報告
　　　　マニラ重要品相場

『官報』[1892年（明治25年）]
2564号　明治25年1月20日，17-18頁，明治24年12月17日付マニラ報告
　　　　マニラ港日本品輸入高及商況

2654号　明治25年5月6日，111-12頁，明治25年2月4日付マニラ報告
　　　　フィリッピン島現行関税規則及輸入税目

2660号　明治25年5月13日，119-20頁，明治25年2月4日付マニラ報告
　　　　フィリッピン島現行関税規則及輸入税目

2662号　明治25年5月16日，121-22頁，明治25年2月4日付マニラ報告
　　　　フィリッピン島現行関税規則及輸入税目

2665号　明治25年5月19日，124-25頁，明治25年2月4日付マニラ報告
　　　　フィリッピン島現行関税規則及輸入税目

2667号　明治25年5月21日，126頁，明治25年2月4日付マニラ報告
　　　　フィリッピン島現行関税規則及輸入税目

2668号　明治25年5月23日，126-27頁，明治25年2月4日付マニラ報告
　　　　フィリッピン島現行関税規則及輸入税目

2672号　明治25年5月27日，128-29頁，明治25年2月4日付マニラ報告
　　　　フィリッピン島現行関税規則及輸入税目

2822号　明治25年11月22日，335-36頁，明治25年10月25日付マニラ報告

マニラ港ヨリカロリン島及マリアナ島ヘノ定期郵船其他ニ関スル件

『官報』[1893年（明治26年）]
 2887号　明治26年2月16日，61頁，明治26年1月24日付マニラ報告
　　　　軍部長官兼副太守更替

 3002号　明治26年7月3日，286-89頁，明治26年2月20日付マニラ報告
　　　　フ井リッピン群島農工商業及貿易景況

 3004号　明治26年7月5日，289-90頁，明治26年2月20日付マニラ報告
　　　　フ井リッピン群島農工商業及貿易景況

 3005号　明治26年7月6日，291-92頁，明治26年2月20日付マニラ報告
　　　　フ井リッピン群島農工商業及貿易景況

 3007号　明治26年7月8日，296-98頁，明治26年2月20日付マニラ報告
　　　　フ井リッピン群島農工商業及貿易景況

 3011号　明治26年7月13日，300-02頁，明治26年2月20日付マニラ報告
　　　　フ井リッピン群島農工商業及貿易景況

 3014号　明治26年7月14日，306-07頁，明治26年2月20日付マニラ報告
　　　　フ井リッピン群島農工商業及貿易景況

 3036号　明治26年8月11日，347-48頁，明治26年6月15日付マニラ報告
　　　　日本マニラ間貨物輸出入景況

 3037号　明治26年8月12日，349頁，明治26年6月18日付マニラ報告
　　　　マニラ貿易

4．『通商彙纂』1894—1913年

『通商彙纂』[1894年（明治27年）]
 3号　明治27年3月，3頁，明治27年2月13日付香港報告，雑
　　　「フ井リッピン」群島ヘ輸入スル銀貨ニ対シ「マニラ」政府ノ公示

『通商彙纂』[1895年（明治28年）]
 15号　明治28年4月11日，52-56頁，明治28年3月1日付香港報告，商業
　　　明治廿七年中「ヒリッピン」群島ヨリ砂糖，麻等ノ輸出高

 19号　明治28年6月15日，1-2頁，明治28年5月8日付香港報告，交通
　　　西班牙国ト呂宋群島間航海ノ新汽船会社設立

『通商彙纂』[1896年（明治29年）]
 43号　明治29年6月15日，14-19頁，明治29年5月15日付香港報告，商業
　　　馬尼剌ニ於ケル本邦織物并ニ雑貨ノ景況

 51号　明治29年10月15日，1-2頁，明治29年9月21日付香港報告，関税
　　　比律賓群島ノ増税并反乱ノ為メ馬尼剌港貿易一時ノ停止

『通商彙纂』［1897年（明治30年）］

69号　明治30年7月5日，56-58頁，通商局調査，参考
　　　廿九年中海外旅券受領者調

71号　明治30年7月26日，61-62頁，明治30年5月17日付マニラ報告，農業
　　　椰子樹栽培法

『通商彙纂』［1898年（明治31年）］

99号　明治31年5月28日，37頁，明治31年1月29日付香港報告，商業
　　　米，西両国葛藤ノ馬尼剌貿易ニ及ホセル影響

116号　明治31年11月18日，80-82頁，明治31年10月1日付マニラ報告，雑
　　　マニラ港輸入関税率及阿片輸入并支那人上陸規定発令ノ件

『通商彙纂』［1899年（明治32年）］

137号　明治32年6月28日，73頁，明治32年5月20日付マニラ報告，雑
　　　フィリピン群島三十一年十二月末在留本邦人々員表

138号　明治32年7月8日，51-53頁，明治32年5月15日付米国報告，関税
　　　比律賓島等税関及関税諸則

141号　明治32年8月8日，78-79頁，明治32年6月3日付米国報告，関税
　　　比律賓島出入船舶及税関取締等ニ関スル米国陸軍省告示

147号　明治32年10月8日，52-55頁，明治32年8月30日付マニラ報告，移民
　　　菲律賓群島現行移住民取扱細則

『通商彙纂』［1900年（明治33年）］

158号　明治33年2月8日，42-43頁，明治32年12月15日付米国報告，関税
　　　比律賓群島関税及税関規則改正

158号　明治33年2月8日，43-48頁，明治32年12月10日付マニラ報告，関税
　　　比律賓群島税率及税関仮規則

159号　明治33年2月18日，4-5頁，明治32年12月28日付マニラ報告，商業
　　　馬尼剌板紙

170号　明治33年7月10日，17-19頁，明治33年5月12日付マニラ報告，商業
　　　比律賓島輸入西貢米

170号　明治33年7月10日，19-22頁，明治33年5月14日付マニラ報告，商業
　　　比律賓島重要貿易品

171号　明治33年7月25日，67-68頁，明治33年6月4日付マニラ報告，関税
　　　比律賓群島税率及税関仮規則中改正

171号　明治33年7月25日，70-71頁，明治33年5月31日付マニラ報告，交通
　　　本邦馬尼剌印度間新航路開始

172号　明治33年8月10日，57-60頁，明治33年6月16日付マニラ報告，商業
　　　マニラ三十一年貿易概況

173号　明治33年8月25日，73-75頁，明治33年6月5日付マニラ報告，交通

比律賓群島航行汽船会社及船舶

173号　明治33年8月25日，77-82頁，明治33年6月7日付マニラ報告，雑
　　　現行比律賓群島沿海貿易規則並同施行細則

173号　明治33年8月25日，82-84頁，明治33年6月5日付マニラ報告，雑
　　　比律賓群島沿岸開港場

177号　明治33年10月25日，23-25，明治33年9月18日付マニラ報告，商業
　　　比律賓島マニラ港輸出入品

178号　明治33年11月10日，83頁，外務省通商局，雑
　　　明治三十二年末海外在留本邦人員表，其他米領呂宋島，ネグロス島

179号　明治33年11月25日，38-54頁，明治33年7月26日付マニラ報告，商業
　　　マニラ三十二年貿易年報

179号　明治33年11月25日，63頁，外務省通商局，移民
　　　本邦移民数，呂宋

180号　明治33年12月10日，9-16頁，明治33年9月20日付マニラ報告，商業
　　　マニラ貿易季報

180号　明治33年12月10日，74-75頁，明治33年9月30日付マニラ報告，関税
　　　比律賓群島税率及税関仮規則中追加改正

『通商彙纂』[1901年（明治34年）]

183号　明治34年1月25日，4-5頁，明治33年11月20日付マニラ報告，商業
　　　「マニラ」麻商況

183号　明治34年1月25日，5-7頁，明治33年12月21日付マニラ報告，商業
　　　比律賓群島米国政府船用石炭

183号　明治34年1月25日，60-61頁，明治33年12月12日付マニラ報告，貨幣及金融
　　　マニラ市株式取引状況

184号　明治34年2月10日，88頁，明治33年12月12日，23日付マニラ報告，雑
　　　比律賓群島沿岸貿易港ノ開始

184号　明治34年2月10日，88頁，明治34年1月3日付マニラ報告，雑
　　　比律賓群島沿岸貿易港ノ開始

186号　明治34年3月10日，63-64頁，明治33年12月12日付マニラ報告，貨幣及金融
　　　マニラ市株式取引状況

186号　明治34年3月10日，67-68頁，明治33年12月24日付マニラ報告，交通
　　　太平洋汽船会社航路拡張

186号　明治34年3月10日，70頁，明治34年1月13日，17日付マニラ報告，雑
　　　比律賓群島沿岸貿易港ノ開閉

187号　明治34年3月25日，2-4頁，明治34年2月6日付マニラ報告，商業
　　　「マニラ」麻

188号　明治34年4月10日，3-7頁，明治34年2月26日付マニラ報告，商業
　　　マニラ石炭商況

188号　明治34年4月10日，71頁，明治33年12月19日付マニラ報告，貨幣及金融
　　　比律賓島ニ於ケル米貨受授拒絶ノ禁止法

188号　明治34年4月10日，72頁，明治34年1月31日付マニラ報告，交通
　　　本邦比律賓群島間新航路開始

189号　明治34年4月25日，108頁，明治34年3月6日付マニラ報告，交通
　　　比律賓群島諸港ニ於ケル貨物陸揚

190号　明治34年5月10日，76-78頁，明治34年2月23日付マニラ報告，関税
　　　マニラ中央税関告示

190号　明治34年5月10日，89頁，明治34年2月24日付マニラ報告，雑
　　　比律賓群島沿岸貿易港ノ開始

191号　明治34年5月25日，81頁，明治34年4月12日付マニラ報告，雑
　　　比律賓群島沿岸貿易港ノ開始

193号　明治34年6月25日，14-19頁，明治34年4月18日付マニラ報告，商業
　　　比律賓島重要土産輸出額

195号　明治34年7月25日，108頁，明治34年6月12日付マニラ報告，雑
　　　比律賓群島沿岸貿易港ノ開始

196号　明治34年8月10日，91-93頁，明治34年6月26日付マニラ報告，交通
　　　マニラ三十三年中出入本邦船舶情況

196号　明治34年8月10日，105頁，明治34年6月24日付マニラ報告，雑
　　　比律賓群島沿岸貿易港ノ閉鎖

198号　明治34年9月10日，109頁，明治34年8月8日付マニラ報告，雑
　　　フヰリッピン群島沿岸貿易港開始

200号　明治34年10月10日，95-96頁，明治34年8月13日付マニラ報告，貨幣及金融
　　　マニラ市七月中株式取引状況

201号　明治34年10月25日，15-20頁，明治34年9月17日付マニラ報告，商業
　　　比律賓群島輸出入状況

202号　明治34年11月10日，62頁，明治34年9月25日付マニラ報告，貨幣及金融
　　　比律賓島ニ於ケル墨銀輸出税ノ廃止

202号　明治34年11月10日，89-90頁，明治34年9月26日付マニラ報告，交通
　　　マニラ入港船客及其手荷物ノ陸揚

202号　明治34年11月10日，95-96頁，明治34年9月27日付マニラ報告，雑
　　　マニラ七月中衛生概況

202号　明治34年11月10日，96-97頁，明治34年9月25日付マニラ報告，雑
　　　比律賓群島行政組織一班

202号　明治34年11月10日，97-98頁，明治34年7月30日付，9月17日付マニラ報告，雑
　　　　比律賓島マニラ市事情一班

204号　明治34年12月10日，100-14頁，明治34年7月27日付，8月4日付マニラ報告，雑
　　　　比律賓島市制

205号　明治34年12月25日，84-102頁，明治34年10月3日付マニラ報告，雑
　　　　比律賓島マニラ市々制

205号　明治34年12月25日，102-14頁，明治34年7月27日，8月4日付マニラ報告，雑
　　　　比律賓島市制（完）

『通商彙纂』［1902年（明治35年）］

207号　明治35年1月25日，97-111頁，明治34年10月3日付マニラ報告，雑
　　　　比律賓島マニラ市々制

208号　明治35年2月10日，103-04頁，明治34年12月23日付マニラ報告，交通
　　　　マニラ香港間本邦新汽船航路ノ開始

209号　明治35年2月25日，51-69頁，明治34年12月18日付マニラ報告，商業
　　　　比律賓群島三十三年度貿易年報

209号　明治35年2月25日，114-17頁，明治35年1月25日付香港報告，交通
　　　　香港馬尼剌間海運業近況

209号　明治35年2月25日，117-18頁，明治35年1月27日付マニラ報告，交通
　　　　馬尼剌香港間定期航行汽船ノ荷物運賃割引

209号　明治35年2月25日，121頁，明治35年1月31日付マニラ報告，雑
　　　　マニラ市ニ於ケル人力車営業許可

209号　明治35年2月25日，121頁，明治35年1月20日付マニラ報告，雑
　　　　比律賓群島沿岸貿易港ノ開始

210号　明治35年3月10日，86-89頁，明治35年1月15日付マニラ報告，貨幣及金融
　　　　比律賓島ニ於ケル合衆国貨幣及同島固有貨幣トノ交換比率改正

210号　明治35年3月10日，105-07頁，明治35年1月29日付マニラ報告，交通
　　　　比律賓島マニラニ於ケル自動車会社ノ設立

210号　明治35年3月10日，107-09頁，明治35年1月18日付マニラ報告，移民
　　　　比律賓島在住清国人ノ帰島期限ノ制限

211号　明治35年3月25日，6-7頁，明治35年1月24日付マニラ報告，商業
　　　　比律賓島産椰子実商況

211号　明治35年3月25日，25-90頁，明治34年12月18日付マニラ報告，商業
　　　　比律賓群島三十三年度貿易年報（完）

211号　明治35年3月25日，108-09頁，明治35年2月12日付香港報告，交通
　　　　香港馬尼剌間航行汽船ノ競争

211号　明治35年3月25日，109頁，明治35年2月6日付桑港報告，交通
　　　　米国汽船ノ馬尼剌港へ航路延長

212号　明治35年4月10日，120-21頁，明治35年2月26日付マニラ報告，交通
　　　太平洋郵便汽船会社ノマニラヘ航路拡張

212号　明治35年4月10日，124頁，明治35年2月25日付マニラ報告，雑
　　　比律賓群島沿岸貿易港ノ開始

213号　明治35年4月25日，61-70頁，明治35年2月23日付マニラ報告，商業
　　　過去十三ヶ年間ニ於ケル比律賓島貿易概況

213号　明治35年4月25日，122頁，明治35年3月25日付香港報告，交通
　　　香港馬尼刺間航行汽船競争ノ近況

213号　明治35年4月25日，129-32頁，明治35年2月25日付マニラ報告，雑
　　　比律賓群島マニラ市衛生近況

214号　明治35年5月10日，101-03頁，明治35年2月6日付マニラ報告，雑
　　　比律賓島マニラ市歳出入収支予算

215号　明治35年5月25日，60-61頁，明治35年4月14日付マニラ報告，工業
　　　マニラニ於ケル巻煙草製造業一班

215号　明治35年5月25日，88頁，明治35年4月21日付マニラ報告，関税
　　　マニラニ於ケル伝染病媒介ノ恐アル物品輸入ノ禁止

215号　明治35年5月25日，100頁，明治35年4年14日付マニラ報告，交通
　　　東洋汽船会社汽船ノマニラ港航路延長

215号　明治35年5月25日，100頁，明治35年4月14日付マニラ報告，交通
　　　東西洋汽船会社桑港香港間航行船舶ノマニラ寄港開始

216号　明治35年6月10日，7-10頁，マニラ報告，商業
　　　マニラ市酒類商況

216号　明治35年6月10日，118-19頁，明治35年3月17日付紐育報告，雑
　　　比律賓群島臨時収入法

216号　明治35年6月10日，119-20頁，明治35年5月1日付マニラ報告，雑
　　　マニラ港ニ於ケル検疫停船ノ撤去

217号　明治35年6月25日，118-19頁，明治35年5月15日付マニラ報告，雑
　　　比律賓群島サマル島沿岸貿易港ノ開始

217号　明治35年6月25日，119-20頁，明治35年2月18日付マニラ報告，雑
　　　比律賓島マニラ市ノ新境界

218号　明治35年7月3日，18-22頁，明治35年5月29日付マニラ報告，商業
　　　比律賓島輸出砂糖情況

218号　明治35年7月3日，59-61頁，明治35年5月9日付マニラ報告，交通
　　　マニラ港三十四年中出入本邦船舶情況

219号　明治35年7月10日，23頁，明治35年5月20日付マニラ報告，商業
　　　「マニラ」麻商況

219号　明治35年7月10日，57-62頁，明治35年5月5日付マニラ報告，雑
　　　比律賓島マニラ事情一班

220号　明治35年7月17日，34-39頁，明治35年5月20日付マニラ報告，貨幣及金融
　　　比律賓島マニラ株式取引並経済情況

220号　明治35年7月17日，65頁，明治35年5月3日付マニラ報告，雑
　　　比律賓群島外国貿易港ノ閉鎖及開始

221号　明治35年7月24日，4-14頁，明治35年6月30日付マニラ報告，商業
　　　比律賓島輸入石炭商況

222号　明治35年7月31日，28-37頁，明治35年4月19日付マニラ報告，関税
　　　比律賓島税関行政法ノ発布

222号　明治35年7月31日，38頁，明治35年5月30日付マニラ報告，関税
　　　比律賓島輸入貨物通関ノ簡便手続

223号　明治35年8月7日，5-13頁，明治35年7月3日付マニラ報告，商業
　　　マニラ輸出煙草情況

223号　明治35年8月7日，64-65頁，明治35年6月19日付マニラ報告，雑
　　　マニラニ於ケル人力車営業ノ失敗

223号　明治35年8月7日，65-69頁，明治35年7月9日付マニラ報告，雑
　　　マニラ市衛生近況

225号　明治35年8月21日，50頁，明治35年7月23日付マニラ報告，交通
　　　北米「ボストン」汽船会社々船ノマニラ航路開始

226号　明治35年8月28日，50-58頁，明治35年7月23日付マニラ報告，雑
　　　マニラ市在留本邦人情況

228号　明治35年9月11日，42-44頁，明治35年7月28日付マニラ報告，貨幣及金融
　　　比律賓群島中央政府収支決算状況

229号　明治35年9月18日，43-44頁，明治35年8月18日付マニラ報告，関税
　　　マニラ港官有倉庫倉敷料ニ関スル税関告示

230号　明治35年9月25日，31-40頁，明治35年8月7日付マニラ報告，雑
　　　マニラ市ニ於ケル労働者ノ同盟罷工

232号　明治35年10月2日，48-50頁，明治35年8月19日付マニラ報告，雑
　　　比律賓群島五月中衛生概況

233号　明治35年10月9日，46-49頁，明治35年9月9日付マニラ報告，雑
　　　比律賓島仮民政法ノ発布

235号　明治35年10月23日，50頁，マニラ報告，雑
　　　比律賓島商業館ノ設立

237号　明治35年10月30日，31-42頁，明治35年9月27日付マニラ報告，山林
　　　比律賓島山林及木材業一班

238号　明治35年11月6日，39頁，明治35年9月30日付桑港報告，交通
　　　桑港マニラ間海底電線ノ布設

243号　明治35年12月4日，9-11頁，外務省通商局，商業
　　　比律賓島外国貿易ニ関スル米人ノ観察

243号　明治35年12月4日，11-24頁，明治35年10月13日付マニラ報告，商業
　　　日，比貿易情況

243号　明治35年12月4日，30-46頁，明治35年10月22日付マニラ報告，貨幣及金融
　　　マニラ市株式取引及経済情況

243号　明治35年12月4日，56-58頁，マニラ報告，雑
　　　比律賓群島州庁ノ設置

『通商彙纂』[1903年（明治36年）]

252号　明治36年2月12日，48-49頁，明治35年12月26日付マニラ報告，関税
　　　マニラ税関ニ対スル保証人ノ資格ニ関スル税関ノ告示

253号　明治36年2月19日，42-43頁，明治35年12月24日付マニラ報告，交通
　　　マニラ市街電気鉄道敷設特許権競争入札者募集ノ広告

253号　明治36年2月19日，49-52頁，明治35年12月12日付マニラ報告，移民
　　　比律賓群島渡航移民統計

254号　明治36年2月26日，47-48頁，明治36年1月9日付マニラ報告，関税
　　　貨物記号其他ニ関スルマニラ税関告示

254号　明治36年2月26日，49頁，明治36年1月9日付マニラ報告，雑
　　　仏領河内博覧会ノ閉館トマニラ商業館

256号　明治36年3月12日，46-47頁，明治36年1月21日付マニラ報告，貨幣及金融
　　　比律賓島ニ於ケル贋造貨幣ノ捺印

256号　明治36年3月12日，47-48頁，明治36年1月26日付マニラ報告，交通
　　　米亜汽船会社ノ紐育海峡殖民地並東洋諸港間新航路ノ開始

256号　明治36年3月12日，50-59頁，明治35年11月30日付マニラ報告，雑
　　　米領比律賓群島沿岸貿易特許証書発行条例発布ノ顛末

257号　明治36年3月19日，56-61頁，明治36年1月22日付マニラ報告，雑
　　　比律賓群島外国貿易港及沿岸貿易港名

259号臨時増刊　明治36年3月30日，74-94頁，明治35年12月17日付マニラ報告，商業
　　　比律賓群島三十四年貿易年報

改1号　明治36年4月3日，50頁，明治36年2月5日付マニラ報告，交通
　　　比律賓海運会社ノ創立

改1号　明治36年4月3日，56-57頁，明治36年2月16日付マニラ報告，雑
　　　馬尼剌市ニ於ケル外国人医術開業手続

改2号　明治36年4月8日，40-41頁，明治36年2月26日付桑港報告，雑
　　　米比間政府運送物ノ特約輸送

改3号　明治36年4月13日，30-31頁，明治36年2月28日付シアトル報告，交通
　　　　米比間軍隊及軍需品輸送問題ノ顛末

改4号　明治36年4月18日，46頁，明治36年3月14日付マニラ報告，雑
　　　　比律賓群島沿岸貿易港名

改6号　明治36年4月28日，27-34頁，明治36年3月17日付マニラ報告，工業
　　　　比律賓群島製糖業概況

改6号　明治36年4月28日，34-35頁，明治36年3月12日付マニラ報告，農業
　　　　比律賓群島北呂宋パムパンガ州官立米穀耕作場ノ設置

改6号　明治36年4月28日，40-44頁，明治36年3月16日付マニラ報告，交通
　　　　マニラ港三十五年中出入本邦船舶情況

改9号　明治36年5月13日，30-34頁，明治36年4月14日付マニラ報告，貨幣及金融
　　　　比律賓島貨幣法ノ発布

改9号　明治36年5月13日，34-41頁，明治36年2月13日付マニラ報告，貨幣及金融
　　　　マニラ三十五年第四季中経済状況

改9号　明治36年5月13日，43-46頁，明治36年3月5日付マニラ報告，雑
　　　　比律賓群島カビテ湾内ニ於ケル海底事業

改11号　明治36年5月18日，33-34頁，明治36年4月13日付マニラ報告，関税
　　　　比律賓島税関手数料及税関印紙ニ関スル規程ノ改正

改11号　明治36年5月18日，34頁，明治36年4月8日付桑港報告，交通
　　　　太平洋海底電線布設近況

改12号　明治36年5月23日，34-39頁，明治36年4月23日付マニラ報告，交通
　　　　マニラ市街電気鉄道ノ敷設及電気事業特許権亨有者ノ決定

改14号　明治36年6月3日，42頁，明治36年5月7日付マニラ報告，雑
　　　　比律賓群島新開沿岸貿易港名

改17号　明治36年6月18日，43-50頁，明治36年3月25日付マニラ報告，雑
　　　　比律賓島商標，商号法ノ発布

改18号　明治36年6月23日，8-13頁，明治36年5月14日付マニラ報告，商業
　　　　マニラ輸入本邦雑貨需要ノ状況並市価

改18号　明治36年6月23日，40頁，明治36年5月1日付マニラ報告，雑
　　　　比律賓島人民ニ対スル旅券ノ発給

改20号　明治36年7月3日，6-7頁，明治36年5月5日付マニラ報告，5月7日付倫敦
　　　　　　報告，商業
　　　　マニラ及倫敦ニ於ケル本邦製擬革紙ノ販路

改20号　明治36年7月3日，28-32頁，明治36年6月4日付マニラ報告，水産
　　　　比律賓島マニラニ於ケル漁業情況並同関係法規

改20号　明治36年7月3日，42-43頁，明治36年6月9日付マニラ報告，関税
　　　　比律賓群島輸入商品ノ番号付記ニ関スルマニラ税関ノ告示

改20号　明治36年7月3日，43-44頁，明治36年6月10日付マニラ報告，関税
　　　　マニラ出帆旅客手荷物ニ関スル同税関ノ告示

改20号　明治36年7月3日，46-47頁，明治36年6月9日付マニラ報告，雑
　　　　マニラ市在留本邦人職業別

改21号　明治36年7月8日，40頁，明治36年5月20日付マニラ報告，移民
　　　　比律賓島移民健康診断ニ関スル税関ノ布達

改21号　明治36年7月8日，40-41頁，明治36年5月21日付マニラ報告，移民
　　　　比律賓島ヘ本邦硝子職工移入ノ許可

改26号　明治36年7月28日，巻首，明治36年7月23日付マニラ報告，電報
　　　　本月二十日比律賓新貨幣ヲ発行セリ

改27号　明治36年8月3日，33頁，明治36年7月6日付桑港報告，交通
　　　　桑港マニラ間海底電線ノ完成

改27号　明治36年8月3日，33頁，明治36年7月10日付マニラ報告，移民
　　　　比律賓群島ニ於ケル合衆国移民法ノ施行

改34号　明治36年9月8日，38-40頁，明治36年8月4日付マニラ報告，貨幣及金融
　　　　比律賓島ニ於ケル新貨幣ノ発行

改35号　明治36年9月13日，45-50頁，明治36年5月25日付マニラ報告，雑
　　　　マニラ市ニ於ケル新式火災報知器及警察電信ノ架設

改36号　明治36年9月18日，34-35頁，明治36年8月15日付マニラ報告，交通
　　　　桑港マニラ間海底電線ノ開通

改40号　明治36年10月8日，43頁，明治36年9月2日付マニラ報告，雑
　　　　在マニラ英国領事館ノ総領事館改定

改42号　明治36年10月13日，37-41頁，明治36年9月10日付マニラ報告，移民
　　　　比律賓群島三十五年中来着移民数

改43号　明治36年10月18日，10-13頁，明治36年9月17日付マニラ報告，商業
　　　　比律賓島「コプラ」輸出情況

改43号　明治36年10月18日，26頁，明治36年9月21日付マニラ報告，交通
　　　　比律賓群島沿岸貿易船噸数ノ制限

改47号　明治36年11月8日，17-18頁，明治36年9月30日付マニラ報告，関税
　　　　マニラ税関倉敷料賦課ニ関スル同税関ノ告示

改47号　明治36年11月8日，18-19頁，明治36年9月26日付マニラ報告，交通
　　　　マニラ港浮標及信号標保護ニ関スル法律ノ発布

改47号　明治36年11月8日，43-44頁，明治36年9月28日付マニラ報告，雑
　　　　マニラ港ノ境界設定ニ関スル同税関告示

改49号　明治36年11月18日，35-36頁，明治36年10月15日付マニラ報告，関税
　　　　比律賓島政府輸入品ニ対スル関税ノ賦課

改51号臨時増刊　明治36年11月25日，50-76頁，明治36年9月15日付マニラ報告，商業
　　　比律賓群島三十五年貿易年報

改53号　明治36年12月3日，30頁，明治36年11月2日付マニラ報告，貨幣及金融
　　　比律賓島墨銀通用期限ノ決定

改53号　明治36年12月3日，35-36頁，明治36年10月20日付マニラ報告，雑
　　　比律賓労働者ノ成蹟質問ニ対スルマニラ港改築工事請負者提出ノ意見

改57号　明治36年12月23日，37頁，明治36年10月28日付マニラ報告，貨幣及金融
　　　比律賓島政府銀塊買収ノ停止

『通商彙纂』[1904年（明治37年）]

9号　明治37年2月13日，31-33頁，明治37年1月9日付マニラ報告，貨幣及金融
　　　比律賓ニ於ケル旧銀貨引換期限ノ決定

14号　明治37年3月8日，33-35頁，明治37年1月30日付マニラ報告，貨幣及金融
　　　比律賓島ニ於ケル銀貨輸入禁止法案発布

14号　明治37年3月8日，36-37頁，明治37年1月29日付マニラ報告，関税
　　　マニラ港ニ於ケル官有倉庫及税関倉敷料ノ改正

15号　明治37年3月13日，46頁，明治37年1月30日付マニラ報告，関税
　　　比律賓島ニ於ケル食料品臨時無税輸入ノ許可

17号　明治37年3月23日，41頁，外務省通商局，雑
　　　海外各地ニ於ケル本邦雑貨商ノ数并ニ重ナル商店名，米領マニラ，カピテ，リパ

19号　明治37年3月28日，52-54頁，明治37年2月20日付マニラ報告，貨幣及金融
　　　比律賓島ニ於ケル銀貨問題

24号　明治37年4月23日，34-39頁，明治37年2月13日付マニラ報告，雑
　　　比律賓島新任民政総督ノ演説

25号　明治37年4月28日，28-32頁，マニラ報告，関税
　　　マニラ税関ニ於ケル運輸部ノ新設并其規定

29号　明治37年5月18日，22-28頁，明治36年11月5日付マニラ報告，交通
　　　比律賓群島マニラ港則ノ発布

33号　明治37年6月3日，11-14頁，明治37年4月19日付天津報告，4月14日付マニラ報告，商業
　　　天津及マニラニ於ケル「セメント」需要状況

37号　明治37年6月23日，35-36頁，明治37年5月19日付マニラ報告，交通
　　　「ノース，ヂヤアマン，ロイド」汽船会社マニラ新嘉坡間定期船航路ノ変更

40号　明治37年7月8日，18-22頁，明治37年5月25日付マニラ報告，工業
　　　比律賓島造船事業一班

49号　明治37年8月23日，12-36頁，明治37年8月11日付マニラ報告，商業
　　　比律賓群島三十六年貿易年報

56号　明治37年10月15日，43頁，明治37年7月7日付マニラ報告，関税

　　　　　　マニラ港輸入外国貨物陸揚ニ関スル税関告示ノ改正

56号　明治37年10月15日，44頁，明治37年8月17日付マニラ報告，移民
　　　比律賓群島三十六年中渡航移民状況

62号　明治37年11月14日，27-36頁，外務省通商局，移民
　　　最近三ヶ年間ニ於ケル海外渡航本邦移民ノ員数及種別表

72号　明治37年12月18日，8－9頁，明治37年11月9日付マニラ報告，商業
　　　馬尼剌ニ於ケル木蝋需要状況

　『通商彙纂』［1905年（明治38年）］

5号　 明治38年1月28日，51-52頁，明治37年11月19日付マニラ報告，関税
　　　比律賓群島税関行政法ノ条項改正

8号　 明治38年2月13日，42-45頁，明治37年12月28日付マニラ報告，雑
　　　比律賓群島ニ於ケル開閉外国貿易港及沿岸貿易港名

15号　明治38年3月18日，32頁，明治38年2月10日付マニラ報告，水産
　　　馬尼剌市ニ於ケル本邦人ノ組織漁業会社ノ設立

17号　明治38年3月28日，40-41頁，明治38年1月28日付マニラ報告，関税
　　　馬尼剌港ニ於ケル官有倉庫及税関倉敷料

20号　明治38年4月13日，巻首，明治38年4月10日付マニラ報告，電報
　　　比律賓群島改正関税率法ノ件

21号　明治38年4月18日，巻首，明治38年4月10日付マニラ報告，電報
　　　比律賓群島改正関税法

22号　明治38年4月23日，36-37頁，明治38年1月17日付マニラ報告，水産
　　　比律賓群島近海ニ於ケル漁業ニ関スル法制

26号　明治38年5月13日，47-48頁，明治37年7月15日付マニラ報告，雑
　　　海外在留本邦人職業別表，米領マニラ市及付近

27号　明治38年5月18日，42-44頁，明治38年2月25日付マニラ報告，雑
　　　比律賓群島ニ於ケル土木衛生鉄道及其他内地改良ニ関スル法律ノ発布

30号　明治38年5月28日，35-36頁，明治38年3月6日付マニラ報告，貨幣及金融
　　　比律賓群島ニ於ケル公債ノ募集

34号　明治38年6月18日，3－4頁，明治38年5月3日付マニラ報告，商業
　　　比律賓群島木蝋需要状況

35号　明治38年6月23日，32-41頁，明治38年2月13日付マニラ報告，移民
　　　比律賓島ベンゲット州本邦移民就業地巡回復命書

36号　明治38年6月28日，35頁，明治38年4月13日付マニラ報告，交通
　　　マニラ市街電気鉄道ノ開通

38号　明治38年7月8日，55頁，明治38年5月8日付マニラ報告，貨幣及金融
　　　馬尼剌市債募集

45号　明治38年8月8日，34-37頁，明治38年6月29日付マニラ報告，交通
　　　比律賓群島鉄道事業特許権ニ対スル入札募集

47号　明治38年8月18日，24頁，明治38年6月12日付マニラ報告，移民
　　　比律賓群島渡航契約労働者ノ移入ニ対シ比律賓島検事総長ニ於テ民事訴訟提起

47号　明治38年8月18日，32-34頁，明治38年4月4日付マニラ報告，雑
　　　海外各地ニ於ケル本邦輸出貨物包装ニ関スル調査，馬尼剌

48号　明治38年8月23日，30-31頁，明治38年6月20日付マニラ報告，関税
　　　比律賓群島各地ノ開港並ニ関税手数料ノ改正

48号　明治38年8月23日，31-32頁，明治38年6月28日付マニラ報告，関税
　　　比律賓群島沿岸貿易ニ従事スル小船舶ニ対スル特典

59号　明治38年10月13日，58頁，明治38年8月18日付マニラ報告，雑
　　　マニラニ於ケル千代田簾ニ関スル調査

62号　明治38年10月28日，4頁，明治38年8月15日付マニラ報告，商業
　　　比律賓島ニ於ケル「コプラ」ニ関スル調査

63号　明治38年11月3日，6-7頁，明治38年9月1日付マニラ報告，移民
　　　比律賓来着三十七年中移民統計

66号　明治38年11月18日，40-42頁，明治38年8月17日付マニラ報告，雑
　　　海外在留本邦人職業別表，米領マニラ及其付近

67号　明治38年11月23日，巻首，明治38年11月18日付マニラ報告，電報
　　　比律賓島貨幣輸出禁止

71号　明治38年12月8日，30-31頁，明治38年9月18日付マニラ報告，関税
　　　比律賓島沿岸貿易船ニ対スル税金改正

72号　明治38年12月13日，3-10頁，明治38年10月25日付マニラ報告，商業
　　　「マニラ」麻輸出状況

『通商彙纂』[1906年（明治39年）]

1号　明治39年1月8日，36頁，明治38年5月11日付マニラ報告，雑
　　　海外各地ニ於ケル風俗習慣人情及嗜好，米領比律賓島

2号　明治39年1月13日，9-11頁，明治38年8月24日付マニラ報告，商業
　　　海外各地ニ於ケル林檎，馬鈴薯販路状況，マニラ

3号　明治39年1月18日，37-38頁，明治38年11月16日付マニラ報告，雑
　　　比律島税関控訴裁判所廃止及同裁判所々管事務ノ管轄換ニ関スル件

5号臨時増刊　明治39年1月25日，82-114頁，明治38年10月2日付マニラ報告，商業
　　　比律群島三十七年貿易年報

8号　明治39年2月8日，11-12頁，明治38年11月27日付マニラ報告，貨幣及金融
　　　比律賓島銀貨輸出禁止

9号　明治39年2月13日，25-28頁，明治38年12月11日付マニラ報告，工業
　　　比律賓群島ニ於ケル製糖業状況

9号　明治39年2月13日，44頁，明治38年12月21日付マニラ報告，雑
　　　比律賓ニ於ケル税関長ノ裁決ニ対スル控訴手数料ノ件

10号　明治39年2月18日，36-37頁，明治38年12月22日付マニラ報告，交通
　　　仏国汽船マニラ，マルセーユ間定期航路ノ開始

14号　明治39年3月8日，57頁，明治38年12月16日付マニラ報告，移民
　　　比律賓島ニ於ケル移民法適用ニ係ル税関告示ニ関スル件

15号　明治39年3月13日，46-50頁，明治38年12月16日付マニラ報告，雑
　　　比律賓群島ニ於ケル人口ノ統計

17号　明治39年3月23日，14頁，明治38年12月21日付マニラ報告，商業
　　　マニラニ於ケル花筵商況

19号　明治39年3月28日，52頁，雑
　　　ヒリッピン島輸入港増設

20号　明治39年4月3日，48-49頁，雑
　　　フヒリッピン島ニ於ケル西班牙語使用期間ノ延長

22号　明治39年4月13日，18-19頁，明治38年12月11日付マニラ報告，商業
　　　呂宋糖産出状況

23号　明治39年4月8日，54-55頁，明治39年3月3日付マニラ報告，雑
　　　在マニラ諸会社三十八年末現況

25号　明治39年4月28日，50-51頁，明治39年3月24日付マニラ報告，雑
　　　比律賓島ニ於ケル阿片制限法ノ発布

26号　明治39年5月3日，48-50頁，明治39年3月23日付マニラ報告，雑
　　　比律賓島関税法中一部改正

26号　明治39年5月3日，50頁，明治39年3月14日付マニラ報告，雑
　　　比律賓島ニ於ケル公債ノ募集

26号　明治39年5月3日，50-51頁，明治39年3月14日付マニラ報告，雑
　　　比律賓群島（マニラ市ヲ除ク）地租特免

27号　明治39年5月8日，53頁，明治39年3月20日付マニラ報告，雑
　　　マニラ市上下水工事受負入札

30号　明治39年5月23日，43頁，雑
　　　マニラ上海間海底電信線敷設完了

34号　明治39年6月8日，38-42頁，明治39年4月12日付マニラ報告，雑
　　　比島新総督就任演説ノ摘訳

35号　明治39年6月13日，36-37頁，明治39年5月17日付マニラ報告，農業
　　　マニラ麻ノ不作

41号　明治39年7月13日，5-8頁，明治39年6月13日付マニラ報告，商業
　　　比律賓群島ニ於ケル本邦製燐寸概況

41号　明治39年7月13日，36-39頁，明治39年6月4日付マニラ報告，農業
　　　比律賓群島護謨及樹脂状況

42号　明治39年7月18日，33-35頁，明治39年6月16日付マニラ報告，雑
　　　比律賓群島ニ於ケル人口ノ増加

43号　明治39年7月23日，53-55頁，明治39年1月18日付マニラ報告，雑
　　　海外在留本邦人職業別表，米領マニラ及其付近

46号　明治39年8月3日，32-34頁，明治39年6月28日付マニラ報告，移民
　　　比律賓島土人布哇出稼ノ勧誘

47号　明治39年8月8日，12-13頁，明治39年6月21日付マニラ報告，商業
　　　比律賓群島三十八年中本邦輸入品概況

47号　明治39年8月8日，43頁，雑
　　　比律賓島癩病患者収容所ノ設置

48号　明治39年8月13日，36-37頁，明治39年7月11日付マニラ報告，貨幣及金融
　　　比律賓ニ於ケル郵便貯金条例発布ノ件

49号　明治39年8月18日，10-11頁，明治39年7月13日付マニラ報告，商業
　　　比律賓ニ於ケル日本石炭ト豪州炭

49号　明治39年8月18日，41-42頁，明治39年7月18日付マニラ報告，交通
　　　漢堡亜米利加汽船会社ノ麻尼剌ニ於ケル航運業

51号　明治39年8月28日，16-17頁，明治39年7月26日付マニラ報告，商業
　　　比律賓島輸入外国米ノ減少

51号　明治39年8月28日，27-44頁，明治39年6月6日付マニラ報告，移民
　　　比律賓群島ニ於ケル労働状態一班並在留本邦人労働者ノ実情

52号　明治39年9月3日，24-26頁，明治39年8月2日付マニラ報告，工業
　　　比律賓群島ニ於クル船舶修繕ニ関シ日本造船業者ニ対スル注意

52号　明治39年9月3日，29-30頁，明治39年8月2日付マニラ報告，交通
　　　支那航業会社快走船新造計画

53号　明治39年9月8日，5-7頁，明治39年8月7日付マニラ報告，貨幣及金融
　　　比律賓鋳貨制度ノ改正

54号　明治39年9月13日，21-24頁，明治39年8月8日付マニラ報告，商業
　　　比律賓島新鉄道敷設用枕木入札

55号　明治39年9月18日，19-20頁，明治39年8月8日付マニラ報告，商業
　　　マニラ煙草状況

55号　明治39年9月18日，43-44頁，明治39年8月15日付マニラ報告，交通
　　　比律賓群島沿岸航路船主ノ変動並ニ支那人所有船ノ競争

55号　明治39年9月18日，45-46頁，明治39年8月30日付マニラ報告，雑
　　　比律賓鉄道会社用枕木入札条件ノ訂正，付本邦枕木業者ニ対スル注意

56号　明治39年9月23日，47-48頁，明治39年8月28日付マニラ報告，条約及諸法規
　　　比律賓群島外国富籤輸入禁止

56号　明治39年9月23日，48-49頁，明治39年8月29日付マニラ報告，関税
　　　日本酒輸入税賦課ニ関スル中央関税長ノ裁決

58号　明治39年9月28日，1-9頁，明治39年8月8日付マニラ報告，交通
　　　比律賓群島ニ於ケル新鉄道ノ敷設

58号　明治39年9月28日，14-15頁，明治39年8月23日付マニラ報告，農業
　　　「マニラ」麻ノ不作

61号　明治39年10月13日，45-46頁，明治39年8月27日付マニラ報告，雑
　　　比律賓島政府歳出予算ノ大削減

63号　明治39年10月23日，18-20頁，明治39年5月15日付マニラ報告，商業
　　　海外各地ニ於ケル石炭需要供給状況

67号　明治39年11月13日，15-18頁，明治39年6月20日付マニラ報告，商業
　　　海外各地ニ於ケル植物性諸油状況，マニラ

70号臨時増刊　明治39年12月9日，1-45頁，明治39年8月27日付マニラ報告，商業
　　　比律賓群島三十八年貿易年報

76号　明治40年1月3日，8-9頁，明治39年11月5日付マニラ報告，商業
　　　比律賓群島ニ於ケル馬令薯及林檎概況

『通商彙纂』[1907年（明治40年）]

1号　明治40年1月8日，9-13頁，明治39年11月20日付マニラ報告，商業
　　　比律賓群島三十九年第一季貿易

4号　明治40年1月23日，13頁，明治39年7月10日付マニラ報告，商業
　　　海外各地ニ於ケル本邦産白蝋ノ用途，マニラ

4号　明治40年1月23日，40-41頁，明治39年11月30日付マニラ報告，関税及諸税
　　　比律賓島ニ於ケル米輸入税引上

7号　明治40年2月3日，34-36頁，明治39年11月19日付マニラ報告，居留地及居留民
　　　海外在留本邦人職業別表，マニラ帝国領事館管轄区域内

19号　明治40年3月28日，23-26頁，明治40年2月7日付マニラ報告，商業
　　　マニラ市ニ於ケル絹綿布及製作品並屏風類輸入商店名及住所

20号　明治40年4月3日，23頁，明治40年2月12日付マニラ報告，水産業
　　　比律賓群島「マラボン」漁業学校ノ設立

24号　明治40年4月23日，44-50頁，明治40年3月14日付マニラ報告，条約及諸法規
　　　比島農業銀行法米国議会通過

26号　明治40年5月3日，11-12頁，明治40年3月10日付マニラ報告，商業
　　　比律賓ニ於ケル本邦産玉葱及甘藍概況

28号　明治40年5月13日，68-70頁，明治40年3月25日付マニラ報告，水産業
　　　比島漁業概報

30号　明治40年5月23日，71-73頁，明治40年3月25日付マニラ報告，条約及諸法規
　　　比律賓島漁業ニ関スル事項

35号　明治40年6月18日，1-3頁，明治40年5月10日付マニラ報告，関税及諸税
　　　比律賓島輸入燐寸ニ関スル内地収税法修正運動

59号　明治40年10月18日，40-43頁，明治40年7月20日付マニラ報告，居留地及居留民
　　　海外各地在留本邦人職業別表，比律賓群島

61号　明治40年10月28日，29-30頁，明治40年9月13日付マニラ報告，商業
　　　比律賓群島ニ於ケル養蚕業状況并蚕種及繭ノ輸入禁止

66号　明治40年11月23日，1-33頁，明治40年9月20日付マニラ報告，工業
　　　比島製糖業

68号　明治40年12月3日，1-2頁，明治40年10月5日付マニラ報告，商業
　　　比律賓島ニ於ケル飲食品及薬品取締規則適用ノ実施

68号　明治40年12月3日，8-43頁，明治40年10月11日付マニラ報告，商業
　　　比島三十九年貿易年報

71号　明治40年12月18日，67-68頁，明治40年10月2日付マニラ報告，鉱業
　　　バタン島ニ於ケル石炭概況

『通商彙纂』［1908年（明治41年）］

2号　明治41年1月13日，4頁，明治40年11月13日付マニラ報告，商業
　　　比律賓島ニ於ケル本邦飲食品及売薬取扱ニ関スル続報

9号　明治41年2月18日，22-23頁，明治41年1月8日付マニラ報告，商業
　　　染色綿縮ニ関スル取調

10号　明治41年2月23日，12-14頁，明治40年12月16日付マニラ報告，商業
　　　玉葱ニ関スル取調

19号　明治41年4月8日，60-64頁，明治41年2月15日付マニラ報告，商業
　　　米国比律賓師団経理部蔬菜入札ニ関スル報告

26号　明治41年5月13日，52-54頁，明治41年2月22日付マニラ報告，農業
　　　比島ニ輸入スル園芸農産物ニ関スル報告

34号　明治41年6月27日，65-66頁，明治41年5月20日付マニラ報告，関税及諸税
　　　比律賓島ニ於ケル輸入米税率引上実行

38号　明治41年7月13日，68-69頁，明治41年5月7日付米国報告，条約及諸法規
　　　米国及比島間航海ニ関スル法律案ノ通過

39号　明治41年7月18日，1-68頁，明治41年2月14日付マニラ報告，移民及労働
　　　比律賓島ニ於ケル移民ニ関スル調査

42号　明治41年8月3日，46-47頁，明治41年6月19日付マニラ報告，交通及通信
　　　ダバオ港ノ開港

42号　明治41年8月3日，48-50頁，明治41年6月1日付マニラ報告，居留地及居留民
　　　海外各地在留本邦人職業別表，米国マニラ及其付近

47号　明治41年8月28日，66-70頁，明治41年7月10日付マニラ報告，財政及経済
　　　比島ニ於ケル官営農業銀行ノ設立

49号　明治41年9月8日，20-23頁，明治41年6月25日付マニラ報告，商業
　　　マニラニ於ケル「ハム」及「ベーコン」状況

49号　明治41年9月8日，63-65頁，明治41年7月10日付マニラ報告，条約及諸法規
　　　比島ニ於ケル水利工事ニ関スル費用支出方議会通過

51号　明治41年9月18日，66-67頁，明治41年7月5日付マニラ報告，交通及通信
　　　北米合衆国沿岸貿易規則ヲ北米合衆国ト比律賓島間航行船舶ニ適用セサル法律ノ米
　　　　国議会ノ通過

58号　明治41年10月27日，15-16頁，明治40年11月23日付マニラ報告，商業
　　　海外各地ニ於ケル石炭需給状況，マニラ

59号　明治41年11月8日，22-23頁，明治41年8月6日付牛荘報告，商業
　　　営口ニ於ケル「マニラ」麻綱其他綱類状況

59号　明治41年11月8日，26-31頁，明治41年7月4日付シドニー報告，商業
　　　豪州ニ於ケル麻綱需要状況

65号　明治41年12月3日，36-42頁，明治41年10月20日付マニラ報告，商業
　　　比律賓外国貿易

65号　明治41年12月3日，43-49頁，明治41年10月20日付マニラ報告，農業
　　　比律賓群島ミンダナオ島ダヴアオノ発達

68号　明治41年12月13日，56頁，明治41年11月5日付マニラ報告，関税及諸税
　　　比律賓群島税関「アラストレ」手数料ノ引下

『通商彙纂』［1909年（明治42年）］

2号　明治42年1月13日，11-17頁，明治41年10月28日付マニラ報告，商業
　　　日本対比律賓最近三ヶ年間輸出入貿易一覧表

4号　明治42年1月23日，11-12頁，明治41年12月14日付マニラ報告，商業
　　　マニラニ於ケル鎌倉「ハム」

8号　明治42年2月13日，28-61頁，明治41年12月9日付マニラ報告，商業
　　　比律賓群島四十年度貿易年報

28号　明治42年5月20日，14-19頁，明治42年4月5日付マニラ報告，商業
　　　米比間自由貿易ニ関シ比島ニ於ケル状勢

31号　明治42年6月5日，28-33頁，明治42年5月3日付マニラ報告，関税及諸税
　　　米比間自由貿易ニ関シ比島ニ於ケル状勢続報

31号　明治42年6月5日，40-41頁，明治42年4月28日付マニラ報告，検疫並衛生
　　　「マニラ」市ニ於ケル伝染病患者ノ減少

34号　明治42年6月20日，58-60頁，明治42年3月20日付マニラ報告，居留地及居留民
　　　海外各地在留本邦人職業別表，米領比律賓群島

40号　明治42年7月20日，16-23頁，明治42年5月31日付マニラ報告，商業

　　　　　米比自由貿易ノ諸外国及我商品ニ及ホスヘキ影響

47号　明治42年8月25日，26-27頁，明治42年7月16日付マニラ報告，商業
　　　「マニラ」ニ於ケル刷子市況

47号　明治42年8月25日，53頁，明治42年7月20日付マニラ報告，鉱業
　　　比律賓群島金銀産出額

49号　明治42年9月5日，31-36頁，明治42年7月14日付マニラ報告，農業
　　　「マニラ」麻ノ種類研究

55号　明治42年10月5日，1-3頁，明治42年8月16日付マニラ報告，時事
　　　米比間自由貿易開始

62号　明治42年11月10日，22-23頁，明治42年9月27日付マニラ報告，商業
　　　比律賓産石炭状況

62号　明治42年11月10日，35頁，明治42年9月27日付マニラ報告，鉱業
　　　比律賓群島銅鉄産額

62号　明治42年11月10日，47-51頁，外務省通商局，関税及諸税
　　　本邦ヨリ比律賓向重要輸出品新旧関税率対照表

65号　明治42年11月25日，46-48頁，明治42年10月5日付マニラ報告，水産業
　　　比律賓群島漁業及漁具

66号　明治42年12月1日，59-87頁，明治42年9月18日付マニラ報告，商業
　　　比律賓群島四十一年貿易年報

『通商彙纂』［1910年（明治43年）］

4号　明治43年1月20日，32-35頁，明治42年11月22日付マニラ報告，商業
　　　比律賓群島陶磁器輸出入調査

16号　明治43年3月20日，38-39頁，明治43年1月24日付マニラ報告，農業
　　　比島ニ於ケル玉蜀黍ノ用途其他

17号　明治43年3月25日，29-31頁，明治43年1月19日付マニラ報告，商業
　　　「マニラ」ニ於ケル日本酒輸入情況

22号　明治43年4月20日，24-25頁，明治43年2月2日付マニラ報告，商業
　　　米比間自由貿易開始後ニ於ケル比律賓群島実業界状勢

28号　明治43年5月20日，9-12頁，明治43年4月1日付天津報告，3月21日付マニラ報
　　　告，商業
　　　天津広東及比律賓群島ニ於ケル苛性曹達，晒粉及塩酸

29号　明治43年5月25日，16-17頁，明治43年3月30日付香港報告，商業
　　　呂宋製糖会社営業成績報告

32号　明治43年6月10日，13-16頁，明治43年4月7日付マニラ報告，商業
　　　比律賓島輸入綿布ニ関スル取調

34号　明治43年6月20日，62-65頁，明治43年4月23日付マニラ報告，居留地及居留民
　　　海外各地在留本邦人職業別表，米領比律賓群島

35号	明治43年6月25日，48-49頁，明治43年4月16日付ホノルル報告，農業	

35号　明治43年6月25日，48-49頁，明治43年4月16日付ホノルル報告，農業
　　　布哇「デリングハム」会社ノ比律賓ニ於ケル砂糖耕地計画

41号　明治43年7月25日，24-27頁，明治43年5月2日付マニラ報告，農業
　　　比律賓各開港ニ輸入セラル、馬鈴薯

41号　明治43年7月25日，27頁，明治43年4月28日付マニラ報告，林業
　　　「ミンダナオ」島護謨耕地開拓

44号　明治43年8月10日，1頁，明治43年5月25日付香港報告，時事
　　　比律賓ニテ香港積換ヘノ米国貨物ニ対スル課税

44号　明治43年8月10日，54-55頁，明治43年5月25日付マニラ報告，畜産業
　　　比律賓群島輸入牛畜検疫規則

46号　明治43年8月20日，29-30頁，明治43年6月1日付マニラ報告，商業
　　　自由貿易開始後ニ於ケル米比間貿易ノ趨勢

47号　明治43年8月25日，44-47頁，明治43年6月8日付マニラ報告，林業
　　　比律賓群島ニ於ケル護謨栽培

49号　明治43年9月5日，1頁，明治43年6月4日付マニラ報告，時事
　　　比律賓ニ於ケル白米食用禁止ノ発令

50号　明治43年9月10日，54頁，明治43年5月9日付マニラ報告，海外貿易品取引商紹介
　　　比律賓ニ於ケル主要ナル芋麻輸出業者氏名住所

55号　明治43年10月5日，82-83頁，明治43年8月6日付マニラ報告，海外貿易品取引商
　　　紹介
　　　「マニラ」市ニ於ケル主要ナル本邦諸雑貨及莫大小輸入業者住所氏名

56号　明治43年10月10日，64-65頁，明治43年7月3日付マニラ報告，関税及諸税
　　　馬尼刺税関ノ貨物取扱手数料ノ改正

56号　明治43年10月10日，66頁，明治43年8月4日付マニラ報告，交通及通信
　　　馬尼刺ニ於ケル船舶桟橋税ノ改正

61号　明治43年11月5日，21-31頁，明治43年7月21日付マニラ報告，商業
　　　遼陽，福州，広東及比律賓群島ニ於ケル工業原料，比律賓群島

62号　明治43年11月10日，16-19頁，明治43年9月1日付マニラ報告，商業
　　　海外各地ニ於ケル燐寸ニ関スル調査，比律賓群島

62号　明治43年11月10日，26頁，明治43年8月17日付マニラ報告，商業
　　　寒天ノ用途，付販路拡張ノ見込，比律賓群島

63号　明治43年11月15日，54-84頁，明治43年8月16日付マニラ報告，商業
　　　比律賓群島四十二年度貿易年報

64号　明治43年11月20日，15-18頁，明治43年9月15日付マニラ報告，商業
　　　海外各地ニ於ケル装身具及錠前ニ関スル調査『其一』，マニラ

68号　明治43年12月10日，1-2頁，明治43年9月19日付里昂報告，時事
　　　比律賓島蚕業ノ将来

『通商彙纂』［1911年（明治44年）］

 1号　明治44年1月5日，79-83頁，明治43年6月11日付マニラ報告，関税及諸税
　　　本邦重要輸出品ニ対スル各国輸入税率表，比律賓群島

 5号　明治44年1月25日，72-73頁，明治43年11月16日付マニラ報告，財政及経済
　　　日比両国財政状態及施政費ノ比較

11号　明治44年2月25日，73頁，明治43年12月22日付マニラ報告，関税及諸税
　　　「マニラ」税関布令改正

19号　明治44年4月5日，19-20頁，明治43年9月14日付マニラ報告，商業
　　　「プリズム」双眼鏡ノ需要状況，比律賓群島

23号　明治44年4月25日，6-7頁，明治44年2月22日付マニラ報告，時事
　　　比律賓群島ニ於ケル飲食品及薬品取締規則ノ励行

25号　明治44年5月5日，19-20頁，明治44年3月18日付香港報告，商業
　　　呂宋製糖会社営業成績報告

28号　明治44年5月20日，30-31頁，明治44年2月28日付マニラ報告，商業
　　　比律賓群島ニ於ケル本邦産トロオンウオーク，各種レース類，刺繍品，造花品，押
　　　絵及摘細工等ニ関スル調査

28号　明治44年5月20日，67-69頁，明治44年2月22日付マニラ報告，農業
　　　比律賓群島ミンダナオ島キヤンプ，ヴィカースニ於ケル馬鈴薯畠ノ状況ニ就テ

30号付録　明治44年6月1日，8-9頁，明治44年5月5日付マニラ報告，工業
　　　甘蔗及竹ヨリ製紙ノ発明ニ就テ

33号　明治44年6月15日，1頁，明治44年4月29日付マニラ報告，時事
　　　米国比律賓師団経理部ニ於ケル蔬菜購買入札ニ就テ

33号　明治44年6月15日，26-27頁，明治44年5月2日付マニラ報告，商業
　　　比律賓ニ於ケル線香類需要状況

33号　明治44年6月15日，57頁，明治44年3月15日付マニラ報告，条約及諸法規
　　　マニラ港桟橋上取扱貨物手数料

35号　明治44年6月20日，13-14頁，明治44年4月28日付マニラ報告，商業
　　　比律賓群島魚類輸入状況『四十三年度』

35号　明治44年6月20日，37-39頁，明治44年5月10日付マニラ報告，各地事情
　　　比律賓スールー諸島中ラパク島護謨栽培ノ状況

37号付録　明治44年6月30日，5-7頁，明治44年5月25日付マニラ報告，林業
　　　パラ種護謨幼樹栽培法

37号付録　明治44年6月30日，7-8頁，明治44年5月31日付マニラ報告，工業
　　　比律賓群島ニ於ケル製絹業

38号　明治44年7月5日，37頁，明治44年6月8日付マニラ報告，商業
　　　マニラヨリ本邦ヘコプラノ輸出

39号　明治44年7月10日，16頁，明治44年6月6日付マニラ報告，商業

　　　　　　比律賓石鹸会社ノ成立ニ就テ

40号　明治44年7月15日，5－6頁，明治44年6月10日付マニラ報告，時事
　　　　マニラ市ニ於ケル貝鈕製造所ノ新設ニ就テ

43号　明治44年7月25日，1－3頁，明治44年6月23日付マニラ報告，時事
　　　　蘭領瓜哇島スラバヤニ於ケル植物繊維会議ヘ派遣ノ比律賓委員及共進会ヘ出品ノ比
　　　　　律賓島産物

45号　明治44年8月5日，1－2頁，明治44年6月28日付紐育報告，時事
　　　　米国本土及比律賓群島間貿易発達概況

45号　明治44年8月5日，55－56頁，明治44年7月7日付マニラ報告，移民及労働
　　　　比律賓群島来往ノ外国移民状況『千九百十一年度』

50号　明治44年8月25日，3頁，明治44年7月24日付マニラ報告，時事
　　　　比律賓ヘ渡来ノ船客携帯煙草無税通関分量制限ニ関スル税関令

52号　明治44年9月5日，38－39頁，明治44年8月8日付マニラ報告，林業
　　　　マニラニ於ケル葉巻煙草容箱材料調査

55号　明治44年9月20日，14－15頁，明治44年8月8日付シカゴ報告，商業
　　　　米国市俄古地方ニ於ケルマニラ麻真田ノ需要状況

56号　明治44年9月25日，54頁，明治44年8月11日付マニラ報告，交通及通信
　　　　北独逸ロイド汽船会社ノマニラ航路開始ニ就テ

63号　明治44年10月25日，81－82頁，明治44年9月14日付マニラ報告，関税及諸税
　　　　比律賓ニ於ケル輸出入貨物ノ統計上其価格ノ正確ヲ期センカ為メ制定シタル規則

64号　明治44年11月1日，1－3頁，明治44年9月23日付倫敦報告，商業
　　　　倫敦ニ於ケル本邦製マニラ麻真田需要状況

64号　明治44年11月1日，18－21頁，明治44年9月23日付マニラ報告，商業
　　　　海外各地ニ於ケル木材工芸品需要概況『其四』，比律賓

65号　明治44年11月5日，15－16頁，明治44年9月28日付漢堡報告，商業
　　　　独逸ニ於ケルマニラ麻真田（タガル）需要状況

66号　明治44年11月10日，18－20頁，明治44年10月5日付マニラ報告，商業
　　　　比律賓米況

67号　明治44年11月15日，67－72頁，明治44年10月11日付マニラ報告，農業
　　　　比律賓群島ニ於テ養蚕ヲ為シ得ヘキヤ否ヤニ就テ

68号臨時増刊　明治44年11月17日，149－77頁，明治44年8月25日付マニラ報告，商業
　　　　比律賓四十三年度貿易年報

75号　明治44年12月20日，54－55頁，明治44年11月6日付紐育報告，鉱業
　　　　比律賓ニ於ケル石炭業

『通商彙纂』［1912年（明治45年）］
 2号　明治45年1月10日，37－38頁，明治44年10月31日付マニラ報告，商業
　　　　比律賓ニ於ケル台湾包種茶

「領事報告」掲載フィリピン関係記事目録, 1881—1943年　45

 4号　明治45年1月20日, 44頁, 明治44年12月2日付マニラ報告, 関税及諸税
　　　比律賓ニ於ケル輸入米関税率ノ据置

 4号　明治45年1月20日, 47-50頁, 明治44年10月31日付マニラ報告, 各地事情
　　　比律賓事情

 6号　明治45年1月25日, 1-3頁, 明治44年12月1日, 9日付マニラ報告, 時事
　　　比律賓ニ於ケル会社ノ勃興及日比合同資本ノ漁業会社

12号　明治45年2月10日, 4-5頁, 明治44年12月23日付マニラ報告, 時事
　　　本邦駐在比律賓通報事務官ノ任命

15号　明治45年2月20日, 1頁, 明治45年1月20日付マニラ報告, 商業
　　　比律賓綿布市況

39号　明治45年5月5日, 1-4頁, 明治45年4月8日付マニラ報告, 時事
　　　馬尼剌駐屯米国軍隊ニ於ケル蔬菜購買入札募集ニ就テ

40号　明治45年5月10日, 2-6頁, 明治45年4月1日付マニラ報告, 商業
　　　マニラ麻市況

41号　明治45年5月15日, 67頁, 明治45年4月16日付マニラ報告, 海外貿易品取引商紹介
　　　マニラニ於ケル本邦雑貨, 麻, 瓦斯業者

42号　明治45年5月20日, 37頁, 明治45年4月24日付マニラ報告, 商業
　　　比律賓ニ於テ木炭銑鉄産出ノ有無

42号　明治45年5月20日, 61頁, 明治45年4月24日付マニラ報告, 海外貿易品取引商紹介
　　　マニラニ於ケルパルム葉取扱商店名

45号　明治45年6月5日, 37-38頁, 明治45年5月7日付マニラ報告, 商業
　　　比律賓ニ於ケル莫大小商況

47号　明治45年6月15日, 62-63頁, 明治45年5月18日付マニラ報告, 農業
　　　比律賓群島農産物作柄予想

51号　明治45年7月5日, 35-39頁, 明治45年6月1日付マニラ報告, 農業
　　　馬尼剌ニ於ケル原料麻ニ就テ

51号　明治45年7月5日, 55頁, 明治45年6月1日付マニラ報告, 海外貿易品取引商紹介
　　　マニラニ於ケル麻類輸出商

52号　明治45年7月10日, 27-29頁, 明治45年5月31日付マニラ報告, 水産業
　　　比律賓ニ於ケルトロール漁業

52号　明治45年7月10日, 41頁, 明治45年6月6日付マニラ報告, 交通及通信
　　　マニラ入港船舶信号ニ関スル比律賓税関令

52号　明治45年7月10日, 42-43頁, 明治45年6月7日付マニラ報告, 条約及諸法規
　　　比律賓ニ於ケル飲食品及薬品取締規則ノ励行

55号　明治45年7月25日, 51-52頁, 明治45年7月3日付マニラ報告, 海外貿易品取引商
　　　　紹介
　　　馬尼剌ニ於ケル肥料取扱者

55号　明治45年7月25日，52-54頁，明治45年6月29日付マニラ報告，海外貿易品取引商紹介
　　　馬尼刺ニ於ケル糸物，切地及護謨製品取扱業者

『通商彙纂』[1912年（大正元年）]

2号　大正元年8月5日，26-27頁，明治45年7月13日付マニラ報告，商業
　　　マニラ麻市況

3号　大正元年8月10日，17-19頁，明治45年7月15日付マニラ報告，水産業
　　　比律賓群島ニ於ケル漁網ニ就テ

5号　大正元年8月20日，10頁，明治45年7月16日付紐育報告，商業
　　　マニラ麻及墨西哥産サイザル麻ノ市況『紐育市場』

7号　大正元年9月1日，53頁，大正元年8月1日付マニラ報告，雑
　　　マニラ師団所用蔬菜購買入札

9号　大正元年9月10日，18-19頁，大正元年8月13日付マニラ報告，商業
　　　マニラ麻市況

12号　大正元年9月25日，29-33頁，大正元年8月16日付マニラ報告，商業
　　　比律賓群島ニ於ケル燐寸商況

13号　大正元年10月1日，58頁，大正元年8月23日付マニラ報告，雑
　　　マニラニ於ケルカーニバル祭典挙行期日ノ発表

19号　大正元年11月1日，36-40頁，大正元年9月16日付マニラ報告，商業
　　　マニラ麻市況

21号　大正元年11月10日，9-11頁，大正元年10月7日付マニラ報告，商業
　　　マニラニ於ケル本邦産手拭地及浴衣地ノ需要状況

21号　大正元年11月10日，29-30頁，大正元年10月14日付マニラ報告，移動及労働
　　　比律賓群島外国移民ノ出入『千九百十二年度』

21号　大正元年11月10日，51頁，大正元年10月7日付マニラ報告，海外貿易品取引商紹介
　　　マニラニ於ケル本邦産手拭地及浴衣地取扱商

22号　大正元年11月15日，15-17頁，大正元年10月11日付マニラ報告，商業
　　　マニラ麻市況

29号　大正元年12月20日，15-17頁，大正元年11月11日付マニラ報告，商業
　　　マニラ麻市況

30号　大正元年12月25日，70-71頁，大正元年11月15日付マニラ報告，条約及諸法規
　　　マニラ湾内邦人漁船ノ営業鑑札申請手続

『通商彙纂』[1913年（大正2年）]

1号　大正2年1月5日，37頁，大正元年11月25日付マニラ報告，交通及通信
　　　マニラ湾ノ経界制定

2号　大正2年1月10日，16-24頁，大正元年11月20日付マニラ報告，商業
　　　熱帯果物ノ取引及荷造運搬法其他

2号　大正2年1月10日，28-29頁，大正元年11月30日付マニラ報告，工業
　　　比律賓ニ於ケル熱帯植物繊維織物ニ就テ

 3号　大正2年1月15日，70-71頁，大正元年12月7日付マニラ報告，雑
　　　比律賓師団蔬菜購買入札

 5号　大正2年1月25日，25-27頁，大正元年12月20日付マニラ報告，商業
　　　マニラ麻市況

 7号　大正2年2月5日，19-21頁，大正2年1月8日付マニラ報告，農業
　　　比律賓ニ於ケル麻産額

11号　大正2年2月25日，47頁，大正2年1月8日付紐育報告，商業
　　　麻真田取引冬季減退ノ原因

12号　大正2年3月1日，37-39頁，大正2年1月31日付マニラ報告，商業
　　　マニラ麻市況

16号　大正2年3月20日，32-34頁，大正2年2月7日付マニラ報告，工業
　　　比律賓ニ於ケル繋麻状況

16号　大正2年3月20日，37頁，大正2年2月18日付マニラ報告，農業
　　　比律賓官設米作田設置

16号　大正2年3月20日，50-53頁，大正2年2月18日付マニラ報告，各地事情
　　　比律賓群島概況

17号　大正2年3月25日，8-9頁，大正2年2月28日付マニラ報告，商業
　　　マニラ麻市況

17号　大正2年3月25日，52-53頁，大正2年2月19日付マニラ報告，交通及通信
　　　比律賓諸港入港船舶取締

5.『通商公報』1913—24年

『通商公報』[1913年（大正2年）]
第1巻
4号 大正2年4月14日，194-95頁，大正2年3月12日付マニラ報告，財政及経済
マニラに於ける金融機関

5号 大正2年4月17日，227-29頁，大正2年3月20日付マニラ報告，商業
革及擬革製品需要状況『比律賓』

5号 大正2年4月17日，254頁，大正2年3月20日付マニラ報告，紹介
マニラに於ける革製品取扱商

7号 大正2年4月24日，329-45頁，大正2年3月15日付マニラ報告，商業
比律賓四十四年貿易年報『上』

8号 大正2年4月28日，381-89頁，大正2年3月15日付マニラ報告，商業
比律賓四十四年貿易年報『下』

10号 大正2年5月5日，480-81頁，大正2年4月15日付マニラ報告，商業
マニラ麻市況

10号 大正2年5月5日，489頁，大正2年4月14日付マニラ報告，関税及諸法規
比律賓に於ける特許登録

13号 大正2年5月15日，620-21頁，大正2年4月21日付マニラ報告，商業
ゴムコーパル状況『マニラ』

13号 大正2年5月15日，643頁，大正2年4月21日付マニラ報告，紹介
ゴムコーパル取扱商『マニラ』

14号 大正2年5月19日，672-73頁，大正2年4月24日付マニラ報告，交通及通信
各国汽船のマニラ寄港計画

15号 大正2年5月22日，714-15頁，大正2年4月30日付マニラ報告，商業
日比貿易の発達

15号 大正2年5月22日，717-18頁，大正2年5月3日付マニラ報告，商業
マニラ麻市況

21号 大正2年6月12日，1014-15頁，大正2年5月20日付マニラ報告，商業
石炭購買同盟設立計画『マニラ』

22号 大正2年6月16日，1037-38頁，大正2年5月29日付マニラ報告，時事
米国関税改正の比律賓島通商上に及ぼす影響

22号 大正2年6月16日，1081-82頁，大正2年5月24日付マニラ報告，雑報
比律賓群島駐屯米国陸軍へ本邦石炭供給方の契約成立

第2巻

31号　大正2年7月17日，229-30頁，大正2年6月26日付マニラ報告，雑報
　　　比島総督府の糖業補助

32号　大正2年7月21日，235-38頁，大正2年7月3日付マニラ報告，商業
　　　マニラ麻市況

32号　大正2年7月21日，253頁，大正2年7月1日付マニラ報告，交通及通信
　　　マニラ近東諸港間に於ける電信料の低減

37号　大正2年8月7日，467頁，大正2年7月18日付マニラ報告，商業
　　　比律賓島砂糖輸出額『千九百十三年度』

39号　大正2年8月14日，567頁，大正2年6月20日付マニラ報告，交通及通信
　　　東洋汽船会社米国航路船のマニラ寄港開始

40号　大正2年8月18日，597-98頁，大正2年7月31日付マニラ報告，商業
　　　比律賓貿易大勢『千九百十三年度』

45号　大正2年8月28日，835-38頁，大正2年8月12日付マニラ報告，財政及経済
　　　比島財政状態と外国貿易

45号　大正2年8月28日，838-40頁，大正2年8月16日付マニラ報告，財政及経済
　　　比律賓農業銀行の組織及営業状態

52号　大正2年9月29日，表紙裏，大正2年9月23日発マニラ報告，電報
　　　マニラの真正ペスト

第3巻

55号　大正2年10月9日，151-52頁，大正2年9月16日付マニラ報告，関税及諸法規
　　　マニラ湾内漁簗使用規定

58号　大正2年10月20日，表紙裏，大正2年10月13日発マニラ報告，電報
　　　マニラの虎列剌

62号　大正2年11月3日，432-33頁，大正2年10月8日付マニラ報告，関税及諸法規
　　　比律賓群島輸出税免除──マニラ麻，砂糖，コプラ及煙草に対し輸出税免除

63号　大正2年11月6日，表紙裏，大正2年10月30日発マニラ報告，電報
　　　馬尼剌港出入船舶航路

69号　大正2年11月27日，708頁，大正2年11月7日付マニラ報告，交通及通信
　　　マニラ湾出入外国船舶航路

70号　大正2年12月1日，754-55頁，大正2年10月23日付紐育報告，雑報
　　　比島在留外国商買数並其投資額

75号　大正2年12月18日，991-92頁，大正2年11月21日付マニラ報告，移民及労働
　　　比島に於ける外国移民及労働出入状況『千九百十三年度』

76号　大正2年12月22日，1033-35頁，大正2年11月26日付マニラ報告，商業
　　　米国新関税法の比律賓対外貿易に及ぼす影響

76号　大正2年12月22日，1035-39頁，大正2年11月20日付マニラ報告，商業

本邦製品と競争せる欧米製品の需要状況『比律賓』

76号　大正2年12月22日，1039-42頁，大正2年11月8日付マニラ報告，商業
　　　本パナマ帽及模造パナマ帽生産状況『比律賓』

『通商公報』[1914年（大正3年）]
第4巻

78号　大正3年1月8日，54-55頁，大正2年12月4日付マニラ報告，交通及通信
　　　仏領印度支那比律賓間直通航路開始

80号　大正3年1月15日，166-67頁，大正2年12月8日付マニラ報告，関税及諸法規
　　　香港通過船舶積載家畜荷役に関する税関令改正

82号　大正3年1月22日，261頁，大正2年12月16日付マニラ報告，雑報
　　　比島総督府の糖業補助『続報』

83号　大正3年1月26日，273-75頁，大正2年11月15日付マニラ報告，商業
　　　マニラ輸出品商況（自大正二年十一月十五日至同十一月三十日）

83号　大正3年1月26日，294-97頁，大正2年12月24日付マニラ報告，林業
　　　比律賓に於ける林業

84号　大正3年1月29日，351頁，大正3年1月15日付マニラ報告，博覧会及各種会議
　　　第二回比律賓勧業共進会開催決定

85号　大正3年2月2日，375-76頁，大正3年1月14日付マニラ報告，商業
　　　マニラ輸出品商況（自大正二年十二月一日至同十二月十五日）

86号　大正3年2月5日，414-15頁，大正2年12月17日付マニラ報告，商業
　　　阿片輸入状況『比律賓』

87号　大正3年2月9日，表紙裏，大正3年2月4日着マニラ報告，電報
　　　マニラ流行病発生

87号　大正3年2月9日，487-49頁，外務省通商局，在外本邦人
　　　海外在留本邦人数一覧表『大正二年六月末日現在』

88号　大正3年2月12日，496-97頁，大正3年1月22日付マニラ報告，商業
　　　マニラ輸出品商況（自大正二年十二月十六日至同三十一日）

92号　大正3年2月26日，676-78頁，大正3年2月9日付マニラ報告，商業
　　　マニラ輸出品商況（自大正三年一月一日至同十五日）

93号　大正3年3月2日，773-74頁，大正3年2月11日付マニラ報告，関税及諸法規
　　　米国新関税の米比貿易に及ぼす影響

94号　大正3年3月5日，801頁，大正3年2月11日付マニラ報告，商業
　　　支稈及経木真田商況『比律賓』

94号　大正3年3月5日，805-06頁，大正3年2月14日付マニラ報告，商業
　　　マニラ輸出品商況『一月下半月』

99号　大正3年3月23日，1044-45頁，大正3年2月24日付マニラ報告，農業
　　　比島重要農作物の産額及耕地面積『千九百十三年』

101号　大正3年3月30日，1129-30頁，大正3年3月5日付マニラ報告，商業
　　　　比島重要輸出品商況『二月上半月』

第5巻
103号　大正3年4月6日，79-80頁，大正3年3月13日付マニラ報告，商業
　　　　比島重要輸出品市況『二月下半月』

104号　大正3年4月9日，136-38頁，大正3年3月15日付マニラ報告，博覧会及各種会議
　　　　比島糖業奨励に関する会議

106号　大正3年4月16日，口絵
　　　　比律賓群島の産業『其一』

106号　大正3年4月16日，199-218頁，大正2年9月15日付マニラ報告，農業
　　　　比律賓群島の産業『上』

107号　大正3年4月20日，口絵
　　　　比律賓群島ノ産業『其二』

107号　大正3年4月20日，246-47頁，大正3年4月2日付マニラ報告，商業
　　　　比島重要輸出品市況『三月上半月』

107号　大正3年4月20日，249-66頁，大正2年9月15日付マニラ報告，農業
　　　　比律賓群島の産業『下』

108号　大正3年4月23日，口絵
　　　　比律賓群島の産業『其三』

108号　大正3年4月23日，286-88頁，外務省通商局，商業
　　　　比律賓群島貿易額『大正二年』

109号　大正3年4月27日，口絵
　　　　比律賓群島の産業『其四』

110号　大正3年4月30日，口絵
　　　　比律賓群島の産業『其五』

114号　大正3年5月14日，550-53頁，大正3年4月21, 29日付マニラ報告，商業
　　　　比島重要輸出品市況（三月下半月及四月上半月）

114号　大正3年5月14日，586頁，大正3年4月24日付マニラ報告，交通及通信
　　　　加奈陀比律賓間直航線開始

114号　大正3年5月14日，586-88頁，大正3年4月20日付マニラ報告，交通及通信
　　　　比律賓長距離無線電信局の設置に関する法律

115号　大正3年5月18日，627-32頁，大正3年4月28日付マニラ報告，関税及諸法規
　　　　繊維の検査，格付及包装に関する法律制定『比律賓』

119号　大正3年6月4日，766-81頁，大正3年5月4日付マニラ報告，商業
　　　　比律賓群島貿易概要『千九百十三年度』

122号　大正3年6月15日，904-08頁，大正3年5月20, 29日付マニラ報告，商業

比島重要輸出品市況（四月下半月五月上半月）

125号　大正3年6月25日，表紙裏，大正3年6月22日着マニラ報告，商業
　　　比律賓売薬法施行

第6巻

127号　大正3年7月2日，5-7頁，大正3年6月10日付マニラ報告，商業
　　　本邦向麻真田原料商況（五月中）

128号　大正3年7月6日，58-59頁，大正3年6月15日付マニラ報告，商業
　　　比島重要輸出品商況（五月下半月）

130号　大正3年7月13日，160-62頁，大正3年6月24日付マニラ報告，関税及諸法規
　　　比島に於ける売薬法実施

134号　大正3年7月27日，387-89頁，大正3年6月26日付マニラ報告，商業
　　　比島重要輸出品商況『六月上半月』

139号　大正3年8月13日，電2-3頁，大正3年8月7日着マニラ報告，電報
　　　マニラに於ける欧州時局影響

139号　大正3年8月13日，522-23頁，大正3年7月16日付マニラ報告，商業
　　　本邦向麻真田原料商況（六月中）

139号　大正3年8月13日，523-25頁，大正3年7月18日付マニラ報告，商業
　　　比島重要輸出品商況（六月下半月）

141号　大正3年8月20日，電2頁，大正3年8月15日着マニラ報告，電報
　　　マニラの物価暴騰

143号　大正3年8月27日，666頁，大正3年7月31日付マニラ報告，商業
　　　マニラに於ける石炭輸入状況

143号　大正3年8月27日，667-68頁，大正3年7月31日付マニラ報告，商業
　　　比島に於ける馬鈴薯輸入状況

143号　大正3年8月27日，690頁，大正3年7月31日付マニラ報告，紹介
　　　馬鈴薯輸入商『マニラ』

143号　大正3年8月27日，690頁，大正3年7月31日付マニラ報告，紹介
　　　石炭取扱商

144号　大正3年9月1日，電2頁，大正3年8月27日着マニラ報告，電報
　　　在マニラ船舶の無線電信禁止

144号　大正3年9月1日，電3頁，大正3年8月28日着マニラ報告，電報
　　　マニラの戦時保険率低下

144号　大正3年9月1日，電4頁，大正3年8月29日着マニラ報告，電報
　　　比律賓の中立宣言

144号　大正3年9月1日，694-96頁，大正3年8月1日付マニラ報告，商業
　　　比島重要輸出品商況『七月上半月』

145号　大正3年9月3日，電2頁，大正3年8月31日着マニラ報告，電報
　　　比律賓の事業緊縮

145号　大正3年9月3日，759-60頁，大正3年8月5日付マニラ報告，商業
　　　マニラに於ける本邦向麻真田商況『七月中』

145号　大正3年9月3日，762-63頁，大正3年8月7日付マニラ報告，関税及諸法規
　　　米国の外国船舶出港取締

146号　大正3年9月7日，電2頁，大正3年9月3日着マニラ報告，電報
　　　マニラの洪水

146号　大正3年9月7日，766-70頁，大正3年8月28日付マニラ報告，商業
　　　欧州戦乱の影響『マニラ』

146号　大正3年9月7日，820-21頁，大正3年8月11日付マニラ報告，関税及諸法規
　　　比島避難外国船舶に関する特別訓令

147号　大正3年9月10日，電4頁，大正3年9月8日着マニラ報告，電報
　　　本邦商の独逸商品荷受手続

149号　大正3年9月17日，電2頁，大正3年9月16日着マニラ報告，電報
　　　マニラ商況並独逸品代用本邦品売行見込

149号　大正3年9月17日，911頁，大正3年8月3日付マニラ報告，商業
　　　マニラに於ける瓦斯木綿縮輸入状況

149号　大正3年9月17日，926頁，大正3年8月3日付マニラ報告，紹介
　　　木綿縮類輸入商『マニラ』

150号　大正3年9月21日，電1頁，大正3年9月16日着マニラ報告，電報
　　　比島に於ける無線電信使用禁止取締方

150号　大正3年9月21日，948-49頁，大正3年8月15日付マニラ報告，関税及諸法規
　　　米国の外国船舶出港取締訓令追加

150号　大正3年9月21日，951-58頁，大正3年8月21日付マニラ報告，各地事情
　　　ミナダナオ，スル道事情

150号　大正3年9月21日，959-60頁，大正3年8月14日付マニラ報告，紹介
　　　本邦商品直輸出入業者並仲買者『マニラ』

151号　大正3年9月25日，口絵
　　　ミンダナオ島ザムボアンガ半島オルタンガ製材所作業実況（太田興業会社所属）

152号　大正3年9月28日，口絵
　　　ミンダナオ島ザムボアンガ半島オルタンガ製材所作業実況（太田興業会社所属）

第7巻

153号　大正3年10月1日，電1頁，大正3年9月29日着マニラ報告，電報
　　　マニラ各地間戦時保険率

153号　大正3年10月1日，電2頁，大正3年9月30日着マニラ報告，電報
　　　避難独逸汽船の搭載荷物引取方

154号　大正3年10月5日，75-76頁，大正3年8月17日付マニラ報告，関税及諸法規
　　　無線電信の非中立的使用禁止『比律賓』

155号　大正3年10月8日，108-09頁，大正3年9月10日付マニラ報告，商業
　　　マニラに於ける本邦向麻真田商況『八月中』

155号　大正3年10月8日，121-22頁，大正3年9月14日付マニラ報告，交通及通信
　　　日比連絡汽船航路臨時開始

156号　大正3年10月12日，143頁，大正3年9月8日付マニラ報告，商業
　　　本邦に比島産真珠販路の拡張

156号　大正3年10月12日，170頁，大正3年9月8日付マニラ報告，紹介
　　　真珠取扱商『比島ザムボアンガ』

158号　大正3年10月19日，228-29頁，大正3年9月20日付マニラ報告，商業
　　　比島に於ける硬質陶器輸入状況

160号　大正3年10月26日，電1-2頁，大正3年10月22日着マニラ報告，電報
　　　マニラ砂糖商況

160号　大正3年10月26日，342-43頁，大正3年10月1日付マニラ報告，交通及通信
　　　比島碇泊独逸汽船名

160号　大正3年10月26日，344頁，大正3年9月28日付マニラ報告，検疫並衛生
　　　ペスト病検疫廃止『比律賓』

161号　大正3年10月29日，363-66頁，大正3年9月28日付マニラ報告，商業
　　　戦時保険に付て『漢口，広東，香港，マニラ』

161号　大正3年10月29日，369-71頁，大正3年10月2日付マニラ報告，商業
　　　比島重要輸出品商況『九月上半月』

162号　大正3年11月2日，416頁，大正3年10月12日付マニラ報告，交通及通信
　　　マニフ本邦間運賃値上

163号　大正3年11月5日，455-68頁，大正3年10月1日付マニラ報告，商業
　　　欧州商品に代るべき本邦商品『マニラ』

166号　大正3年11月16日，575-78頁，大正3年10月22日付マニラ報告，商業
　　　欧州戦乱と比島外国貿易『九月中』

166号　大正3年11月16日，593-95頁，大正3年10月20日付マニラ報告，商業
　　　比島重要輸出品商況『九月下半月』

167号　大正3年11月19日，623-24頁，大正3年9月15日付マニラ報告，商業
　　　マニラ麻市況『九月中』

167号　大正3年11月19日，624-26頁，大正3年10月19日付マニラ報告，商業
　　　比島に於ける薄荷玉需要状況

168号　大正3年11月24日，692-94頁，大正3年10月27日付マニラ報告，交通及通信
　　　ミンダナオ航路の有望

168号　大正3年11月24日，696頁，大正3年9月15日付マニラ報告，紹介
　　　　マニラ麻輸出商『マニラ』

171号　大正3年12月3日，809頁，大正3年11月8日付マニラ報告，農業
　　　　比島砂糖産出額予想『千九百十四―五年度』

172号　大正3年12月7日，874-76頁，大正3年11月7日付マニラ報告，商業
　　　　比島重要輸出品商況『十月上半月』

172号　大正3年12月7日，887頁，大正3年11月6日付マニラ報告，交通及通信
　　　　ザンボアンガ新嘉坡間航路再開始

173号　大正3年12月10日，表紙裏，大正3年12月4日着マニラ報告，電報
　　　　マニラ湾口無線電信所公衆電報開始

175号　大正3年12月17日，電3頁，大正3年12月15日着マニラ報告，電報
　　　　マニラ湾口付近航海者の注意

175号　大正3年12月17日，1007-08頁，大正3年11月18日付マニラ報告，商業
　　　　戦時保険に付て『マニラ』

176号　大正3年12月21日，1067-70頁，大正3年11月15日付マニラ報告，商業
　　　　比島貿易状況『十月中』

176号　大正3年12月21日，1070-72頁，大正3年11月20日付マニラ報告，商業
　　　　比島重要輸出品商況『十月下半月』

176号　大正3年12月21日，1072-73頁，大正3年11月25日付マニラ報告，商業
　　　　マニラ麻市況『十月中』

176号　大正3年12月21日，1079-80頁，大正3年11月15日付マニラ報告，関税及諸法規
　　　　輸出植物検査証明方『比律賓』

178号　大正3年12月28日，表紙裏，大正3年12月26日着マニラ報告，電報
　　　　内地収税法改正発布『比律賓』

『通商公報』［1915年（大正4年）］
第8巻

179号　大正4年1月11日，電2頁，大正4年1月8日着マニラ報告，電報
　　　　マニラ湾内射撃演習挙行

179号　大正4年1月11日，23-24頁，大正3年12月3日付マニラ報告，商業
　　　　比島重要輸出品商況『十一月上半月』

179号　大正4年1月11日，24-25頁，大正3年12月10日付マニラ報告，商業
　　　　本邦向麻真田用原料商況『大正三年十一月中』

180号　大正4年1月14日，73-74頁，大正3年12月15日付マニラ報告，商業
　　　　マニラに於ける石炭市況『大正三年十一月中』

180号　大正4年1月14日，111-12頁，大正3年12月10日付マニラ報告，交通及通信
　　　　比島軍用無線電信所公衆電報取扱開始

183号　大正4年1月25日，217-22頁，大正3年12月18日付マニラ報告，商業

欧州戦乱と比島外国貿易（大正三年十一月中）

183号　大正4年1月25日，222-23頁，大正3年12月24日付マニラ報告，商業
　　　氷醋酸，アセトン及醋酸塩類に付て『マニラ』

184号　大正4年1月28日，表紙裏，大正4年1月23日着マニラ報告，電報
　　　日本郵船ザムボアンガ航路開始

184号　大正4年1月28日，288-89頁，大正3年12月24日付マニラ報告，商業
　　　比島重要輸出品商況『大正三年十一月下半月』

186号　大正4年2月4日，409頁，大正4年1月8日付マニラ報告，商業
　　　比島に於ける砂糖商況『大正三年十二月三十一日』

186号　大正4年2月4日，420-22頁，大正4年1月5日付マニラ報告，農業
　　　比島に於ける農業不振救済策

186号　大正4年2月4日，424-25頁，大正4年1月9日付マニラ報告，関税及諸法規
　　　比島輸入米関税率据置

187号　大正4年2月8日，443-45頁，大正4年1月8日付マニラ報告，商業
　　　本邦向真田原料と麻市況『大正三年十二月中』

188号　大正4年2月12日，501-05頁，大正4年1月18日付マニラ報告，商業
　　　欧州戦乱と比島外国貿易『大正三年十二月中』

188号　大正4年2月12日，526-28頁，大正4年1月20日付マニラ報告，商業
　　　マニラ石炭商況『大正三年十二月』

188号　大正4年2月12日，528-29頁，大正4年1月15日付マニラ報告，商業
　　　比律賓に於ける台湾米の販路如何

192号　大正4年2月25日，729-30頁，大正4年1月22日付マニラ報告，商業
　　　比島重要輸出品商況『十二月下半月』

193号　大正4年3月1日，787-88頁，大正4年1月2日付マニラ報告，商業
　　　比島重要輸出品商況（一月上半月）

193号　大正4年3月1日，798-99頁，大正4年1月27日付マニラ報告，農業
　　　比島に於ける落花生試培

194号　大正4年3月4日，電1頁，大正4年2月26日着マニラ報告，電報
　　　マニラ砂糖市況

194号　大正4年3月4日，858頁，大正4年2月8日付マニラ報告，商業
　　　比律賓群島砂糖商況『一月三十一日』

195号　大正4年3月8日，電2頁，大正4年3月6日着マニラ報告，電報
　　　マニラ輸出品輸送計画

195号　大正4年3月8日，917頁，大正4年2月13日付マニラ報告，畜産業
　　　獣疫リンダーペスト流行『比律賓群島』

196号　大正4年3月11日，電1頁，大正4年3月6日着マニラ報告，電報

　　　　　石炭競争入札

196号　大正4年3月11日，989-93頁，大正4年2月10日付マニラ報告，関税及諸法規
　　　　繊維検査格付及包装に関する法律施行細則『比律賓』

198号　大正4年3月18日，1068-69頁，大正4年2月15日付マニラ報告，商業
　　　　マニラ麻市況『一月』

198号　大正4年3月18日，1082頁，大正4年2月17日付マニラ報告，鉱業
　　　　比律賓群島の金産額『千九百十四年』

198号　大正4年3月18日，1119頁，大正4年2月16日付マニラ報告，紹介
　　　　曲木椅子取扱商『香港，マニラ』

199号　大正4年3月23日，1132頁，大正4年2月26日付マニラ報告，商業
　　　　比律賓群島砂糖商況『二月二十五日』

199号　大正4年3月23日，1133-34頁，大正4年2月27日付マニラ報告，商業
　　　　比島重要輸出品商況『一月下半月』

199号　大正4年3月23日，1172-73頁，大正4年3月4日付マニラ報告，交通及通信
　　　　欧米行運賃暴騰『マニラ』

201号　大正4年3月29日，1235-36頁，大正4年3月5日付マニラ報告，商業
　　　　比島重要輸出品商況『二月上半月』

201号　大正4年3月29日，1236頁，大正4年3月5日付マニラ報告，商業
　　　　イロイロ糖相場高低表『自大正三年三月至同四年二月』

第9巻

202号　大正4年4月1日，46頁，大正4年3月8日付マニラ報告，紹介
　　　　外国米取扱商『比律賓』

204号　大正4年4月8日，97-102頁，大正4年3月4日付マニラ報告，商業
　　　　欧州戦乱と比島外国貿易『一月中』

204号　大正4年4月8日，106-07頁，大正4年3月14日付マニラ報告，商業
　　　　マニラ麻市況『二月中』

204号　大正4年4月8日，137-39頁，大正4年3月7日付マニラ報告，関税及諸法規
　　　　比島繊維格付の変更

205号　大正4年4月12日，171-89頁，外務省通商局，在外本邦人
　　　　海外に於ける日本人の分布

205号　大正4年4月12日，192頁，大正4年3月20日付マニラ報告，紹介
　　　　本邦商品取扱商

206号　大正4年4月15日，235頁，大正4年3月24日付マニラ報告，交通及通信
　　　　交戦国商船と商業用無線電信授受方解禁『マニラ』

207号　大正4年4月19日，259-63頁，大正4年3月24日付マニラ報告，商業
　　　　比島外国貿易『二月中』

207号　大正4年4月19日，263-65頁，大正4年2月25日付マニラ報告，商業
　　　日比貿易概況『千九百十四年度』

207号　大正4年4月19日，265-66頁，大正4年3月20日付マニラ報告，商業
　　　比島重要輸出品商況『二月下半月』

207号　大正4年4月19日，267頁，大正4年3月27日付マニラ報告，商業
　　　比島に於ける林檎輸入状況

208号　大正4年4月22日，306-08頁，大正4年3月29日付マニラ報告，商業
　　　比島重要輸出品商況『三月上半月』

208号　大正4年4月22日，308頁，大正4年4月1日付マニラ報告，商業
　　　比島砂糖市況

209号　大正4年4月26日，340-41頁，大正4年3月23日付マニラ報告，商業
　　　手巻煙草用ライスペーパー需要状況『牛荘，マニラ』

209号　大正4年4月26日，381-82頁，大正4年3月23日付マニラ報告，紹介
　　　手巻煙草用ライスペーパー取扱商『牛荘，香港，マニラ，コロンボ，シヤトル』

212号　大正4年5月6日，518-19頁，大正4年4月12日付マニラ報告，商業
　　　本邦向真田原料麻市況『三月』

212号　大正4年5月6日，519-20頁，大正4年4月15日付マニラ報告，商業
　　　比律賓群島砂糖市況『四月十四日』

215号　大正4年5月17日，670-71頁，大正4年4月23日付マニラ報告，商業
　　　比島重要輸出品商況『三月下半月』

215号　大正4年5月17日，677頁，大正4年4月22日付マニラ報告，農業
　　　比島に於ける蝗虫害状況

215号　大正4年5月17日，692-93頁，大正4年4月28日付マニラ報告，検疫並衛生
　　　比島に於ける牛疫流行

216号　大正4年5月20日，733頁，大正4年4月25日付マニラ報告，農業
　　　比島に於ける天然藍栽培の計画

216号　大正4年5月20日，749-50頁，大正4年4月25日付マニラ報告，雑報
　　　比島経済界振興策

220号　大正4年6月3日，919-23頁，大正4年5月3日付マニラ報告，商業
　　　比島外国貿易『三月』

220号　大正4年6月3日，923頁，大正4年5月27日付マニラ報告，商業
　　　比島砂糖市況不振

220号　大正4年6月3日，923-25頁，大正4年5月7日付マニラ報告，商業
　　　比島に於ける外国米輸入

220号　大正4年6月3日，925-26頁，大正4年5月10日付マニラ報告，商業
　　　本邦向真田原料麻市況『四月』

220号　大正4年6月3日，957頁，大正4年5月4日付マニラ報告，交通及通信
　　　マニラに於ける欧米行運賃暴騰

221号　大正4年6月7日，969-70頁，大正4年5月15日付マニラ報告，商業
　　　比島重要輸出品商況『四月上半月』

221号　大正4年6月7日，975-76頁，大正4年5月5日付マニラ報告，農業
　　　比島に於ける珈琲栽培

222号　大正4年6月10日，表紙裏，大正4年6月1日着マニラ報告，電報
　　　マニラ砂糖相場

224号　大正4年6月17日，表紙裏，大正4年6月9日着マニラ報告，電報
　　　マニラ暴風警戒方

226号　大正4年6月24日，1264-65頁，大正4年5月30日付マニラ報告，商業
　　　比島重要輸出品商況『五月上半月』

226号　大正4年6月24日，1265-66頁，大正4年6月2日付マニラ報告，商業
　　　比島砂糖市況『六月一日』

226号　大正4年6月24日，1266-70頁，大正4年5月13日付マニラ報告，商業
　　　乾電池及懐中電燈の需要『長春，上海，福州，比律賓群島，豪州，晩香坡，布哇』

226号　大正4年6月24日，1289-90頁，大正4年5月13日付マニラ報告，紹介
　　　乾電池及懐中電燈，調帯及モートル取扱商『上海，マニラ，シドニー，晩香坡，布哇』

227号　大正4年6月28日，電1頁，大正4年6月23日着マニラ報告，電報
　　　比島砂糖相場

227号　大正4年6月28日，1298-99頁，大正4年5月24日付マニラ報告，商業
　　　比島重要輸出品商況『四月下半月』

227号　大正4年6月28日，1299-300頁，大正4年5月25日付マニラ報告，商業
　　　比島に於ける楽器の需要

227号　大正4年6月28日，1300-01頁，大正4年6月5日付マニラ報告，商業
　　　比島に於ける窓硝子の需要

227号　大正4年6月28日，1341頁，大正4年5月25日付マニラ報告，紹介
　　　楽器輸入商

227号　大正4年6月28日，1341頁，大正4年6月5日付マニラ報告，紹介
　　　窓硝子輸入取扱商

第10巻

228号　大正4年7月1日，17-19頁，大正4年5月31日付マニラ報告，商業
　　　比島に於けるセメントの需要

228号　大正4年7月1日，19頁，大正4年6月6日付マニラ報告，商業
　　　比島軍隊所要蔬菜入札

228号　大正4年7月1日，19-21頁，大正4年6月10日付マニラ報告，商業

比島重要輸出品商況『五月下半月』

228号　大正4年7月1日, 21頁, 大正4年6月15日付マニラ報告, 商業
比島イロイロ糖市況『六月十四日』

228号　大正4年7月1日, 26頁, 大正4年6月24日付マニラ報告, 林業
比律賓群島に於ける樟樹試作

229号　大正4年7月5日, 60-61頁, 大正4年6月4日付マニラ報告, 商業
本邦向真田原料麻仕訳標準

229号　大正4年7月5日, 61-62頁, 大正4年6月14日付マニラ報告, 商業
本邦向真田原料麻市況『五月』

230号　大正4年7月15日, 99-102頁, 大正4年6月7日付マニラ報告, 商業
比島外国貿易『四月』

230号　大正4年7月15日, 139頁, 大正4年5月7日付マニラ報告, 紹介
時計並同付属品取扱商『マニラ』

235号　大正4年7月26日, 319-20頁, 大正4年7月3日付マニラ報告, 商業
比島重要輸出品商況『六月上半月』

235号　大正4年7月26日, 356頁, 大正4年5月25日付マニラ報告, 紹介
日本紙及マニラ麻取扱商『マニラ』

236号　大正4年7月29日, 371頁, 大正4年7月3日付マニラ報告, 商業
比島イロイロ糖市況『七月二日』

236号　大正4年7月29日, 389-90頁, 大正4年7月21日付マニラ報告, 関税及諸法規
比島入港船舶中の物貨差押方に関する法規

236号　大正4年7月29日, 396頁, 大正4年7月3, 5日付マニラ報告, 検疫並衛生
比律賓群島の牛疫

237号　大正4年8月2日, 420-23頁, 大正4年7月8日付マニラ報告, 商業
比島外国貿易『五月』

238号　大正4年8月5日, 477-78頁, 大正4年7月12日付マニラ報告, 商業
本邦向真田原料麻市況『六月』

239号　大正4年8月9日, 517-18頁, 大正4年7月31日付マニラ報告, 商業
比島に於ける砂糖在荷高『七月七日』

240号　大正4年8月12日, 547-48頁, 大正4年7月20日付マニラ報告, 商業
比島重要輸出品商況『六月下半月』

246号　大正4年9月2日, 897-98頁, 大正4年8月2日付マニラ報告, 商業
比島重要輸出品商況『七月上半月』

247号　大正4年9月6日, 915頁, 大正4年8月2日付マニラ報告, 商業
比島に於ける曲木製椅子の需要

247号　大正4年9月6日, 934-35頁, 大正4年8月27日付マニラ報告, 商業

マニラ麻市況『七月中』

247号　大正4年9月6日，956頁，大正4年8月2日付マニラ報告，紹介
　　　　曲木椅子取扱商『マニラ』

249号　大正4年9月13日，1026-29頁，大正4年8月17日付マニラ報告，商業
　　　　比島外国貿易『六月』

249号　大正4年9月13日，1031-32頁，大正4年8月6日付マニラ報告，工業
　　　　比島に於ける椰子油製造業

250号　大正4年9月16日，1101頁，大正4年8月6日付マニラ報告，紹介
　　　　椰子実及椰子油輸出商『マニラ』

251号　大正4年9月20日，表紙裏，大正4年8月28日付マニラ報告，雑報
　　　　比律賓師団蔬菜購入入札

252号　大正4年9月23日，1172-74頁，大正4年8月28日付マニラ報告，商業
　　　　比島重要輸出品商況『七月下半月』

252号　大正4年9月23日，1174頁，大正4年9月1日付マニラ報告，商業
　　　　比島イロイロ糖市況『八月三十日』

252号　大正4年9月23日，1174-75頁，大正4年9月2日付マニラ報告，商業
　　　　パシフィック，メール会社船廃航と比島貿易

252号　大正4年9月23日，1176頁，大正4年9月1日付マニラ報告，農業
　　　　比島に於ける蝗虫被害状況『八月』

252号　大正4年9月23日，1176-77頁，大正4年9月2日付マニラ報告，農業
　　　　瓦斯応用蝗虫撲滅策『比律賓』

第11巻

255号　大正4年10月4日，9-10頁，大正4年9月3日付マニラ報告，商業
　　　　比島貿易に於ける日本船舶

255号　大正4年10月4日，16-17頁，大正4年9月27日付マニラ報告，工業
　　　　比島に於けるリザールセメント会社の開業

256号　大正4年10月7日，56-58頁，大正4年9月8日付マニラ報告，商業
　　　　扇風器の需要『蘇州，マニラ』

256号　大正4年10月7日，88頁，大正4年9月20日付マニラ報告，紹介
　　　　扇風器の委託及代理店並其供給者及製造業者『蘇州，比律賓』

257号　大正4年10月11日，106-09頁，大正4年8月20日付マニラ報告，商業
　　　　銅，真鍮，鉄，鋼及其製品需給状況『比律賓』

257号　大正4年10月11日，109-10頁，大正4年9月9日付マニラ報告，商業
　　　　比島重要輸出品商況『八月上半月』

257号　大正4年10月11日，135-36頁，大正4年8月20日付マニラ報告，紹介
　　　　銅，真鍮，鉄，鋼，電線取扱及広告機関新聞紙『マニラ』

258号　大正4年10月14日, 156-57頁, 大正4年9月14日付マニラ報告, 商業
　　　マニラ麻市況『八月』

259号　大正4年10月18日, 196-99頁, 大正4年9月15日付マニラ報告, 商業
　　　比島外国貿易『七月』

259号　大正4年10月18日, 199-201頁, 大正4年9月23日付マニラ報告, 商業
　　　比島重要輸出品商況『八月下半月』

260号　大正4年10月21日, 281頁, 大正4年9月27日付マニラ報告, 交通及通信
　　　和蘭汽船バタビヤ, 桑港間航路開始決定

264号　大正4年11月4日, 表紙裏, 大正4年11月1日発マニラ報告, 電報
　　　比島砂糖産額

264号　大正4年11月4日, 453-54頁, 大正4年9月10日付マニラ報告, 紹介
　　　莫大小製品取扱商『マニラ, イロイロ』

266号　大正4年11月15日, 512-15頁, 大正4年11月2日付マニラ報告, 商業
　　　比島に於ける燐寸商況

266号　大正4年11月15日, 515-16頁, 大正4年10月12日付マニラ報告, 商業
　　　マニラ麻市況『九月』

270号　大正4年11月29日, 676-79頁, 大正4年10月19日付マニラ報告, 商業
　　　比島外国貿易『八月』

270号　大正4年11月29日, 679頁, 大正4年10月20日付マニラ報告, 商業
　　　比島重要輸出品商況『九月上半月』

271号　大正4年12月2日, 730-52頁, 大正4年10月19日付マニラ報告, 商業
　　　比島貿易年報『一九一四年』

271号　大正4年12月2日, 752-54頁, 大正4年10月19日付マニラ報告, 商業
　　　マニラ麻の需要及用途

272号　大正4年12月6日, 781頁, 大正4年11月9日付マニラ報告, 商業
　　　米国海軍所要マニラ麻購買入札の結果

273号　大正4年12月9日, 813-14頁, 大正4年11月9日付マニラ報告, 商業
　　　マニラ麻市況『十月』

273号　大正4年12月9日, 823-24頁, 大正4年11月1日付マニラ報告, 農業
　　　比島砂糖産出額予想『一九一五―六年度』

276号　大正4年12月20日, 938頁, 大正4年11月12日付マニラ報告, 商業
　　　比島重要輸出品商況『十月上半月』

277号　大正4年12月23日, 表紙裏, 大正4年12月3日付マニラ報告, 雑報
　　　比律賓師団蔬菜購買入札

277号　大正4年12月23日, 電報欄, 大正4年12月10日発マニラ報告, 電報
　　　比島噸税法案

277号　大正4年12月23日，980-81頁，大正4年11月22日付マニラ報告，商業
　　　　比島重要輸出品商況『十月下半月』

278号　大正4年12月27日，1024-27頁，大正4年11月18日付マニラ報告，商業
　　　　比島外国貿易『九月』

『通商公報』［1916年（大正5年）］
第12巻

279号　大正5年1月10日，23-25頁，大正4年11月28日付マニラ報告，商業
　　　　大正三年比島産糖市況一斑

280号　大正5年1月13日，電1頁，大正4年12月24日発マニラ報告，電報
　　　　比島非常税修正実施

280号　大正5年1月13日，94頁，大正4年11月26日付マニラ報告，紹介
　　　　食料品取扱商『マニラ』

282号　大正5年1月20日，180-83頁，大正4年12月15日付マニラ報告，商業
　　　　比島外国貿易『大正四年十月』

282号　大正5年1月20日，183-84頁，大正5年1月13日付マニラ報告，商業
　　　　マニラ麻市況『大正四年十一月』

283号　大正5年1月24日，205-06頁，大正4年12月15日付マニラ報告，商業
　　　　比島重要輸出品商況『大正四年十一月上半期』

287号　大正5年2月7日，391頁，大正4年12月27日付マニラ報告，商業
　　　　青島より家畜試験的輸入『マニラ』

287号　大正5年2月7日，391-92頁，大正5年1月3日付マニラ報告，商業
　　　　比島重要輸出品商況『大正四年十二月上半期』

287号　大正5年2月7日，392-93頁，大正5年1月10日付マニラ報告，商業
　　　　マニラ麻市況『大正四年十二月』

287号　大正5年2月7日，429頁，大正5年1月2日付マニラ報告，交通及通信
　　　　瓜哇太平洋航路初航路のマニラ寄港

288号　大正5年2月10日，480-82頁，大正4年12月24日付マニラ報告，関税及諸法規
　　　　比島に於ける輸入家畜海港検疫新規則

290号　大正5年2月17日，548-50頁，大正5年1月7日付マニラ報告，商業
　　　　比島外国貿易『大正四年十一月』

290号　大正5年2月17日，551頁，大正5年2月9日付マニラ報告，商業
　　　　比島砂糖市況『一月七日』

290号　大正5年2月17日，551-52頁，大正5年1月21日付マニラ報告，商業
　　　　マニラ麻市況『一月二十日』

290号　大正5年2月17日，562頁，大正5年1月12日付マニラ報告，財政及経済
　　　　比島現行外国米輸入関税率継続実施

291号　大正5年2月21日，表紙裏，大正5年1月29日付マニラ報告，商業

比律賓師団冷蔵肉購買入札

291号　大正5年2月21日，582-88頁，大正4年11月22日付マニラ報告，商業
　　　　石盤需給状況『天津，上海，漢口，広東，盤石，新嘉坡，比律賓，マカサ，スラバヤ地方』

291号　大正5年2月21日，618-19頁，大正4年11月22日付マニラ報告，紹介
　　　　石盤取扱商『天津，上海，漢口，広東，盤谷，新嘉坡，比律賓，マカサ，スラバヤ地方』

292号　大正5年2月24日，表紙裏，大正5年2月19日発マニラ報告，電報
　　　　比律賓師団馬鈴薯購買入札

293号　大正5年2月28日，699頁，大正5年2月19日付マニラ報告，商業
　　　　比島砂糖市況『二月一日』

293号　大正5年2月28日，700頁，大正5年2月3日付マニラ報告，商業
　　　　マニラ麻市況『二月三日』

294号　大正5年3月2日，739-41頁，大正5年1月23日付マニラ報告，商業
　　　　洋傘及同付属品需給状況『比律賓』

294号　大正5年3月2日，765頁，大正5年1月23日付マニラ報告，紹介
　　　　洋傘及同付属品取扱商『比律賓』

295号　大正5年3月6日，電1頁，大正5年2月26日発マニラ報告，電報
　　　　比島噸税の低減

295号　大正5年3月6日，785-88頁，大正5年2月7日付マニラ報告，商業
　　　　比島外国貿易『大正四年十二月』

295号　大正5年3月6日，788頁，大正5年2月12日付マニラ報告，商業
　　　　マニラ運賃相場『二月十二日』

295号　大正5年3月6日，789頁，大正5年2月14日付マニラ報告，商業
　　　　マニラ麻市況『二月十四日』

296号　大正5年3月9日，833-34頁，大正5年2月14日付マニラ報告，商業
　　　　マニラ麻市況『一月』

297号　大正5年3月13日，881-82頁，大正5年2月17日付マニラ報告，商業
　　　　比島砂糖市況『二月十六日』

298号　大正5年3月16日，表紙裏，大正5年2月19日付マニラ報告，商業
　　　　比律賓師団馬鈴薯購買入札

298号　大正5年3月16日，948-49頁，大正5年2月17日付マニラ報告，商業
　　　　染料及石炭酸需給状況『比律賓，布哇』

299号　大正5年3月20日，電1頁，大正5年3月13日発マニラ報告，電報
　　　　輸入台湾牛検疫方『比律賓』

300号　大正5年3月23日，1023-24頁，大正5年3月3日付マニラ報告，商業
　　　　比律賓師団所要石炭購買入札の結果

300号　大正5年3月23日，1024頁，大正5年3月3日付マニラ報告，商業
　　　　比島砂糖市況『三月二日』

302号　大正5年3月30日，表紙裏，大正5年3月25日付マニラ報告，商業
　　　　比律賓師団蔬菜購買入札

302号　大正5年3月30日，1101-04頁，大正5年2月15日付マニラ報告，商業
　　　　澱粉需給状況『長春，比律賓，里昂，ロスアンゼルス』

302号　大正5年3月30日，1149-50頁，大正5年2月15日付マニラ報告，紹介
　　　　澱粉取扱商『長春，マニラ，ロスアンゼルス』

第13巻

303号　大正5年4月4日，11-17頁，大正5年2月25日付マニラ報告，商業
　　　　比島外国貿易概況『一九一五年』

303号　大正5年4月4日，18頁，大正5年2月27日付マニラ報告，商業
　　　　比島陶磁器需給状況

303号　大正5年4月4日，19頁，大正5年3月14日付マニラ報告，商業
　　　　製綱用マニラ麻市況『三月十四日』

303号　大正5年4月4日，19-20頁，大正5年3月10日付マニラ報告，商業
　　　　真田用マニラ麻市況『二月』

304号　大正5年4月6日，55-57頁，大正5年3月7日付マニラ報告，商業
　　　　製綱用マニラ麻市況『三月六日』

304号　大正5年4月6日，57頁，大正5年3月20日付マニラ報告，商業
　　　　比島砂糖市況『三月二十日』

304号　大正5年4月6日，77-78頁，大正5年3月9日付マニラ報告，関税及諸法規
　　　　比島噸税法制定

304号　大正5年4月6日，78頁，大正5年3月10日付マニラ報告，関税及諸法規
　　　　比島諸港碇泊の交戦国船舶塗色変更禁止

305号　大正5年4月10日，111-13頁，大正5年3月8日付マニラ報告，農業
　　　　比島重要農産物産額及輸出額

306号　大正5年4月13日，166-68頁，大正5年3月13日付マニラ報告，関税及諸法規
　　　　比島に於ける台湾牛及水牛輸入取締規則

307号　大正5年4月17日，188-92頁，大正5年3月22日付マニラ報告，商業
　　　　比島外国貿易『一月』

307号　大正5年4月17日，192-93頁，大正5年3月21日付マニラ報告，商業
　　　　比律賓師団冷蔵牛肉購買入札の結果

307号　大正5年4月17日，193-94頁，大正5年3月27日付マニラ報告，商業
　　　　比律賓師団セメント購買入札の結果

310号　大正5年4月27日，317-18頁，大正5年4月4日付マニラ報告，商業
　　　　製綱用マニラ麻市況『四月三日』

311号　大正5年5月1日，385-86頁，大正5年3月31日付マニラ報告，商業
　　　比律賓米作不況と台湾米輸入

311号　大正5年5月1日，386-87頁，大正5年4月13日付マニラ報告，商業
　　　製綱用マニラ麻市況『四月十三日』

312号　大正5年5月4日，412-15頁，大正5年4月7日付マニラ報告，商業
　　　比島外国貿易『二月』

312号　大正5年5月4日，415-16頁，大正5年4月11日付マニラ報告，商業
　　　真田用マニラ麻市況『三月』

313号　大正5年5月8日，466-67頁，大正5年4月14日付マニラ報告，商業
　　　比島砂糖市況『四月十二日』

314号　大正5年5月11日，電2頁，大正5年5月6日発マニラ報告，電報
　　　比島砂糖市場の活躍

315号　大正5年5月15日，568-69頁，大正5年4月20日付マニラ報告，商業
　　　製綱用マニラ麻市況『四月十九日』

315号　大正5年5月15日，572頁，大正5年4月20日付マニラ報告，畜産業
　　　比島に於ける牛疫状況

316号　大正5年5月18日，633-34頁，大正5年4月4日付マニラ報告，交通及通信
　　　比島に於ける交戦国商船の無線電信使用取締

317号　大正5年5月22日，645-46頁，大正5年5月3日付マニラ報告，商業
　　　製綱用マニラ麻市況『五月二日』

317号　大正5年5月22日，646-47頁，大正5年5月3日付マニラ報告，商業
　　　比島砂糖市況『四月三十日』

317号　大正5年5月22日，684-85頁，大正5年5月3日付マニラ報告，検疫並衛生
　　　比島に於ける牛疫

318号　大正5年5月25日，電2頁，大正5年5月8日付マニラ報告，商業
　　　比律賓師団経理部馬鈴薯購買入札

319号　大正5年5月29日，733頁，大正5年5月8日付マニラ報告，商業
　　　比島砂糖市況『五月六日』

319号　大正5年5月29日，760頁，大正5年5月8日付マニラ報告，農業
　　　イロイロ糖産出額予想『一九一五―一六年度』

320号　大正5年6月1日，784-88頁，大正5年5月9日付マニラ報告，商業
　　　比島外国貿易『三月』

320号　大正5年6月1日，789頁，大正5年5月10日付マニラ報告，商業
　　　真田用マニラ麻市況『四月』

321号　大正5年6月5日，電2頁，大正5年6月1日発マニラ報告，電報
　　　マニラ湾内射的演習

321号　大正5年6月5日，822-23頁，大正5年5月13日付マニラ報告，商業
　　　　製綱用マニラ麻市況『五月十二日』

321号　大正5年6月5日，831-32頁，大正5年5月9日付マニラ報告，鉱業
　　　　比島鉱業状況

321号　大正5年6月5日，857頁，大正5年5月17日付マニラ報告，検疫並衛生
　　　　比島に於ける牛疫『続報』

323号　大正5年6月12日，958頁，大正5年5月13日付マニラ報告，紹介
　　　　釦，刷毛，莫大小及陶器類取扱商『マニラ』

324号　大正5年6月15日，1006頁，大正5年5月13日付マニラ報告，紹介
　　　　玩具取扱商『マニラ』

325号　大正5年6月19日，電2-3頁，大正5年6月15日発マニラ報告，電報
　　　　比島に於ける再度船賃引上

325号　大正5年6月19日，1021頁，大正5年5月23日付マニラ報告，商業
　　　　マニラ麻屑に付て

325号　大正5年6月19日，1036頁，大正5年5月21日付マニラ報告，交通及通信
　　　　マニラ運賃相場

325号　大正5年6月19日，1056頁，大正5年5月20日付マニラ報告，紹介
　　　　マニラ麻屑取扱商

326号　大正5年6月22日，1093-94頁，大正5年5月25日付マニラ報告，関税及諸法規
　　　　比島噸税法施行規則

327号　大正5年6月26日，1104頁，大正5年5月31日付マニラ報告，商業
　　　　マニラ米市況『五月三十一日』

328号　大正5年6月29日，1150-51頁，大正5年6月7日付マニラ報告，商業
　　　　製綱用マニラ麻市況『六月五日』

328号　大正5年6月29日，1188-89頁，大正5年6月3日付マニラ報告，検疫並衛生
　　　　比島に於ける牛疫状況

328号　大正5年6月29日，1192頁，大正5年5月13日付マニラ報告，紹介
　　　　マニラ麻輸出商『マニラ』

第14巻

329号　大正5年7月3日，6-7頁，大正5年6月10日付マニラ報告，商業
　　　　真田用マニラ麻市況『五月』

329号　大正5年7月3日，8頁，大正5年6月13日付マニラ報告，商業
　　　　比島砂糖市況『六月十三日』

329号　大正5年7月3日，8-9頁，大正5年6月14日付マニラ報告，商業
　　　　製綱用マニラ麻市況『六月十三日』

329号　大正5年7月3日，38頁，大正5年6月15日付マニラ報告，交通及通信
　　　　比島内地航路運賃率引上

330号　大正5年7月6日，72-75頁，大正5年5月31日付マニラ報告，商業
　　　　比島外国貿易『四月』

330号　大正5年7月6日，78-79頁，大正5年6月1日付マニラ報告，農業
　　　　比島に於ける養蚕業

331号　大正5年7月10日，104-06頁，大正5年5月25日付マニラ報告，農業
　　　　マニラ麻産出状況『一九一五年』

333号　大正5年7月17日，194-97頁，大正5年6月22日付マニラ報告，商業
　　　　比島外国貿易『五月』

333号　大正5年7月17日，198頁，大正5年6月27日付マニラ報告，商業
　　　　比島砂糖市況『六月二十六日』

334号　大正5年7月20日，口絵
　　　　比島に於ける太田興業会社の事業（其一）

334号　大正5年7月20日，248-49頁，大正5年6月29日付マニラ報告，商業
　　　　製綱用マニラ麻市況『六月二十八日』

334号　大正5年7月20日，260-61頁，大正5年6月10日付マニラ報告，農業
　　　　比島に於ける太田興業会社事業概況

335号　大正5年7月24日，電1頁，大正5年7月3日付マニラ報告，電報
　　　　比島師団経理部蔬菜購買入札

335号　大正5年7月24日，口絵
　　　　比島に於ける太田興業会社の事業（其二）

335号　大正5年7月24日，275-76頁，大正5年6月25日付マニラ報告，商業
　　　　比島石炭需要状況

336号　大正5年7月27日，口絵
　　　　比島に於ける太田興業会社の事業（其三）

338号　大正5年8月3日，407-08頁，大正5年7月10日付マニラ報告，商業
　　　　真田原料麻市況『六月』

340号　大正5年8月10日，電1頁，大正5年8月5日発マニラ報告，電報
　　　　比島に於ける虎列刺病の猖獗

341号　大正5年8月14日，589-91頁，大正5年7月22日付マニラ報告，商業
　　　　製綱用マニラ麻市況『七月二十日』

342号　大正5年8月17日，591頁，大正5年7月24日付マニラ報告，商業
　　　　比島砂糖市況『七月二十二日』

342号　大正5年8月17日，604-05頁，大正5年7月20日付マニラ報告，交通及通信
　　　　マニラ湾出入船舶航路規定改正

343号　大正5年8月21日，電1頁，大正5年8月13日発マニラ報告，電報
　　　　比島虎列刺状況

343号　大正5年8月21日，649頁，大正5年8月5日付マニラ報告，商業
　　　　製綱用マニラ麻市況『八月三日』

344号　大正5年8月24日，698-99頁，大正5年7月30日付マニラ報告，検疫並衛生
　　　　比島に於ける牛疫状況

344号　大正5年8月24日，699-700頁，大正5年8月5日付マニラ報告，検疫並衛生
　　　　比島に於ける米国行下等船客に対する検疫

344号　大正5年8月24日，700頁，大正5年8月5日付マニラ報告，検疫並衛生
　　　　比島に於ける虎列剌状況

346号　大正5年9月1日，電1頁，大正5年8月26日発マニラ報告，電報
　　　　比島虎列剌状況

347号　大正5年9月4日，802頁，大正5年7月29日付マニラ報告，商業
　　　　比島に於ける輸入石炭『大正五年上半期』

347号　大正5年9月4日，803頁，大正5年8月14日付マニラ報告，商業
　　　　真田原料麻市況『七月』

348号　大正5年9月7日，865-66頁，大正5年8月15日付マニラ報告，商業
　　　　製綱用マニラ麻市況『八月十四日』

350号　大正5年9月14日，923-26頁，大正5年8月15日付マニラ報告，商業
　　　　比島外国貿易『六月』

350号　大正5年9月14日，926頁，大正5年8月18日付マニラ報告，商業
　　　　比島石炭市況『七月』

352号　大正5年9月21日，1006-07頁，大正5年8月26日付マニラ報告，商業
　　　　製綱用マニラ麻市況『八月二十五日』

353号　大正5年9月25日，1059-62頁，大正5年8月27日付マニラ報告，農業
　　　　比島重要農産物概況『一九一五年度』

354号　大正5年9月28日，1080-81頁，大正5年9月7日付マニラ報告，商業
　　　　比島コプラ市況『九月六日』

354号　大正5年9月28日，1118頁，大正5年8月31日付マニラ報告，農業
　　　　比島米作と蝗虫の被害

第15巻

355号　大正5年10月2日，23-24頁，大正5年9月15日付マニラ報告，商業
　　　　製綱用マニラ麻市況『九月十四日』

355号　大正5年10月2日，24-26頁，大正5年8月30日付マニラ報告，商業
　　　　比島外国貿易『七月』

355号　大正5年10月2日，26-27頁，大正5年9月3日付マニラ報告，商業
　　　　比島石炭市況『八月』

358号　大正5年10月12日，165-66頁，大正5年9月10日付マニラ報告，工業
　　　　比島リザール，セメント会社現況

361号　大正5年10月23日，306-07頁，大正5年9月22日付マニラ報告，商業
　　　真田用マニラ麻市況『八月』

361号　大正5年10月23日，307-08頁，大正5年9月22, 30日付マニラ報告，商業
　　　比島コプラ市況『九月二十一日及同三十日』

361号　大正5年10月23日，308-09頁，大正5年9月30日付マニラ報告，商業
　　　製綱用マニラ麻市況『九月』

361号　大正5年10月23日，341頁，大正5年9月20日付マニラ報告，検疫並衛生
　　　比島に於ける牛疫

362号　大正5年10月26日，表紙裏，大正5年10月2日付マニラ報告，商業
　　　比島師団蔬菜購買入札

364号　大正5年11月2日，457頁，大正5年10月9日付マニラ報告，商業
　　　比島に於ける台湾牛試輸入

364号　大正5年11月2日，457-58頁，大正5年10月14日付マニラ報告，商業
　　　比島コプラ市況『十月十四日』

364号　大正5年11月2日，458-59頁，大正5年10月14日付マニラ報告，商業
　　　製綱用マニラ麻市況『十月十四日』

364号　大正5年11月2日，475頁，大正5年10月4日付マニラ報告，検疫並衛生
　　　比島に於ける牛疫

365号　大正5年11月6日，486-88頁，大正5年10月5日付マニラ報告，商業
　　　比島外国貿易『八月』

365号　大正5年11月6日，488-89頁，大正5年10月10日付マニラ報告，商業
　　　比島石炭市況『九月』

366号　大正5年11月9日，528頁，大正5年10月4日付マニラ報告，商業
　　　比島産木材の支那向輸出奨励

367号　大正5年11月13日，574-76頁，大正5年10月10日付マニラ報告，商業
　　　真田用マニラ麻市況『九月』

371号　大正5年11月27日，770頁，大正5年10月30日付マニラ報告，商業
　　　製綱用マニラ麻市況『十月二十八日』

371号　大正5年11月27日，771頁，大正5年10月30日付マニラ報告，商業
　　　比島コプラ市況『十月二十八日』

371号　大正5年11月27日，777-78頁，大正5年10月28日付マニラ報告，農業
　　　比島砂糖産額予想『大正五―六年度』

373号　大正5年12月4日，843頁，大正5年11月6日付マニラ報告，商業
　　　比島砂糖市況『十月末日』

373号　大正5年12月4日，844頁，大正5年11月7日付マニラ報告，商業
　　　米国海軍マニラ麻購買入札

373号　大正5年12月4日，844-45頁，大正5年11月10日付マニラ報告，商業
　　　真田原料マニラ麻市況『十月』

376号　大正5年12月14日，1008-09頁，大正5年11月14日付マニラ報告，商業
　　　比島産砂糖相場『一九一五――一六年度』

376号　大正5年12月14日，1009-10頁，大正5年11月16日付マニラ報告，農業
　　　比島イロイロ糖産額予想『一九一六――一七年度』

377号　大正5年12月18日，1036-38頁，大正5年11月17日付マニラ報告，商業
　　　比島外国貿易『九月』

377号　大正5年12月18日，1038-39頁，大正5年11月21日付マニラ報告，商業
　　　比島石炭市況『十月』

378号　大正5年12月21日，1116-17頁，大正5年11月21日付マニラ報告，検疫並衛生
　　　比島に於ける牛疫

379号　大正5年12月25日，電1頁，大正5年12月20日発マニラ報告，電報
　　　比島砂糖産額の減収

379号　大正5年12月25日，1129頁，大正5年11月27日付マニラ報告，商業
　　　米海軍マニラ麻購買入札結果

379号　大正5年12月25日，1148頁，大正5年11月29日付マニラ報告，工業
　　　粗製炭酸加里原料としての椰子実糟

『通商公報』［1917年（大正6年）］
第16巻

381号　大正6年1月11日，18-19頁，大正5年12月3日付マニラ報告，商業
　　　製綱用マニラ麻市況『大正五年十二月一日』

382号　大正6年1月15日，59-60頁，大正5年12月6日付マニラ報告，商業
　　　比島向コールタール染料輸出上の注意

382号　大正6年1月15日，60-61頁，大正5年12月10日付マニラ報告，商業
　　　真田原料マニラ麻市況『大正五年十一月』

383号　大正6年1月18日，表紙裏，大正5年12月26日付マニラ報告，商業
　　　比律賓師団冷蔵肉及蔬菜購買入札

383号　大正6年1月18日，102頁，大正5年12月18日付マニラ報告，商業
　　　比島コプラ市況『大正五年十二月十六日』

383号　大正6年1月18日，102-03頁，大正5年12月18日付マニラ報告，商業
　　　製綱用マニラ麻市況（大正五年十二月十八日）

383号　大正6年1月18日，103頁，大正5年12月19日付マニラ報告，商業
　　　比島砂糖市況『大正五年十二月十八日』

384号　大正6年1月22日，152-53頁，大正5年12月20日付マニラ報告，商業
　　　比島石炭市況『大正五年十一月』

384号　大正6年1月22日，169-70頁，大正5年12月3日付マニラ報告，関税及諸法規

比島牛疫撲滅法発見に対する懸賞法案

385号　大正6年1月25日，209-12頁，大正5年12月18日付マニラ報告，商業
　　　比島外国貿易『大正五年十月』

385号　大正6年1月25日，236-37頁，大正5年12月20日付マニラ報告，関税及諸法規
　　　マニラ湾出入船舶航路規定改正

387号　大正6年2月1日，305-12頁，大正5年11月29日付マニラ報告，商業
　　　魚介缶詰需要状況『比島，豪州』

387号　大正6年2月1日，312頁，大正6年1月13日付マニラ報告，商業
　　　比島砂糖市況『一月十二日』

387号　大正6年2月1日，312-13頁，大正6年1月15日付マニラ報告，商業
　　　比島コプラ市況『一月十三日』

393号　大正6年2月22日，608-09頁，大正6年1月16日付マニラ報告，商業
　　　真田用マニラ麻市況『大正五年十二月』

393号　大正6年2月22日，609-10頁，大正6年1月16日付マニラ報告，商業
　　　製綱用マニラ麻市況『一月十五日』

394号　大正6年2月26日，表紙裏，大正6年1月27日付マニラ報告，商業
　　　比島駐屯軍経理部石炭購買入札募集

394号　大正6年2月26日，644-45頁，大正6年1月25日付マニラ報告，商業
　　　比島石炭市況『大正五年十二月』

394号　大正6年2月26日，645頁，大正6年2月2日付マニラ報告，商業
　　　比島砂糖市況『二月一日』

395号　大正6年3月1日，685-88頁，大正6年1月24日付マニラ報告，商業
　　　比島外国貿易『大正五年十一月』

395号　大正6年3月1日，688頁，大正6年2月5日付マニラ報告，商業
　　　製綱用マニラ麻市況『二月三日』

396号　大正6年3月5日，742頁，大正6年2月13日付マニラ報告，商業
　　　比島砂糖市況『二月十二日』

397号　大正6年3月8日，784-86頁，大正6年2月12日付マニラ報告，商業
　　　真田用マニラ麻市況『一月』

397号　大正6年3月8日，786-87頁，大正6年2月14日付マニラ報告，商業
　　　製綱用マニラ麻市況『二月十四日』

397号　大正6年3月8日，816-17頁，大正6年1月18日付マニラ報告，農業
　　　マニラ麻及マゲー麻産出状況『大正五年』

400号　大正6年3月19日，938-40頁，大正6年2月10日付マニラ報告，商業
　　　雑穀及澱粉需給状況『比律賓』

401号　大正6年3月22日，985-86頁，大正6年2月23日付マニラ報告，商業

比島石炭市況『一月』

401号　大正6年3月22日，1012頁，大正6年2月24日付マニラ報告，紹介
　　　自転車及護謨製品取扱商『マニラ』

403号　大正6年3月30日，1093-94頁，大正6年3月7日付マニラ報告，農業
　　　比島に於けるイロイロ糖減収予想

第17巻

404号　大正6年4月2日，21頁，大正6年3月6日付マニラ報告，商業
　　　比島砂糖市況『三月五日』

404号　大正6年4月2日，22頁，大正6年3月7日付マニラ報告，商業
　　　比島コプラ市況『三月五日』

404号　大正6年4月2日，22-23頁，大正6年3月7日付マニラ報告，商業
　　　製綱用マニラ麻市況『三月六日』

404号　大正6年4月2日，40頁，大正6年3月3日付マニラ報告，工業
　　　比島リザール，セメント会社営業成績『千九百十六年』

404号　大正6年4月2日，51頁，大正6年2月28日付マニラ報告，検疫並衛生
　　　比島に於ける牛疫『二月十九日』

405号　大正6年4月5日，79-81頁，大正6年3月10日付マニラ報告，商業
　　　真田用マニラ麻市況『二月』

405号　大正6年4月5日，81-83頁，大正6年3月2日付マニラ報告，商業
　　　比島に於ける小麦粉需要状況

406号　大正6年4月9日，132頁，大正6年3月7日付マニラ報告，関税及諸法規
　　　比島に於ける米輸入税率

408号　大正6年4月16日，電1頁，大正6年4月10日発マニラ報告，電報
　　　比島入国税

408号　大正6年4月16日，電1頁，大正6年4月10日着マニラ報告，電報
　　　船舶業者に対する比島税関令

408号　大正6年4月16日，電1-2頁，大正6年4月11日着マニラ報告，電報
　　　スービック湾防備に関する告示

408号　大正6年4月16日，232頁，大正6年3月15日付マニラ報告，検疫並衛生
　　　比島牛疫状況『自二月四日至三月三日』

409号　大正6年4月19日，235-36頁，大正6年3月28日付マニラ報告，商業
　　　製綱用マニラ麻市況『三月二十七日』

409号　大正6年4月19日，269-70頁，大正6年3月28日付マニラ報告，検疫並衛生
　　　比島に於ける牛疫状況

410号　大正6年4月23日，電2頁，大正6年4月18日発マニラ報告，電報
　　　比島商用電信取締規則改正

410号　大正6年4月23日，285頁，大正6年3月28日付マニラ報告，商業
　　　 比島石炭市況『二月』

413号　大正6年5月3日，446頁，大正6年4月9日付マニラ報告，商業
　　　 米国東洋艦隊所要石炭購買入札の結果

413号　大正6年5月3日，446頁，大正6年4月9日付マニラ報告，商業
　　　 比律賓師団所要冷蔵鮮肉購買入札の結果

413号　大正6年5月3日，470頁，大正6年4月10日付マニラ報告，検疫並衛生
　　　 比島牛疫状況

414号　大正6年5月7日，477-78頁，大正6年4月9日付マニラ報告，商業
　　　 真田用マニラ麻市況『三月』

414号　大正6年5月7日，478-79頁，大正6年4月11日付マニラ報告，商業
　　　 製綱用マニラ麻市況『四月十日』

414号　大正6年5月7日，479-80頁，大正6年4月14日付マニラ報告，商業
　　　 比島砂糖市況『四月十四日』

416号　大正6年5月14日，573-93頁，大正6年3月19日付マニラ報告，商業
　　　 比島外国貿易年報『一九一五年』

417号　大正6年5月17日，目次裏，大正6年5月14日着マニラ報告，電報
　　　 船舶業者に対する比島税関令の撤廃

417号　大正6年5月17日，654頁，大正6年4月20日付マニラ報告，商業
　　　 比島砂糖市況『四月二十日』

420号　大正6年5月28日，表紙裏，大正6年5月9日付マニラ報告，商業
　　　 比律賓師団蔬菜購買入札

420号　大正6年5月28日，電1頁，大正6年5月23日発マニラ報告，電報
　　　 比島商用電信取締規則改正

420号　大正6年5月28日，電1-2頁，大正6年5月24日発マニラ報告，電報
　　　 米国押収独船米比間航路就役

421号　大正6年5月31日，825頁，大正6年5月7日付マニラ報告，商業
　　　 比島麦粉市況『五月五日』

421号　大正6年5月31日，825-26頁，大正6年5月11日付マニラ報告，商業
　　　 比島コプラ市況『五月十日』

422号　大正6年6月4日，871頁，大正6年5月10日付マニラ報告，商業
　　　 比島に於ける日本麦酒需要状況

422号　大正6年6月4日，871-72頁，大正6年5月9日付マニラ報告，商業
　　　 真田用マニラ麻市況『四月』

422号　大正6年6月4日，872-73頁，大正6年5月11日付マニラ報告，商業
　　　 製綱用マニラ麻市況『五月十日』

424号　大正6年6月11日，959-60頁，大正6年5月16日付マニラ報告，商業
　　　　比島石炭市況『三，四月』

424号　大正6年6月11日，960頁，大正6年5月24日付マニラ報告，商業
　　　　比島砂糖市況『五月二十三日』

424号　大正6年6月11日，989頁，大正6年5月18日付マニラ報告，検疫並衛生
　　　　比島牛疫状況

426号　大正6年6月18日，1038-44頁，大正6年5月8日付マニラ報告，商業
　　　　比島外国貿易概要『一九一六年』

428号　大正6年6月25日，1136-38頁，大正6年5月26日付マニラ報告，商業
　　　　比島外国貿易『四月』

429号　大正6年6月28日，1191頁，大正6年6月7日付マニラ報告，商業
　　　　製綱用マニラ麻市況『六月七日』

第18巻

430号　大正6年7月2日，4-5頁，大正6年6月12日付マニラ報告，商業
　　　　比島コプラ市況『六月十一日』

430号　大正6年7月2日，14-15頁，大正6年6月7日付マニラ報告，交通及通信
　　　　東洋汽船会社マニラ出張所設置

431号　大正6年7月5日，目次裏，大正6年7月2日着マニラ報告，電報
　　　　マニラ湾水道閉鎖に関する改正布告

431号　大正6年7月5日，53-54頁，大正6年6月11日付マニラ報告，商業
　　　　真田用マニラ麻市況『五月』

431号　大正6年7月5日，54-55頁，大正6年6月12日付マニラ報告，商業
　　　　製綱用マニラ麻市況『六月十一日』

433号　大正6年7月12日，142頁，大正6年6月19日付マニラ報告，商業
　　　　比島砂糖市況『六月十五日』

433号　大正6年7月12日，143頁，大正6年6月21日付マニラ報告，商業
　　　　比島麦粉市況『六月二十日』

434号　大正6年7月16日，電1頁，大正6年7月10日発マニラ報告，電報
　　　　製綱用マニラ麻取引中止

435号　大正6年7月19日，267-68頁，大正6年6月26日付マニラ報告，商業
　　　　製綱用マニラ麻相場昂騰（自一月十五日至六月十七日）

435号　大正6年7月19日，268頁，大正6年6月26日付マニラ報告，商業
　　　　比島石炭市況『五月』

435号　大正6年7月19日，284頁，大正6年6月25日付マニラ報告，検疫並衛生
　　　　比島牛疫状況

436号　大正6年7月23日，目次裏，大正6年7月18日発マニラ報告，電報
　　　　比島輸出禁止品

439号　大正6年8月2日，434-37頁，大正6年7月10日付マニラ報告，商業
　　　比島外国貿易『五月』

439号　大正6年8月2日，437-38頁，大正6年7月14日付マニラ報告，商業
　　　比島コプラ市況『七月十三日』

440号　大正6年8月6日，490-91頁，大正6年7月7日付マニラ報告，商業
　　　真田用マニラ麻市況『六月』

440号　大正6年8月6日，491頁，大正6年7月14日付マニラ報告，商業
　　　比島砂糖市況『七月十三日』

442号　大正6年8月13日，569-70頁，大正6年7月17日付マニラ報告，商業
　　　製綱用マニラ麻市況『七月十六日』

447号　大正6年8月30日，767-68頁，大正6年8月1日付マニラ報告，商業
　　　比島に於ける巻煙草用紙需給状況

447号　大正6年8月30日，790頁，大正6年8月1日付マニラ報告，紹介
　　　巻煙草用紙取扱商『マニラ』

448号　大正6年9月3日，812頁，大正6年8月7日付マニラ報告，商業
　　　比島コプラ市況『八月五日』

448号　大正6年9月3日，812-13頁，大正6年8月7日付マニラ報告，商業
　　　比島麦粉市況『八月五日』

448号　大正6年9月3日，813頁，大正6年8月8日付マニラ報告，商業
　　　比島砂糖市況『八月一日』

450号　大正6年9月10日，877-78頁，大正6年8月10日付マニラ報告，商業
　　　真田用マニラ麻市況『七月』

451号　大正6年9月13日，904-11頁，大正6年8月7日付マニラ報告，商業
　　　綿莫大小製品需給状況『天津，上海，ニコラエウスク，新嘉坡，バタビア，比島』

451号　大正6年9月13日，914-15頁，大正6年8月11日付マニラ報告，商業
　　　製綱用マニラ麻市況『八月八日』

455号　大正6年9月27日，1101頁，大正6年8月15日付マニラ報告，検疫並衛生
　　　比島牛疫状況

第19巻

457号　大正6年10月4日，49-50頁，大正6年9月5日付マニラ報告，商業
　　　比島麦粉市況『九月四日』

457号　大正6年10月4日，50-51頁，大正6年9月8日付マニラ報告，商業
　　　比島コプラ市況『九月七日』

458号　大正6年10月8日，108-09頁，大正6年8月31日付マニラ報告，商業
　　　比島石炭市況『六，七月』

458号　大正6年10月8日，109頁，大正6年9月5日付マニラ報告，商業
　　　比島砂糖市況『九月五日』

458号　大正6年10月8日，110-11頁，大正6年9月8日付マニラ報告，商業
　　　真田用マニラ麻市況『八月』

458号　大正6年10月8日，111-12頁，大正6年9月8日付マニラ報告，商業
　　　製綱用マニラ麻市況『八月』

459号　大正6年10月11日，132-33頁，大正6年9月15日付マニラ報告，商業
　　　マニラ麻市況『九月十四日』

459号　大正6年10月11日，176頁，大正6年9月15日付マニラ報告，検疫並衛生
　　　比島牛疫状況

464号　大正6年10月29日，363-67頁，大正6年9月24日付マニラ報告，商業
　　　比島外国貿易（大正六年自一月至六月）

465号　大正6年11月1日，429-30頁，大正6年10月15日付マニラ報告，商業
　　　製綱用マニラ麻市況『九月三十日』

466号　大正6年11月5日，464-65頁，大正6年10月9日付マニラ報告，商業
　　　真田用マニラ麻市況『九月』

466号　大正6年11月5日，465頁，大正6年10月10日付マニラ報告，商業
　　　比島砂糖市況『十月五日』

467号　大正6年11月8日，521-23頁，大正6年10月1日付マニラ報告，検疫並衛生
　　　比島に於ける牛疫状況『一九一六年』

470号　大正6年11月19日，電2頁，大正6年11月13日発マニラ報告，電報
　　　比島に於ける砂糖産額

477号　大正6年12月13日，930頁，大正6年11月16日付マニラ報告，商業
　　　比島麦粉市況『九，十月』

478号　大正6年12月17日，967-68頁，大正6年11月8日付マニラ報告，商業
　　　真田用マニラ麻市況『十月』

478号　大正6年12月17日，968-69頁，大正6年11月8日付マニラ報告，商業
　　　製綱用マニラ麻市況『十月三十一日』

479号　大正6年12月20日，1019-20頁，大正6年11月11日付マニラ報告，商業
　　　比島石炭市況『八，九，十月』

479号　大正6年12月20日，1021頁，大正6年11月13日付マニラ報告，商業
　　　比島砂糖市況『十月三十一日』

481号　大正6年12月27日，電1頁，大正6年12月22日着在米大使報告，電報
　　　米国輸入制限令の布哇及比律賓群島へ適用に付て

『通商公報』［1918年（大正7年）］
第20巻
482号　大正7年1月10日，電3頁，大正7年1月4日着マニラ報告，電報
　　　比島に於ける輸出制限

484号　大正7年1月17日，100-01頁，大正6年12月8日付マニラ報告，商業

真田用マニラ麻市況『大正六年十一月』

484号　大正7年1月17日，101-02頁，大正6年12月8日付マニラ報告，商業
　　　　製綱用マニラ麻市況『大正六年十一月三十日』

484号　大正7年1月17日，102頁，大正6年12月8日付マニラ報告，商業
　　　　比島砂糖市況『大正六年十二月四日』

486号　大正7年1月24日，203-05頁，大正6年12月20日付マニラ報告，商業
　　　　比島外国貿易『大正六年九月』

488号　大正7年1月31日，電1頁，大正7年1月26日発マニラ報告，電報
　　　　比島に於ける輸出入禁止

490号　大正7年2月7日，325頁，大正7年1月5日付マニラ報告，商業
　　　　比島石炭市況『大正六年十一，十二月』

495号　大正7年2月25日，514頁，大正7年1月10日付マニラ報告，商業
　　　　製綱用マニラ麻市況『大正六年十二月二十一日』

495号　大正7年2月25日，515-16頁，大正7年1月10日付マニラ報告，商業
　　　　真田用マニラ麻市況『大正六年十二月』

497号　大正7年3月4日，566-68頁，大正7年1月20日付マニラ報告，商業
　　　　比島重要商品輸出額『大正六年』

498号　大正7年3月7日，624-25頁，大正7年2月5日付マニラ報告，検疫並衛生
　　　　比島牛疫状況

500号　大正7年3月14日，666-68頁，大正7年2月10日付マニラ報告，商業
　　　　比島外国貿易『大正六年十一月』

501号　大正7年3月18日，表紙裏，大正7年2月27日付マニラ報告，商業
　　　　比島駐屯軍経理部石炭購買入札募集

503号　大正7年3月25日，786-87頁，大正7年2月23日付マニラ報告，商業
　　　　比島石炭市況『一月』

503号　大正7年3月25日，812頁，大正7年2月4日付マニラ報告，紹介
　　　　医療器械取扱商『カルカッタ，マニラ』

504号　大正7年3月28日，817-18頁，大正7年2月15日付マニラ報告，商業
　　　　製綱用マニラ麻市況『一月』

504号　大正7年3月28日，818-19頁，大正7年2月15日付マニラ報告，商業
　　　　真田用マニラ麻市況『一月』

第21巻

507号　大正7年4月8日，89-90頁，大正7年3月13日付マニラ報告，商業
　　　　比島石炭商況『二月』

507号　大正7年4月8日，114-15頁，大正7年3月12日付マニラ報告，検疫並衛生
　　　　比島牛疫状況（自二月二十四日至三月二日）

510号　大正7年4月18日，202-03頁，大正7年3月18日付マニラ報告，商業
　　　製綱用マニラ麻商況『二月』

511号　大正7年4月22日，267-69頁，大正7年3月15日付マニラ報告，商業
　　　真田用マニラ麻商況『二月』

518号　大正7年5月16日，621-23頁，大正7年4月19日付マニラ報告，関税及外国諸法規
　　　比島に於ける商工局新設

522号　大正7年5月30日，790-91頁，大正7年4月27日付マニラ報告，商業
　　　比島石炭商況『三月』

522号　大正7年5月30日，791-92頁，大正7年4月30日付マニラ報告，商業
　　　製綱用マニラ麻商況『三月』

523号　大正7年6月3日，843頁，大正7年4月24日付マニラ報告，商業
　　　比島砂糖商況『四月二十日』

523号　大正7年6月3日，844-45頁，大正7年4月30日付マニラ報告，商業
　　　真田用マニラ麻商況『三月』

525号　大正7年6月10日，937-42頁，大正7年4月8日付マニラ報告，商業
　　　比島外国貿易概況『一九一七年』

527号　大正7年6月17日，1046頁，大正7年5月18日付マニラ報告，商業
　　　比島石炭商況『四月』

530号　大正7年6月27日，目次裏，大正7年6月22日着マニラ報告，電報
　　　比律賓に於ける輸出品取締令励行

第22巻

533号　大正7年7月8日，目次裏，大正7年7月4日着マニラ報告，電報
　　　マニラ湾入港新規則発布

536号　大正7年7月18日，226-28頁，大正7年6月25日付マニラ報告，商業
　　　真田用マニラ麻商況『四，五月』

536号　大正7年7月18日，236-37頁，大正7年6月21日付マニラ報告，関税及外国諸法規
　　　比島輸出入品取締現況

537号　大正7年7月22日，280-81頁，大正7年6月25日付マニラ報告，商業
　　　比律賓群島石炭商況『五月』

537号　大正7年7月22日，305-06頁，大正7年6月20日付マニラ報告，関税及外国諸法規
　　　比島に於ける再輸出米国品無税法令

538号　大正7年7月25日，346-47頁，大正7年6月28日付マニラ報告，関税及外国諸法規
　　　比島沿岸航行船舶所有者に対する制限

538号　大正7年7月25日, 348-49頁, 外務省通商局, 関税及外国諸法規
　　　比島に於けるマニラ繊維輸出規則

542号　大正7年8月8日, 461-66頁, 大正7年7月1日付マニラ報告, 商業
　　　セメント需給状況『香港, 新嘉坡, 暹羅, 比律賓』

542号　大正7年8月8日, 486-87頁, 大正7年7月8日付マニラ報告, 関税及外国諸法規
　　　比島輸出入品取締近況

545号　大正7年8月19日, 電1頁, 外務省通商局, 電報
　　　比島に於ける麻輸出取締励行

547号　大正7年8月26日, 632-33頁, 大正7年7月26日付マニラ報告, 商業
　　　真田用マニラ麻商況『六月』

549号　大正7年9月2日, 692-94頁, 大正7年8月7日付マニラ報告, 商業
　　　製綱用マニラ麻商況『四, 五, 六月』

551号　大正7年9月9日, 770頁, 大正7年8月8日付マニラ報告, 商業
　　　比律賓群島石炭商況『六月』

554号　大正7年9月19日, 電1頁, 外務省通商局, 電報
　　　比島に於ける麻の輸出に就て

554号　大正7年9月19日, 864-65頁, 大正7年8月16日付マニラ報告, 商業
　　　真田用マニラ麻商況『七月』

554号　大正7年9月19日, 865-66頁, 大正7年8月16日付マニラ報告, 商業
　　　製綱用マニラ麻商況『七月』

554号　大正7年9月19日, 866-72頁, 外務省通商局, 商業
　　　比島貿易概況『一九一七年』

554号　大正7年9月19日, 884-91頁, 大正7年8月5日付マニラ報告, 各地事情
　　　マニラ旅行の栞

556号　大正7年9月26日, 935-36頁, 大正7年8月22日付マニラ報告, 関税及外国諸法規
　　　比律賓群島通過貨物船積に就て

第23巻

559号　大正7年10月7日, 51頁, 大正7年8月30日付マニラ報告, 財政及経済
　　　比島に於ける米国向輸出椰子油船積取締及コプラ輸出禁止計画

559号　大正7年10月7日, 72-73頁, 大正7年9月23日外務省告示, 対外通商法規
　　　比島に於ける通信書類取締税関告示

561号　大正7年10月14日, 163-64頁, 大正7年8月15日付マニラ報告, 紹介
　　　商工人名録『マニラ』

562号　大正7年10月18日, 176-80頁, 大正7年9月10日付マニラ報告, 工業
　　　比島椰子油製造業勃興

563号　大正7年10月21日，225-26頁，大正7年9月21日付マニラ報告，商業
　　　　真田用マニラ麻商況『八月』

563号　大正7年10月21日，226-27頁，大正7年9月21日付マニラ報告，商業
　　　　製綱用マニラ麻商況『八月』

563号　大正7年10月21日，235-36頁，大正7年9月7日付マニラ報告，財政及経済
　　　　比島民生活費の激増並物価一班

563号　大正7年10月21日，271-72頁，大正7年9月12日付マニラ報告，移民及労働
　　　　比島労働者問題と支那移民移入

564号　大正7年10月24日，表紙裏，外務省通商局，電報
　　　　比島砂糖輸出取締

565号　大正7年10月28日，313-15頁，大正7年9月27日付マニラ報告，工業
　　　　比島に於ける輸出刺繍の発展

567号　大正7年11月4日，416-17頁，外務省通商局，関税及外国諸法規
　　　　比島輸出手続規定修正

568号　大正7年11月7日，464-65頁，大正7年10月8日付マニラ報告，関税及外国諸法規
　　　　比島に於ける米輸入税徴収停止

570号　大正7年11月14日，電1頁，外務省通商局，電報
　　　　比島砂糖輸出取締規則改正

579号　大正7年12月16日，879-80頁，大正7年11月10日付マニラ報告，商業
　　　　比律賓石炭商況『七，八月』

579号　大正7年12月16日，880頁，大正7年11月12日付マニラ報告，商業
　　　　製綱用マニラ麻商況『九月』

580号　大正7年12月19日，905-06頁，大正7年11月12日付マニラ報告，商業
　　　　真田用マニラ麻商況『九月』

582号　大正7年12月26日，電4-5頁，大正7年12月19日着マニラ報告，電報
　　　　マニラ湾出入船舶に関する布告並規則廃止

『通商公報』[1919年（大正8年）]
第24巻

584号　大正8年1月13日，45-46頁，大正7年11月20日付マニラ報告，商業
　　　　比島石炭商況『大正七年九，十月』

584号　大正8年1月13日，46-48頁，大正7年11月23日付マニラ報告，商業
　　　　マニラ最近商況

584号　大正8年1月13日，60頁，大正7年11月20日付マニラ報告，関税及外国諸法規
　　　　比島砂糖輸出制限に就て

584号　大正8年1月13日，60-61頁，大正7年11月21日付マニラ報告，関税及外国諸法規
　　　　比島輸出入品制限の現状及将来

585号　大正8年1月16日，81-83頁，大正7年12月3日付マニラ報告，商業
　　　比島に於ける莫大小需要状況

585号　大正8年1月16日，109頁，大正7年12月3日付マニラ報告，紹介
　　　莫大小取扱商『マニラ』

586号　大正8年1月20日，127頁，大正7年12月20日付マニラ報告，商業
　　　真田用マニラ麻商況『大正七年十月』

587号　大正8年1月23日，179-80頁，大正7年12月20日付マニラ報告，商業
　　　製綱用マニラ麻商況『十月』

587号　大正8年1月23日，180-81頁，大正7年12月21日付マニラ報告，商業
　　　マニラ最近商況

590号　大正8年2月3日，297-98頁，大正7年12月28日付マニラ報告，商業
　　　真田用マニラ麻商況『大正七年十一月』

590号　大正8年2月3日，298-99頁，大正7年12月28日付マニラ報告，商業
　　　製綱用マニラ麻商況『大正七年十一月』

594号　大正8年2月17日，493頁，大正7年11月26日付マニラ報告，紹介
　　　薬品，医療器械及硝子製品取扱商『マニラ』

595号　大正8年2月20日，502-04頁，大正8年1月16日付マニラ報告，商業
　　　マニラ最近市況

596号　大正8年2月24日，563-64頁，大正8年1月25日付マニラ報告，農業
　　　比島に於ける米産額及食料問題

598号　大正8年3月3日，638-39頁，大正8年1月29日付マニラ報告，商業
　　　真田用マニラ麻商況『大正七年十二月』

598号　大正8年3月3日，639-40頁，大正8年1月29日付マニラ報告，商業
　　　製綱用マニラ麻商況『大正七年十二月』

600号　大正8年3月10日，729-31頁，大正8年2月13日付マニラ報告，商業
　　　比島外国貿易概況『大正七年』

601号　大正8年3月13日，816-17頁，大正8年2月10日付マニラ報告，商業
　　　比島石炭商況『大正七年十一，十二月』

605号　大正8年3月27日，966-67頁，大正8年2月19日付マニラ報告，商業
　　　真田用マニラ麻商況『一月』

605号　大正8年3月27日，967-68頁，大正8年2月19日付マニラ報告，商業
　　　製綱用マニラ麻商況『一月』

605号　大正8年3月27日，968-70頁，大正8年2月20日付マニラ報告，商業
　　　マニラ商況（自二月九日至二月十五日）

605号　大正8年3月27日，970-72頁，大正8年2月28日付マニラ報告，商業
　　　マニラ地方酒類需給状況

605号　大正8年3月27日，1011頁，大正8年2月28日付マニラ報告，紹介
　　　　酒類取扱商『マニラ』

606号　大正8年3月31日，1062頁，大正8年2月26日付マニラ報告，紹介
　　　　缶詰及乾魚類取扱商『マニラ』

第25巻

610号　大正8年4月14日，160-61頁，大正8年3月10日付マニラ報告，財政及経済
　　　　比島国民銀行営業状況

615号　大正8年5月1日，395-96頁，大正8年3月27日付マニラ報告，商業
　　　　マニラ最近商況（自三月十六日至三月二十二日）

615号　大正8年5月1日，397頁，大正8年4月4日付マニラ報告，商業
　　　　比律賓群島陸軍用石炭入札

617号　大正8年5月8日，503頁，大正8年4月10日付マニラ報告，商業
　　　　マニラ石炭商況『一，二月』

622号　大正8年5月26日，722-24頁，大正8年4月21日付マニラ報告，商業
　　　　製綱用マニラ麻商況『二月』

622号　大正8年5月26日，724-25頁，大正8年4月21日付マニラ報告，商業
　　　　真田用マニラ麻商況『二月』

622号　大正8年5月26日，735頁，大正8年4月7日付マニラ報告，紹介
　　　　医療器械及自転車取扱商『マニラ』

623号　大正8年5月29日，743-44頁，大正8年4月30日付マニラ報告，商業
　　　　マニラ最近商況（自四月二十日至同二十六日）

624号　大正8年6月2日，電1頁，大正8年5月21日発マニラ報告，電報
　　　　マニラ地方旱魃被害

626号　大正8年6月5日，835-36頁，大正8年5月5日付マニラ報告，商業
　　　　真田用マニラ麻商況『三月』

626号　大正8年6月5日，837-38頁，大正8年5月5日付マニラ報告，商業
　　　　製綱用マニラ麻商況『三月』

632号　大正8年6月26日，1091-92頁，大正8年5月29日付マニラ報告，商業
　　　　比島石炭商況『三，四月』

第26巻

634号　大正8年7月3日，17-19頁，大正8年6月7日付マニラ報告，農業
　　　　比島米の需給状況

638号　大正8年7月17日，電1頁，大正8年7月9日発マニラ報告，電報
　　　　マニラに於ける虎列剌病

639号　大正8年7月21日，219-21頁，大正8年6月13日及25日付マニラ報告，商業
　　　　製綱用マニラ麻商況『四，五月』

639号　大正8年7月21日，221-22頁，大正8年6月13日付マニラ報告，商業

　　　　　真田用マニラ麻商況『四月』

640号　大正8年7月24日，245-46頁，大正8年6月16日付マニラ報告，商業
　　　　　マニラ商況（自六月八日至同十四日）

640号　大正8年7月24日，246-47頁，大正8年6月25日付マニラ報告，商業
　　　　　真田用マニラ麻商況『五月』

643号　大正8年8月4日，電1頁，大正8年7月26日発マニラ報告，電報
　　　　　マニラに於ける虎列剌患者

646号　大正8年8月14日，453-54頁，大正8年7月17日付マニラ報告，商業
　　　　　製綱用マニラ麻商況『六月』

646号　大正8年8月14日，454-55頁，大正8年7月18日付マニラ報告，商業
　　　　　比島石炭商況『五月』

647号　大正8年8月18日，484頁，大正8年7月17日付マニラ報告，商業
　　　　　真田用マニラ麻商況『六月』

652号　大正8年9月1日，673頁，大正8年7月24日付マニラ報告，商業
　　　　　マニラに於ける印刷用インキ輸入額及其税率

652号　大正8年9月1日，690頁，大正8年7月24日付マニラ報告，紹介
　　　　　印刷用品取扱商及印刷所『マニラ』

653号　大正8年9月4日，728頁，大正8年7月24日付マニラ報告，紹介
　　　　　運動用器具卸小売商『マニラ』

654号　大正8年9月8日，732-34頁，大正8年8月7日付マニラ報告，商業
　　　　　輸入主要本邦品荷造に付て『漢口，マニラ』

656号　大正8年9月15日，813-14頁，大正8年8月12日付マニラ報告，商業
　　　　　真田用マニラ麻商況『七月』

656号　大正8年9月15日，814-15頁，大正8年8月12日付マニラ報告，商業
　　　　　製綱用マニラ麻商況『七月』

656号　大正8年9月15日，815-17頁，大正8年8月26日付マニラ報告，商業
　　　　　マニラ商況（自八月十七日至同二十三日）

656号　大正8年9月15日，832-33頁，大正8年8月11日付マニラ報告，関税及外国諸法
　　　　　規
　　　　　マニラに於ける売薬類輸入手続

656号　大正8年9月15日，834頁，大正8年7月24日付マニラ報告，紹介
　　　　　蝋燭製造業者『マニラ』

658号　大正8年9月22日，887-92頁，大正8年8月23日付マニラ報告，商業
　　　　　比島貿易状況『大正八年上半期』

659号　大正8年9月25日，940頁，外務省通商局，各種産業機関
　　　　　比律賓ナショナル・デベロップメント会社の設立

第27巻

661号　大正8年10月2日，9-10頁，大正8年9月2日付マニラ報告，商業
　　　　比島石炭商況『自六月至七月』

664号　大正8年10月13日，124-25頁，大正8年9月16日付マニラ報告，商業
　　　　製綱用マニラ麻商況『八月』

664号　大正8年10月13日，125-26頁，大正8年9月16日付マニラ報告，商業
　　　　真田用マニラ麻商況『八月』

670号　大正8年11月3日，353-54頁，大正8年10月2日付マニラ報告，商業
　　　　比島石炭商況『八月』

671号　大正8年11月6日，390-91頁，大正8年10月15日付マニラ報告，商業
　　　　製綱用マニラ麻商況『九月』

673号　大正8年11月13日，462-63頁，外務省通商局，商業
　　　　比律賓群島輸出入国及其金額

677号　大正8年11月24日，578-79頁，外務省通商局，商業
　　　　米比貿易の将来

678号　大正8年11月27日，613-14頁，外務省通商局，商業
　　　　比律賓群島主要輸出入品及其価額

683号　大正8年12月15日，896-97頁，大正8年11月14日付マニラ報告，商業
　　　　製綱用マニラ麻商況『十月』

684号　大正8年12月18日，925頁，大正8年11月15日付マニラ報告，財政及経済
　　　　マニラに於ける米国二銀行支店開設

686号　大正8年12月25日，1008頁，大正8年11月14日付マニラ報告，商業
　　　　真田用マニラ麻商況『十月』

『通商公報』［1920年（大正9年）］

第28巻

695号　大正9年2月2日，350頁，大正8年12月24日付マニラ報告，商業
　　　　真田用マニラ麻商況『大正八年十一月』

695号　大正9年2月2日，378頁，大正8年12月26日付マニラ報告，財政及経済
　　　　マニラに於ける支那商業銀行設立計画

695号　大正9年2月2日，385-86頁，大正8年12月21日付マニラ報告，紹介
　　　　取引希望者『マニラ』

696号　大正9年2月5日，389-90頁，大正8年12月24日付マニラ報告，商業
　　　　製綱用マニラ麻商況『一九一九年十一月』

698号　大正9年2月12日，533-34頁，大正8年12月27日付マニラ報告，紹介
　　　　医科器械護謨製品並テグス漁具取扱業者『マニラ』

699号　大正9年2月16日，558-59頁，大正9年1月7日付マニラ報告，林業
　　　　マニラに於ける樟脳樹栽培計画に付て

700号　大正9年2月19日，613頁，大正9年1月19日付マニラ報告，関税及外国諸法規
　　　　マニラ自由港計画

701号　大正9年2月23日，646頁，大正9年1月24日付マニラ報告，交通及通信
　　　　マニラ港埠頭増設

701号　大正9年2月23日，649-51頁，大正9年1月24日付マニラ報告，関税及外国諸法規
　　　　マニラ税関保管料値上新令

701号　大正9年2月23日，656頁，大正9年1月17日付マニラ報告，紹介
　　　　麻糸製造業者『マニラ』

第29巻

717号　大正9年4月12日，129-30頁，大正9年3月8日付マニラ報告，商業
　　　　真田用マニラ麻商況『一月』

717号　大正9年4月12日，130-31頁，大正9年3月8日付マニラ報告，商業
　　　　製綱用マニラ麻商況『一月』

718号　大正9年4月15日，199-200頁，大正9年3月5日付マニラ報告，農業
　　　　比島麻栽培地害虫発生

718号　大正9年4月15日，216-17頁，大正9年3月9日付マニラ報告，交通
　　　　米国沿岸航路比律賓群島延長法案

718号　大正9年4月15日，224頁，大正9年3月11日付マニラ報告，紹介
　　　　煙草製造業者『マニラ』

719号　大正9年4月19日，255頁，大正9年3月11日付マニラ報告，紹介
　　　　砂糖取扱商『マニラ』

720号　大正9年4月22日，257-65頁，大正9年3月1日付マニラ報告，商業
　　　　大正八年比島貿易年報

720号　大正9年4月22日，269-70頁，大正9年3月15日付マニラ報告，商業
　　　　製綱用マニラ麻商況『二月市況』

720号　大正9年4月22日，270-71頁，大正9年3月15日付マニラ報告，商業
　　　　真田用マニラ麻商況『二月』

721号　大正9年4月26日，333-34頁，外務省通商局，関税及外国諸法規
　　　　比律賓群島公有地法

737号　大正9年6月21日，1139-40頁，大正9年4月30日付マニラ報告，商業
　　　　製綱用マニラ麻商況『三月』

737号　大正9年6月21日，1140-41頁，大正9年4月30日付マニラ報告，商業
　　　　真田用マニラ麻商況『三月』

737号　大正9年6月21日，1163頁，大正9年5月13日付マニラ報告，紹介
　　　　マニラニ於ケル本邦製蓄音機取扱商

738号　大正9年6月24日，1194頁，大正9年5月13日付マニラ報告，紹介

マニラニ於ケル金物輸入商

第30巻

741号　大正9年7月1日，1263頁，大正9年5月13日付マニラ報告，紹介
　　　マニラニ於ケル和紙取扱商

742号　大正9年7月5日，1272-73頁，大正9年5月25日付マニラ報告，商業
　　　四月中製綱用マニラ麻商況

743号　大正9年7月8日，口絵，口絵
　　　「マニラ」麻製出情景（一）（二）

743号　大正9年7月8日，1303-04頁，大正9年5月25日付マニラ報告，商業
　　　真田用マニラ麻商況『四月』

743号　大正9年7月8日，1307-08頁，大正9年6月4日付マニラ報告，交通及港湾
　　　マニラ英国汽船運賃引下

748号　大正9年7月26日，1497-98頁，大正9年6月28日付マニラ報告，商業
　　　製綱用マニラ麻商況『五月』

749号　大正9年7月29日，1519頁，大正9年6月28日付マニラ報告，商業
　　　真田用マニラ麻商況『五月』

749号　大正9年7月29日，1519-20頁，大正9年5月30日付マニラ報告，商業
　　　比島に於ける珈琲輸入

749号　大正9年7月29日，1523-24頁，大正9年6月29日付マニラ報告，農業
　　　比島最近農事彙報

749号　大正9年7月29日，1536頁，大正9年7月2日付マニラ報告，交通及港湾
　　　「マニラ」「イロイロ」間新航路開始

749号　大正9年7月29日，1542-43頁，大正9年6月26日付マニラ報告，財政及経済
　　　「マニラ」ニ於ケル米穀公定相場令公布

749号　大正9年7月29日，1543-44頁，大正9年7月1日付マニラ報告，財政及経済
　　　比律賓流通紙幣ノ増発

750号　大正9年8月2日，1592-93頁，大正9年6月25日付マニラ報告，交通及港湾
　　　マニラ港第七埠頭建築工事費支出決定

751号　大正9年8月5日，1630-31頁，大正9年6月30日付マニラ報告，交通及港湾
　　　米比間直通無線電信開始計画

753号　大正9年8月12日，1727頁，大正9年6月29日付マニラ報告，紹介
　　　マニラニ於ケル硝子器取扱商

754号　大正9年8月16日，1761頁，大正9年6月28日付マニラ報告，紹介
　　　「マニラ」ニ於ケル眼鏡取扱店並病院

755号　大正9年8月19日，1770-72頁，大正9年7月15日付マニラ報告，商業
　　　「マニラ」ニ於ケル葉巻煙草函需要状況

755号　大正9年8月19日，1776-77頁，大正9年7月13日付マニラ報告，農業
　　　　ミンダナオ島ニ於ケル米，砂糖及護謨栽培計画

755号　大正9年8月19日，1796頁，大正9年7月15日付マニラ報告，紹介
　　　　「マニラ」ニ於ケル葉巻煙草函並煙草製造業者

756号　大正9年8月23日，1801頁，大正9年7月3日付マニラ報告，商業
　　　　「マニラ」ニ於ケル毛織物類需要状況

756号　大正9年8月23日，1831-32頁，大正9年7月20日付マニラ報告，財政及経済
　　　　「マニラ」ニ於ケル支那人商業銀行開設

756号　大正9年8月23日，1835-36頁，大正9年7月3日付マニラ報告，紹介
　　　　「マニラ」ニ於ケル毛織物類取扱業者

756号　大正9年8月23日，1836頁，大正9年7月19日付マニラ報告，紹介
　　　　「マニラ」ニ於ケル「コプラ」油製造業者

757号　大正9年8月26日，1878頁，大正9年7月20日付マニラ報告，紹介
　　　　「マニラ」ニ於ケル帽子，莫大小及雑貨取扱商

759号　大正9年9月2日，1938-39頁，大正9年7月20日付マニラ報告，商業
　　　　真田用マニラ麻商況

760号　大正9年9月6日，1979頁，大正9年7月20日付マニラ報告，商業
　　　　製綱用マニラ麻商況『六月』

761号　大正9年9月9日，2043-45頁，大正9年7月26日付マニラ報告，各種産業機関
　　　　マニラ市ニ於ケル米国極東商業会議所設立

762号　大正9年9月13日，2078-79頁，大正9年8月6日付マニラ報告，移民
　　　　本年上半期比島移民並旅客出入数

764号　大正9年9月20日，2122-23頁，大正8年12月8日付マニラ報告，交通
　　　　比律賓群島沿岸貿易ニ関スル制度

767号　大正9年9月27日，2188頁，大正9年8月17日付マニラ報告，紹介
　　　　「マニラ」ニ於ケル鉛筆取扱商

768号　大正9年9月30日，2197-98頁，大正9年8月21日付マニラ報告，商業
　　　　製綱用マニラ麻商況『七月』

768号　大正9年9月30日，2207頁，大正9年8月3日付マニラ報告，財政及経済
　　　　本年上半期末ニ於ケル比島貨幣流通高

第31巻

769号　大正9年10月4日，2233-34頁，大正9年8月26日付マニラ報告，工業
　　　　マニラ官営会社の製綱計画

770号　大正9年10月7日，2266頁，大正9年8月21日付マニラ報告，商業
　　　　七月中マニラ麻商況

772号　大正9年10月14日，2380頁，大正9年8月16日付マニラ報告，紹介
　　　　マニラに於ける絹紬レース及支那素麺取扱商

774号　大正9年10月21日，2456頁，大正9年9月21日付マニラ報告，財政及経済
　　　　マニラに於ける砂糖，牛肉，鶏卵の小売値段

775号　大正9年10月25日，2474-75頁，大正9年9月16日付マニラ報告，商業
　　　　製綱用マニラ麻商況『八月』

775号　大正9年10月25日，2475頁，大正9年9月16日付マニラ報告，商業
　　　　真田用マニラ麻商況『八月』

775号　大正9年10月25日，2489頁，大正9年9月7日付マニラ報告，交通
　　　　比島税関と船荷証券

778号　大正9年11月1日，2581-82頁，大正9年9月15日付マニラ報告，紹介
　　　　マニラに於ける製氷機，冷蔵庫，電気機，金物並家具商

781号　大正9年11月11日，2665-66頁，大正9年10月13日付マニラ報告，商業
　　　　製綱用マニラ麻九月商況

781号　大正9年11月11日，2666頁，大正9年10月13日付マニラ報告，商業
　　　　真田用マニラ麻九月商況

782号　大正9年11月15日，2711頁，大正9年9月29日付マニラ報告，商業
　　　　米国物価下落とマニラ市場

782号　大正9年11月15日，2729頁，大正9年10月4日付マニラ報告，紹介
　　　　マニラ楽器取扱商

783号　大正9年11月18日，口絵
　　　　マニラ製麻状況

784号　大正9年11月22日，2808-09頁，大正9年9月21日付マニラ報告，外国法規
　　　　比島石油其他鉱油及瓦斯含有地に関する法律

784号　大正9年11月22日，2811頁，大正9年10月2日付マニラ報告，紹介
　　　　マニラ釣糸取扱商

787号　大正9年12月2日，2903-06頁，大正9年10月20日付マニラ報告，商業
　　　　マニラに於けるセメント需給状況

787号　大正9年12月2日，2910-11頁，大正9年10月19日付マニラ報告，移民
　　　　比島民法制定問題

787号　大正9年12月2日，2915頁，大正9年10月20日付マニラ報告，紹介
　　　　マニラに於けるセメント取扱商

789号　大正9年12月9日，2978-79頁，大正9年11月8日付マニラ報告，商業
　　　　製綱用マニラ麻商況『十月』

789号　大正9年12月9日，2979頁，大正9年11月8日付マニラ報告，商業
　　　　真田用マニラ麻商況『十月』

789号　大正9年12月9日，2987-92頁，大正9年10月19日付マニラ報告，交通
　　　　比島外国貿易と輸送船との関係

789号　大正9年12月9日，3003-04頁，大正9年10月29日付マニラ報告，紹介
　　　マニラに於ける革及革製品取扱商

790号　大正9年12月13日，3059-60頁，大正9年10月18日付マニラ報告，紹介
　　　マニラ地方新聞雑誌及書籍

791号　大正9年12月16日，3079-80頁，大正9年11月9日付マニラ報告，関税及条約
　　　比島国旗と工業意匠

『通商公報』[1921年（大正10年）]
第32巻

798号　大正10年1月17日，111頁，大正9年12月1日付マニラ報告，交通
　　　マニラ信号所の信号旗改正

801号　大正10年1月27日，230頁，大正9年12月16日付マニラ報告，財政及経済
　　　比島財界不況と繋船過剰

803号　大正10年2月3日，287-88頁，大正9年12月20日付マニラ報告，商業
　　　比島向臭大小輸出策

804号　大正10年2月7日，327-28頁，大正9年12月13日付マニラ報告，商業
　　　比島製帽子の種類並輸出額

804号　大正10年2月7日，348-49頁，大正9年12月13日付マニラ報告，紹介
　　　比島製帽子取扱商

805号　大正10年2月10日，358-59頁，大正9年12月16日付マニラ報告，商業
　　　製綱用マニラ麻商況『大正九年十一月』

805号　大正10年2月10日，360頁，大正9年12月16日付マニラ報告，商業
　　　真田用マニラ麻商況『大正九年十一月』

805号　大正10年2月10日，362-63頁，大正10年1月5日付マニラ報告，農業
　　　大正九年度比島農産物概況

805号　大正10年2月10日，382頁，大正10年1月6日付マニラ報告，財政及経済
　　　比島国立銀行兌換券増発

805号　大正10年2月10日，390頁，大正10年1月11日付マニラ報告，紹介
　　　マニラに於ける硝子器，鉄器及綿布等取扱商

806号　大正10年2月14日，426頁，大正10年1月10日付マニラ報告，紹介
　　　マニラ船底塗料取扱商

806号　大正10年2月14日，426頁，大正10年1月11日付マニラ報告，紹介
　　　マニラ野菜，澱粉及穀類取扱商

807号　大正10年2月17日，440-43頁，大正9年12月15日付マニラ報告，商業
　　　比島に於ける一般商況

809号　大正10年2月24日，546頁，大正10年1月7日付マニラ報告，紹介
　　　マニラ麦稈真田等輸入業者

811号　大正10年3月3日，611-12頁，大正10年1月8日付マニラ報告，商業

　　　　　比島皮革貿易

811号　大正10年3月3日，612-13頁，大正10年1月17日付マニラ報告，商業
　　　　製綱用マニラ麻商況『大正九年十二月』

811号　大正10年3月3日，613頁，大正10年1月17日付マニラ報告，商業
　　　　真田用マニラ麻商況『大正九年十二月』

813号　大正10年3月10日，725頁，大正10年2月7日付マニラ報告，紹介
　　　　マニラ輸出入業者

817号　大正10年3月22日，864-71頁，大正10年1月3日付マニラ報告，採掘業
　　　　比島鉱業概況

818号　大正10年3月24日，922-23頁，大正10年2月14日付マニラ報告，財政及経済
　　　　比島国立銀行増資

第33巻

821号　大正10年4月4日，25-26頁，大正10年2月17日付マニラ報告，商業
　　　　比島綿織物需要状況

822号　大正10年4月7日，54-56頁，大正10年1月24日付マニラ報告，商業
　　　　大正九年比島貿易額

822号　大正10年4月7日，66-71頁，大正10年1月18日付マニラ報告，採掘業
　　　　比島国立石炭会社概況

822号　大正10年4月7日，78-79頁，大正10年3月1日付マニラ報告，関税及条約
　　　　比島に於ける米穀輸入禁止

826号　大正10年4月21日，261頁，大正10年3月7日付マニラ報告，商業
　　　　真田用マニラ麻商況『一月』

827号　大正10年4月25日，310-11頁，大正10年3月7日付マニラ報告，商業
　　　　製綱用マニラ麻商況『一月』

831号　大正10年5月9日，505頁，大正10年3月18日付マニラ報告，商業
　　　　真田用マニラ麻商況『二月』

832号　大正10年5月12日，566-67頁，大正10年3月18日付マニラ報告，商業
　　　　製綱用マニラ麻商況『二月』

835号　大正10年5月23日，738頁，大正10年4月13日付マニラ報告，商業
　　　　比島砂糖の米国向輸出

837号　大正10年5月30日，841-42頁，大正10年4月5日付マニラ報告，採掘業
　　　　比島ボントク半島に於ける石油事業

838号　大正10年6月2日，872-73頁，大正10年4月14日付マニラ報告，商業
　　　　製綱用マニラ麻商況『三月』

838号　大正10年6月2日，873頁，大正10年4月14日付マニラ報告，商業
　　　　真田用マニラ麻商況『三月』

838号　大正10年6月2日, 901頁, 大正10年4月2日付マニラ報告, 紹介
　　　竹細工輸入商（マニラ）

839号　大正10年6月6日, 956頁, 大正10年4月2日付マニラ報告, 紹介
　　　医療理化学器械, 玻璃器, 護謨製品包帯材料並薬材輸入商（マニラ）

840号　大正10年6月9日, 984-85頁, 大正10年5月12日付マニラ報告, 商業
　　　製綱用マニラ麻商況『四月』

840号　大正10年6月9日, 1001-04頁, 大正10年4月11日付マニラ報告, 紹介
　　　輸出入業者（マニラ）

841号　大正10年6月13日, 1024頁, 大正10年5月12日付マニラ報告, 商業
　　　真田用マニラ麻商況『四月』

846号　大正10年6月27日, 1245頁, 大正10年5月18日付マニラ報告, 財政及経済
　　　比島貨幣流通高

第34巻

848号　大正10年7月4日, 18-19頁, 大正10年5月16日付マニラ報告, 商業
　　　マニラ市場に於ける欧州商品の復活

848号　大正10年7月4日, 42-43頁, 大正10年5月20日付マニラ報告, 移民
　　　米本国行比島人移民に付て

848号　大正10年7月4日, 47-49頁, 大正10年5月3日付マニラ報告, 紹介
　　　比島物産輸出商並本邦雑貨輸入商（マニラ）

852号　大正10年7月18日, 232頁, 大正10年6月8日付マニラ報告, 紹介
　　　扇風機取扱商（海防, マニラ）

853号　大正10年7月21日, 263-65頁, 大正10年6月1日付マニラ報告, 労働
　　　マニラに於ける職工賃銀

856号　大正10年7月28日, 361頁, 大正10年6月16日付マニラ報告, 関税及条約
　　　比島米穀輸入禁止延期

858号　大正10年8月4日, 442-43頁, 大正10年6月20日付マニラ報告, 商業
　　　製綱用マニラ麻市況『五月』

858号　大正10年8月4日, 443頁, 大正10年6月20日付マニラ報告, 商業
　　　真田用マニラ麻市況『五月』

859号　大正10年8月8日, 489-91頁, 大正10年6月22日付マニラ報告, 農業
　　　大正九年比島農作状況

861号　大正10年8月15日, 605頁, 大正10年5月31日付マニラ報告, 紹介
　　　機織業者（マニラ）

863号　大正10年8月22日, 691頁, 大正10年7月8日付マニラ報告, 商業
　　　比島に於ける除虫粉及蚊取線香需要状況

863号　大正10年8月22日, 708頁, 大正10年7月8日付マニラ報告, 紹介
　　　除虫粉及蚊取線香取扱商（マニラ）

866号　大正10年9月1日, 857-58頁, 大正10年7月20日付マニラ報告, 採掘業
　　　比島石油業経過

866号　大正10年9月1日, 858頁, 大正10年7月16日付マニラ報告, 採掘業
　　　比島に於ける採金高

867号　大正10年9月5日, 913-14頁, 大正10年7月25日付マニラ報告, 商業
　　　製綱用マニラ麻市況『六月』

867号　大正10年9月5日, 914頁, 大正10年7月25日付マニラ報告, 商業
　　　真田用マニラ麻市況『六月』

867号　大正10年9月5日, 925頁, 大正10年7月25日付マニラ報告, 経済
　　　本年上半期比島通貨流通高

868号　大正10年9月8日, 948頁, 大正10年7月27日付マニラ報告, 工業
　　　マニラに於ける半官セメント会社設立

868号　大正10年9月8日, 961-62頁, 大正10年7月26日付マニラ報告, 関税
　　　マニラ麻下級品輸出禁止

868号　大正10年9月8日, 969-71頁, 大正10年7月28日付マニラ報告, 移民及社会
　　　大正九年中比島出入国者数

868号　大正10年9月8日, 984頁, 大正10年7月26日付マニラ報告, 紹介
　　　種物取扱商（マニラ）

869号　大正10年9月12日, 1021頁, 大正10年7月28日付マニラ報告, 商業
　　　最近比島砂糖輸出高

869号　大正10年9月12日, 1040-41頁, 大正10年7月22日付マニラ報告, 衛生
　　　比島伝染病週報（自七月三日至九日）

870号　大正10年9月15日, 1091-92頁, 大正10年6月24日付マニラ報告, 紹介
　　　市場の情況を知るべき週刊新聞雑誌等『上海, 広東, 江西省, マニラ』

871号　大正10年9月19日, 1132-33頁, 大正10年8月4日付マニラ報告, 経済
　　　比島国立銀行上海支店の損失

872号　大正10年9月22日, 1172-80頁, 大正10年5月23日付マニラ報告, 大正10年4月25
　　　日付ダバオ報告, 交通
　　　交通経路並賃銭一覧表, 南洋, 印度支那, 印度, マニラ

874号　大正10年9月26日, 1270頁, 大正10年8月11日付マニラ報告, 紹介
　　　夜光貝取扱業者（マニラ）

875号　大正10年9月29日, 1284-85頁, 大正10年8月12日付マニラ報告, 商業
　　　製綱用マニラ麻商況『七月』

875号　大正10年9月29日, 1285頁, 大正10年8月12日付マニラ報告, 商業
　　　真田用マニラ麻商況『七月』

第35巻

877号　大正10年10月6日, 3頁, 大正10年8月23日付マニラ報告, 速報

マニラ麻下級品輸出禁止に関する与論

877号　大正10年10月6日，3頁，大正10年9月5日付マニラ報告，速報
　　　　大正十年上半期比島貿易

879号　大正10年10月13日，16-17頁，大正10年9月8日付マニラ報告，工業
　　　　比島に於けるニパ・アルコホール製造業

881号　大正10年10月20日，15-16頁，大正10年9月15日付マニラ報告，商業
　　　　製綱用マニラ麻商況『八月』

881号　大正10年10月20日，16-17頁，大正10年9月15日付マニラ報告，商業
　　　　真田用マニラ麻商況「八月」

881号　大正10年10月20日，57-58頁，大正10年8月24日付マニラ報告，紹介
　　　　邦人雑貨及食料品取扱商（マニラ）

883号　大正10年10月27日，1-15頁，大正10年9月5日付マニラ報告，商業
　　　　本年上半期比島貿易状況

884号　大正10年11月1日，52頁，大正10年8月25日付マニラ報告，紹介
　　　　食料品店並旅館（マニラ，海防，河内）

885号　大正10年11月3日，55-56頁，大正10年8月25日付マニラ報告，各地事情
　　　　比島並河内海防事情

889号　大正10年11月17日，6-7頁，大正10年10月17日付マニラ報告，速報
　　　　比島に於ける清涼飲料

891号　大正10年11月24日，54頁，大正10年9月30日付マニラ報告，紹介
　　　　邦字新聞『マニラ』

893号　大正10年12月1日，1頁，大正10年11月24日着マニラ報告，電報
　　　　比島商業帳簿用語制限法施行延期

893号　大正10年12月1日，24-25頁，大正10年10月19日付マニラ報告，商業
　　　　製綱用マニラ麻商況『九月』

893号　大正10年12月1日，25-26頁，大正10年10月19日付マニラ報告，商業
　　　　真田用マニラ麻商況『九月』

893号　大正10年12月1日，47頁，大正10年10月26日付マニラ報告，雑録
　　　　比島人商務官任命に関する新総督の建議案

894号　大正10年12月5日，14-16頁，大正10年10月17日付マニラ報告，商業
　　　　比島に於ける清涼飲料状況

894号　大正10年12月5日，40頁，大正10年10月17日付マニラ報告，紹介
　　　　主要清涼飲料取扱商『マニラ』

898号　大正10年12月19日，22-23頁，大正10年11月17日付マニラ報告，商業
　　　　製綱用マニラ麻商況『十月』

898号　大正10年12月19日，23頁，大正10年11月17日付マニラ報告，商業

　　　　　真田用マニラ麻商況『十月』

900号　大正10年12月24日，48-81頁，大正10年8月8日付マニラ報告，商業
　　　　大正九年比島貿易年報

『通商公報』[1922年（大正11年）]
第36巻

901号　大正11年1月6日，1頁，大正10年12月14日着マニラ報告，電報
　　　　比島と米国沿岸航海法

902号　大正11年1月9日，1-2頁，大正10年12月14日着マニラ報告，電報
　　　　比島商業帳簿用語制限法施行延期確定

902号　大正11年1月9日，8頁，大正10年12月25日着マニラ報告，電報
　　　　比島に於ける輸入税改正議案並米作予想

902号　大正11年1月9日，9頁，大正10年12月27日発マニラ報告，電報
　　　　マニラ市虎疫患者

903号　大正11年1月12日，2頁，大正10年12月16日発マニラ報告，電報
　　　　上海経由比島入港船乗組員及船客に関する種痘施行

903号　大正11年1月12日，2頁，大正11年1月5日発マニラ報告，電報
　　　　マニラに於ける虎列剌患者数

903号　大正11年1月12日，39頁，大正10年11月7日付マニラ報告，紹介
　　　　護謨樹脂輸出商（マニラ）

904号　大正11年1月16日，1頁，大正11年1月6日着マニラ報告，電報
　　　　マニラに於ける虎疫状況『続報』

904号　大正11年1月16日，4頁，大正11年1月10日発マニラ報告，電報
　　　　マニラ虎疫状況『続報』

905号　大正11年1月19日，18-19頁，大正10年12月15日付マニラ報告，商業
　　　　製綱用マニラ麻商況『十一月』

905号　大正11年1月19日，19-20頁，大正10年12月15日付マニラ報告，商業
　　　　真田用マニラ麻商況『十一月』

905号　大正11年1月19日，20頁，大正10年12月18日付マニラ報告，商業
　　　　マニラに於ける石炭商況『十一月』

906号　大正11年1月23日，3頁，大正11年1月13日発マニラ報告，電報
　　　　マニラに於ける虎疫状況（続報）

906号　大正11年1月23日，35-36頁，大正10年12月19日付マニラ報告，採掘業
　　　　比島に於ける石炭

907号　大正11年1月26日，3頁，大正11年1月18日着マニラ報告，電報
　　　　マニラに於ける虎疫患者数（自一月十三日至同十七日）

907号　大正11年1月26日，3頁，大正11年1月21日着マニラ報告，電報
　　　　比島に於ける米輸入税改正案修正

908号　大正11年1月30日，42頁，大正10年12月18日付マニラ報告，交通
　　　　マニラに於ける船舶状況『十一月』

908号　大正11年1月30日，43頁，大正11年1月6日付マニラ報告，財政及経済
　　　　大正十年末比島貨幣流通高並郵便貯金

910号　大正11年2月2日，4-5頁，大正11年1月12日付マニラ報告，速報
　　　　製綱用マニラ麻商況『十二月』

910号　大正11年2月2日，5頁，大正11年1月12日付マニラ報告，速報
　　　　真田用マニラ麻商況『十二月』

910号　大正11年2月2日，5-6頁，大正11年1月12日付マニラ報告，速報
　　　　マニラ石炭商況『十二月』

910号　大正11年2月2日，6頁，大正11年1月13日付マニラ報告，速報
　　　　マニラに於ける船舶状況『十二月』

911号　大正11年2月6日，3頁，大正11年1月25日発マニラ報告，電報
　　　　マニラに於ける虎疫患者数

911号　大正11年2月6日，27頁，大正11年1月4日付マニラ報告，採掘業
　　　　比島ボントック半島に於ける石油事業

911号　大正11年2月6日，34頁，大正11年1月3日付マニラ報告，労働及社会
　　　　マニラに於ける煙草職工賃銀増額運動

913号　大正11年2月13日，51-56頁，外務省通商局，雑報
　　　　比島米産状況

914号　大正11年2月16日，5-7頁，大正11年1月19日付マニラ報告，速報
　　　　比島に於ける米収穫及輸入高

915号　大正11年2月20日，4頁，大正11年2月8日着マニラ報告，電報
　　　　マニラに於ける虎疫患者数（自二月一日至同七日）

916号　大正11年2月23日，4頁，大正11年2月17日発マニラ報告，電報
　　　　マニラに於ける虎疫患者数（自二月八日至同十四日）

918号　大正11年3月2日，2頁，大正11年2月22日発マニラ報告，電報
　　　　マニラ虎疫状況（自二月十五日至同二十一日）

918号　大正11年3月2日，8-9頁，大正11年2月1日付マニラ報告，速報
　　　　比島に於ける米穀輸入額『十二月』

918号　大正11年3月2日，10頁，大正11年1月25日付マニラ報告，工業
　　　　マニラに於ける半官セメント会社設立

919号　大正11年3月6日，13-14頁，大正11年1月25日付マニラ報告，各種産業機関
　　　　マニラ株式取引所設置問題

921号　大正11年3月13日，2頁，大正11年3月5日着マニラ報告，電報
　　　　マニラに於ける虎疫患者数（自二月二十二日至三月三日）

921号　大正11年3月13日，49-50頁，大正10年12月7日付マニラ報告，紹介
　　　　貝釦取扱商（マニラ）

922号　大正11年3月16日，23頁，大正10年10月19日付マニラ報告，紹介
　　　　マニラ麻輸出商（マニラ）

923号　大正11年3月20日，47-48頁，大正11年1月2日付マニラ報告，紹介
　　　　ホテル，倶楽部並文房具取扱商『マニラ』

926号　大正11年3月27日，6頁，大正11年2月6日付マニラ報告，速報
　　　　大正十年比島貿易概況

926号　大正11年3月27日，6-7頁，大正11年2月27日付マニラ報告，速報
　　　　米国陸軍所要石炭購買入札募集

第37巻

928号　大正11年4月4日，24-25頁，大正11年2月14日付マニラ報告，商業
　　　　マニラに於ける石炭市況『一月』

929号　大正11年4月6日，30-31頁，大正11年2月14日付マニラ報告，交通
　　　　マニラ船舶状況『一月』

931号　大正11年4月13日，33-42頁，大正11年1月27日付マニラ報告，紹介
　　　　商工業者（マニラ）

932号　大正11年4月17日，33-34頁，大正11年2月27日付マニラ報告，商業
　　　　製綱用マニラ麻市況『一月』

932号　大正11年4月17日，34頁，大正11年2月27日付マニラ報告，商業
　　　　真田用マニラ麻市況『一月』

933号　大正11年4月20日，1-8頁，大正11年2月6日付マニラ報告，商業
　　　　大正十年比島貿易状況

934号　大正11年4月24日，9-10頁，大正11年3月22日付マニラ報告，商業
　　　　マニラに於ける米輸入高及市況『二月』

934号　大正11年4月24日，10-11頁，大正11年3月20日付マニラ報告，商業
　　　　マニラ石炭市況『二月』

934号　大正11年4月24日，11頁，大正11年3月30日付マニラ報告，商業
　　　　真田用マニラ麻市況『二月』

934号　大正11年4月24日，12-13頁，大正11年3月30日付マニラ報告，商業
　　　　製綱用マニラ麻市況『二月』

934号　大正11年4月24日，17頁，大正11年3月20日付マニラ報告，交通
　　　　マニラ船舶状況『二月』

935号　大正11年4月27日，3-4頁，大正11年4月3日付マニラ報告，速報
　　　　大正十年度比島農産物概況

936号　大正11年5月1日，5頁，大正11年4月5日付マニラ報告，速報
　　　　独逸船舶のマニラ航路復旧

936号　大正11年5月1日，35-36頁，大正11年3月23日付マニラ報告，雑録
　　　漫遊客誘引に関する比島米国商業会議所の決議

937号　大正11年5月4日，26-27頁，大正11年4月3日付マニラ報告，農業
　　　一九二一年度比島農産物概況

938号　大正11年5月8日，28頁，大正11年3月30日付マニラ報告，鉱業
　　　比島ボントック半島に於ける石油事業

940号　大正11年5月11日，18-19頁，大正11年3月25日付マニラ報告，商業
　　　大正十年度マニラ麻産出状況

942号　大正11年5月18日，2-3頁，大正11年5月12日着マニラ報告，電報
　　　比島米収穫予想高

942号　大正11年5月18日，5-6頁，大正11年4月28日付マニラ報告，速報
　　　比島に於ける燐鉱発見

942号　大正11年5月18日，52-53頁，大正11年4月7日付マニラ報告，紹介
　　　紙並文房具取扱商（マニラ）

943号　大正11年5月22日，2頁，大正11年5月13日発マニラ報告，電報
　　　米国沿岸航海法の比島延長反対

943号　大正11年5月29日，6-7頁，大正11年4月17日付マニラ報告，速報
　　　製綱用マニラ麻市況『三月』

943号　大正11年5月22日，45頁，大正11年4月18日付マニラ報告，農業
　　　北部呂宋島農業近況

944号　大正11年5月25日，22-23頁，大正11年4月24日付マニラ報告，商業
　　　マニラに於ける石炭市況『三月』

944号　大正11年5月25日，23頁，大正11年4月17日付マニラ報告，商業
　　　真田用マニラ麻市況『三月』

946号　大正11年6月1日，14-20頁，大正11年4月12日付マニラ報告，商業
　　　マニラに於ける綿糸布概況

946号　大正11年6月1日，47-48頁，大正11年4月12日付マニラ報告，紹介
　　　綿糸布取扱者（マニラ）

946号　大正11年6月1日，48-49頁，大正11年4月12日付マニラ報告，紹介
　　　綿糸布に関する雑誌名並発行所（マニラ）

947号　大正11年6月5日，22-24頁，大正11年5月4日付マニラ報告，商業
　　　比島米輸入高及市況

948号　大正11年6月8日，1頁，大正11年6月1日着マニラ報告，電報
　　　マニラ麻下級品検査実施

950号　大正11年6月12日，3頁，大正11年5月12日付マニラ報告，速報
　　　真田用マニラ麻市況（四月）

951号　大正11年6月15日，20-21頁，大正11年5月12日付マニラ報告，商業
　　　　製綱用マニラ麻市況『四月』

951号　大正11年6月15日，27-28頁，大正11年5月20日付マニラ報告，商業
　　　　マニラに於ける石炭市況『四月』

951号　大正11年6月15日，33頁，大正11年5月12日付マニラ報告，農業
　　　　比島小麦栽培状況

951号　大正11年6月15日，36頁，大正11年5月20日付マニラ報告，交通
　　　　比島海運状況『四月』

953号　大正11年6月22日，45-46頁，大正11年5月19日付マニラ報告，鉱業
　　　　比島政庁の石炭採掘業援助

954号　大正11年6月26日，1頁，大正11年6月19日着マニラ報告，電報
　　　　比島に於ける米輸入税改正案実施

955号　大正11年6月29日，10頁，大正11年6月5日付マニラ報告，速報
　　　　比島産貝殻需要状況

955号　大正11年6月29日，40-41頁，大正11年6月1日付マニラ報告，関税
　　　　マニラ麻下級品輸出検査禁止令撤廃

955号　大正11年6月29日，49頁，大正11年5月27日付マニラ報告，移民
　　　　布哇行比島民状況

955号　大正11年6月29日，62-63頁，大正11年4月10日付マニラ報告，紹介
　　　　石炭需要者（比律賓）

第38巻

956号　大正11年7月3日，19-22頁，大正11年6月8日付マニラ報告，商業
　　　　比島米状況『四月』

956号　大正11年7月3日，40-41頁，大正11年5月21日付マニラ報告，交通
　　　　比島出国旅客数

956号　大正11年7月3日，41-42頁，大正11年6月5日付マニラ報告，関税
　　　　比島に於ける生牛畜輸入禁止

956号　大正11年7月3日，48-49頁，外務省通商局，雑報
　　　　比島輸入貿易状況『三月』

956号　大正11年7月3日，55頁，大正11年5月25日付マニラ報告，紹介
　　　　貝殻取扱商（マニラ）

960号　大正11年7月13日，2頁，大正11年7月5日着マニラ報告，電報
　　　　比島に対する米国沿岸航路法適用反対

961号　大正11年7月17日，3頁，大正11年6月10日付マニラ報告，速報
　　　　比島に於ける牛畜炭疽病流行

962号　大正11年7月20日，6頁，大正11年6月26日付マニラ報告，速報
　　　　比島砂糖輸出高

962号　大正11年7月20日，23頁，大正11年6月23日付マニラ報告，商業
　　　　マニラ石炭市況『五月』

962号　大正11年7月20日，23-24頁，大正11年6月15日付マニラ報告，商業
　　　　比島産木綿輸出増加

963号　大正11年7月24日，15-16頁，大正11年6月9日付マニラ報告，商業
　　　　マニラに於ける燐寸状況

963号　大正11年7月24日，36-37頁，大正11年6月15日付マニラ報告，交通
　　　　マニラ港貨物揚卸取扱会社新設

963号　大正11年7月24日，41頁，大正11年6月30日付マニラ報告，関税及条約
　　　　比島輸入申告規則

968号　大正11年8月7日，5-6頁，大正11年7月13日付マニラ報告，速報
　　　　比島砂糖輸出高

968号　大正11年8月7日，24-25頁，大正11年6月30日付マニラ報告，商業
　　　　製綱用マニラ麻市況『五月』

968号　大正11年8月7日，25頁，大正11年6月30日付マニラ報告，商業
　　　　真田用マニラ麻市況『五月』

969号　大正11年8月10日，2頁，大正11年8月2日着マニラ報告，電報
　　　　比島内地航路汽船員罷業

969号　大正11年8月10日，1-4頁，大正11年7月6日付マニラ報告，商業
　　　　比島米状況『五月』

970号　大正11年8月14日，3-5頁，大正11年7月13日付マニラ報告，商業
　　　　比島に於ける莫大小製品状況

970号　大正11年8月14日，22-23頁，大正11年6月23日付マニラ報告，交通
　　　　比島海運状況『五月』

973号　大正11年8月24日，5頁，大正11年7月21日付マニラ報告，速報
　　　　比島蚕糸業の曙光

973号　大正11年8月24日，23頁，大正11年7月24日付マニラ報告，産業機関
　　　　駐米比島商務官新設案

973号　大正11年8月24日，27-29頁，大正11年6月14・15・19日付マニラ報告，紹介
　　　　雑貨類食糧品，薬品等取扱商（マニラ）

974号　大正11年8月28日，13-15頁，大正11年7月31日付マニラ報告，商業
　　　　比島砂糖輸出状況（十一年上半期）

974号　大正11年8月28日，21-22頁，大正11年7月21日付マニラ報告，商業
　　　　マニラ石炭市況『六月』

974号　大正11年8月28日，22頁，大正11年7月29日付マニラ報告，商業
　　　　真田用マニラ麻市況『六月』

974号　大正11年8月28日，25-26頁，大正11年7月29日付マニラ報告，商業
　　　　製綱用マニラ麻市況『六月』

974号　大正11年8月28日，28-41頁，大正11年7月31日付マニラ報告，農業
　　　　最近比島農作物状況

974号　大正11年8月28日，41-43頁，大正11年7月25日付マニラ報告，林業
　　　　下駄棒材の新発見

975号　大正11年9月1日，4頁，大正11年8月26日着マニラ報告，電報
　　　　比島内航船員罷業解決

975号　大正11年9月1日，17-19頁，大正11年7月21日付マニラ報告，交通
　　　　比島海運状況『六月』

975号　大正11年9月1日，20-23頁，大正11年7月29日付マニラ報告，交通
　　　　比島無線電信の発達

975号　大正11年9月1日，49-50頁，大正11年7月29日付マニラ報告，紹介
　　　　琺瑯鉄器取扱商（マニラ）

976号　大正11年9月4日，3頁，大正11年8月7日付マニラ報告，速報
　　　　比島貿易月報（六月）

978号　大正11年9月7日，3頁，大正11年8月2日付マニラ報告，商業
　　　　比島に於ける日本味噌状況

978号　大正11年9月7日，16-18頁，大正11年8月6日付マニラ報告，商業
　　　　比島に於ける米状況『六月』

979号　大正11年9月11日，51-52頁，大正11年8月2日付マニラ報告，紹介
　　　　缶詰取扱商（マニラ）

980号　大正11年9月14日，45頁，大正11年8月12日付マニラ報告，関税及条約
　　　　比島に於ける牛畜輸入禁止

981号　大正11年9月18日，25-26頁，大正11年8月15日付マニラ報告，商業
　　　　比島内地米出廻状況『上半期』

982号　大正11年9月21日，14-19頁，大正11年8月7日付マニラ報告，商業
　　　　比島貿易月報『六月』

984号　大正11年9月25日，8頁，大正11年8月16日付マニラ報告，速報
　　　　比島海運状況（七月）

984号　大正11年9月25日，10頁，大正11年8月21日付マニラ報告，商業
　　　　マニラ石炭市況『七月』

985号　大正11年9月28日，9頁，大正11年9月4日付マニラ報告，速報
　　　　比島米状況

985号　大正11年9月28日，1-9頁，大正11年8月29日付マニラ報告，商業
　　　　本年上半期比島貿易状況

第39巻

986号　大正11年10月2日，23-24頁，大正11年8月25日付マニラ報告，商業
　　　　製綱用マニラ麻市況『七月』

986号　大正11年10月2日，24頁，大正11年8月25日付マニラ報告，商業
　　　　真田用マニラ麻市況『七月』

987号　大正11年10月5日，33-34頁，大正11年9月5日付マニラ報告，労働
　　　　比島小作人集会決議

988号　大正11年10月9日，35-36頁，大正11年9月5日付マニラ報告，外国法規
　　　　マニラ商工局手数料規定公布

988号　大正11年10月9日，37頁，大正11年8月29日付マニラ報告，検疫及衛生
　　　　比島に於ける牛疫

990号　大正11年10月12日，38頁，大正11年9月3日付マニラ報告，財政及経済
　　　　比島税関収入高（自一月一日至八月二十六日）

992号　大正11年10月19日，28-29頁，大正11年9月27日付マニラ報告，鉱業
　　　　比島に於ける石油田の削井

993号　大正11年10月23日，3頁，大正11年10月10日着マニラ報告，電報
　　　　比島議員ケゾン派発表の施政方針

993号　大正11年10月23日，9-10頁，大正11年9月20日付マニラ報告，商業
　　　　真田用マニラ麻市況『八月』

993号　大正11年10月23日，25-26頁，大正11年9月18日付マニラ報告，関税
　　　　マニラ港碇泊規則

994号　大正11年10月26日，10-11頁，大正11年9月20日付マニラ報告，商業
　　　　製綱用マニラ麻市況『八月』

994号　大正11年10月26日，20-21頁，大正11年9月16日付マニラ報告，工業
　　　　比島政庁の半官セメント会社出資

994号　大正11年10月26日，24頁，大正11年9月19日付マニラ報告，港湾
　　　　マニラ港改良工事再開

995号　大正11年10月30日，29-30頁，大正11年9月28日付マニラ報告，商業
　　　　比島対独逸貿易の増進

995号　大正11年10月30日，31-32頁，大正11年9月26日付マニラ報告，商業
　　　　比島産果実の輸出増加

995号　大正11年10月30日，32頁，大正11年9月26日付マニラ報告，商業
　　　　マニラに於ける石炭市況『八月』

995号　大正11年10月30日，42頁，大正11年9月27日付マニラ報告，交通及港湾
　　　　比島オンダグア開港問題

996号　大正11年11月2日，7頁，大正11年9月30日付マニラ報告，速報
　　　　比島に於ける商標登録法

996号　大正11年11月2日，16-22頁，大正11年9月9日付マニラ報告，商業
　　　　比島貿易概況『七月』

996号　大正11年11月2日，49-50頁，大正11年9月28日付マニラ報告，紹介
　　　　売薬業者

997号　大正11年11月6日，4頁，大正11年11月1日着紐育報告，電報
　　　　米国比島間の新航路

997号　大正11年11月6日，52頁，大正11年9月26日付マニラ報告，紹介
　　　　巻煙草用紙及文房具取扱商（マニラ）

999号　大正11年11月9日，34-36頁，大正11年9月25日付マニラ報告，交通
　　　　比島海運近況

1000号　大正11年11月13日，2頁，大正11年10月12日付マニラ報告，速報
　　　　比島貿易概況『八月』

1001号　大正11年11月16日，8頁，大正11年10月17日付マニラ報告，速報
　　　　比島庁所属船払下

1001号　大正11年11月16日，26-28頁，大正11年10月9日付マニラ報告，商業
　　　　マニラに於ける米状況『八月』

1001号　大正11年11月16日，33頁，大正11年10月10日付マニラ報告，交通
　　　　マニラ港密輸入品取締

1003号　大正11年11月24日，2頁，大正11年11月13日着マニラ報告，電報
　　　　比島に於ける外国銀行営業制限法案

1003号　大正11年11月24日，3頁，大正11年11月14日着マニラ報告，電報
　　　　マニラ麻格付廃止法案

1003号　大正11年11月24日，3頁，大正11年11月14日着マニラ報告，電報
　　　　比島に於ける外国保険会社の強制投資法案

1003号　大正11年11月24日，18-19頁，大正11年10月19日付マニラ報告，鉱業
　　　　比島に於ける新石油会社計画

1004号　大正11年11月27日，7-8頁，大正11年10月24日付マニラ報告，商業
　　　　マニラに於ける製綱用マニラ麻市況

1004号　大正11年11月27日，8頁，大正11年10月24日付マニラ報告，商業
　　　　マニラに於ける本邦真田用マニラ麻市況

1006号　大正11年11月30日，15-16頁，大正11年10月18日付マニラ報告，農業
　　　　比島に於ける産麻状況

1006号　大正11年11月30日，26頁，大正11年10月19日付マニラ報告，交通
　　　　タバコ開港問題

1008号　大正11年12月7日，3頁，大正11年11月29日着マニラ報告，電報
　　　　比島政府の増税案

1008号　大正11年12月7日，4頁，大正11年11月9日付マニラ報告，速報
　　　　比島貿易概況（九月）

1008号　大正11年12月7日，6頁，大正11年11月6日付マニラ報告，速報
　　　　比島バラバック港閉鎖

1008号　大正11年12月7日，26頁，大正11年10月25日付マニラ報告，交通及港湾
　　　　マニラ港桟橋工事進捗

1010号　大正11年12月11日，6頁，大正11年11月11日付マニラ報告，速報
　　　　米国北大西洋岸比島間直通航路開始

1010号　大正11年12月11日，22-23頁，大正11年10月28日付マニラ報告，交通
　　　　比島海運業状況『九月』

1011号　大正11年12月14日，22-23頁，大正11年10月28日付マニラ報告，商業
　　　　マニラ石炭市況『九月』

1012号　大正11年12月18日，19-20頁，大正11年10月26日付マニラ報告，交通
　　　　比島ダヴァオ港開港問題

1013号　大正11年12月21日，2頁，大正11年12月13日着マニラ報告，電報
　　　　比島砂糖生産予想並相場

1013号　大正11年12月21日，12-14頁，大正11年11月4日付マニラ報告，商業
　　　　比島に於ける米状況『九月』

1014号　大正11年12月25日，4-5頁，大正11年12月16日着マニラ報告，電報
　　　　比島公債引受成立

1014号　大正11年12月25日，13-15頁，大正11年11月9日付マニラ報告，商業
　　　　比島貿易概況『九月』

1015号　大正11年12月28日，2-3頁，大正11年11月27日付マニラ報告，速報
　　　　比島産砂糖積出契約

1015号　大正11年12月28日，10頁，大正11年11月30日付マニラ報告，速報
　　　　比島麻格付審査委員会設置

『通商公報』[1923年（大正12年）]
第40巻

1016号　大正12年1月4日，32頁，大正11年11月20日付マニラ報告，工業
　　　　ネグロス島に於ける砂糖収穫予想

1018号　大正12年1月11日，9-10頁，大正11年12月2日付マニラ報告，速報
　　　　比島貿易概況（大正十年）

1018号　大正12年1月11日，19-20頁，大正11年11月28日付マニラ報告，商業
　　　　製綱用マニラ麻市況『十月』

1018号　大正12年1月11日，21頁，大正11年11月28日付マニラ報告，商業
　　　　比島に於ける真田用マニラ麻市況『十月』

1019号　大正12年1月15日，8頁，大正11年11月27日付マニラ報告，速報

比島に於けるセメント会社建設

1019号　大正12年1月15日，15-16頁，大正11年12月2日付マニラ報告，商業
　　　　マニラに於ける石炭市況『十月』

1020号　大正12年1月18日，22頁，大正11年12月15日付マニラ報告，商業
　　　　比島貿易概況『十月』

1021号　大正12年1月22日，8-9頁，大正11年12月3日付マニラ報告，速報
　　　　比島貿易増進施設

1021号　大正12年1月22日，10-11頁，大正11年12月10日付マニラ報告，速報
　　　　比島に於ける養蚕業状況

1021号　大正12年1月22日，12頁，大正11年12月5日付マニラ報告，速報
　　　　比島に於けるマニラ麻種根禁輸案

1021号　大正12年1月22日，42-43頁，大正11年11月25日付マニラ報告，財政及経済
　　　　比島公債売出と比島財界

1022号　大正12年1月25日，8-9頁，大正11年11月20日付マニラ報告，速報
　　　　駐米比島商務官新設

1022号　大正12年1月25日，11頁，大正12年1月9日付マニラ報告，速報
　　　　比島保税期間延長申請手数料

1022号　大正12年1月25日，14-15頁，大正11年12月20日付マニラ報告，速報
　　　　ミンダナオ島に於ける製糖企業

1022号　大正12年1月25日，23-25頁，大正11年12月9日付マニラ報告，商業
　　　　比島に於ける米状況『十月』

1022号　大正12年1月25日，31-32頁，大正11年12月26日付マニラ報告，商業
　　　　マニラに於ける石炭市況『十一月』

1022号　大正12年1月25日，33-35頁，大正11年12月23日付マニラ報告，商業
　　　　製綱用マニラ麻市況『十一月』

1022号　大正12年1月25日，35頁，大正11年12月23日付マニラ報告，商業
　　　　真田用マニラ麻市況『十一月』

1022号　大正12年1月25日，42-43頁，大正11年12月10日付マニラ報告，交通
　　　　比島海運状況『十月』

1024号　大正12年1月29日，39-41頁，大正11年12月26日付マニラ報告，交通
　　　　比島海運状況『十一月』

1025号　大正12年2月1日，8頁，大正12年1月12日付マニラ報告，速報
　　　　米国船舶局の米比間配船準備

1026号　大正12年2月5日，6頁，大正12年1月10日付マニラ報告，速報
　　　　米国船舶局の船舶冷蔵庫増設

1026号　大正12年2月5日，15頁，大正12年1月9日付マニラ報告，林業

比島に於ける護謨栽培

1026号　大正12年2月5日，25頁，大正11年12月6・28日付マニラ報告，外国法規
比島に於ける商業帳簿用語制限法制定経緯

1028号　大正12年2月12日，33頁，大正12年1月12日付マニラ報告，商業
比島貿易概況『十一月』

1029号　大正12年2月15日，3-4頁，大正12年1月18日付マニラ報告，速報
重曹並清涼飲料水製産状況（マニラ）

1029号　大正12年2月15日，4頁，大正12年1月17日付マニラ報告，速報
十二年度比島商況予想

1029号　大正12年2月15日，16頁，大正12年1月2日付マニラ報告，商業
比島に於ける米状況『十一月』

1029号　大正12年2月15日，40頁，大正11年12月4日付マニラ報告，港湾
プルパンダン開港決議案

1030号　大正12年2月19日，1-3頁，大正12年1月18日付マニラ報告，商業
本邦主要品需要状況『比島』

1030号　大正12年2月19日，50頁，大正12年1月18日付マニラ報告，紹介
清涼飲料水製造者（マニラ）

1031号　大正12年2月22日，2-3頁，大正12年2月10日着マニラ報告，電報
比島議会に於ける議案の経過

1031号　大正12年2月22日，27頁，大正12年1月20日付マニラ報告，商業
比島貿易概況『十二月』

1032号　大正12年2月26日，1-2頁，大正12年2月18日着マニラ報告，電報
比島側の沿岸航路法反対

1032号　大正12年2月26日，2頁，大正12年2月19日着紐育報告，電報
米国比島間の沿岸貿易

1032号　大正12年2月26日，4頁，大正12年2月17日着マニラ報告，電報
物品販売税増率（比島）

1032号　大正12年2月26日，46頁，大正11年12月12日付マニラ報告，外国法規
比島麻格付審査委員会施行細則

1032号　大正12年2月26日，49頁，大正11年12月12日付マニラ報告，紹介
絹織物類輸入商（マニラ）

1033号　大正12年3月1日，3頁，大正12年2月21日着マニラ報告，電報
沿岸航路法反対決議

1033号　大正12年3月1日，19-21頁，大正12年1月31日付マニラ報告，商業
米状況（比島）『十二月』

1033号　大正12年3月1日，38頁，大正12年1月25日付マニラ報告，交通

　　　　　紐育比島間新定期航路

1033号　大正12年3月1日，38-39頁，大正12年1月26日付マニラ報告，交通
　　　　羅府及極東間直航計画

1034号　大正12年3月5日，4頁，大正12年2月28日着マニラ報告，電報
　　　　比島議会可決法案

1034号　大正12年3月5日，28頁，大正12年1月27日付マニラ報告，商業
　　　　真田用マニラ麻市況（比島）『十二月』

1034号　大正12年3月5日，28-29頁，大正12年2月5日付マニラ報告，商業
　　　　麻輸出状況（比島）『一九二二年』

1034号　大正12年3月5日，29-30頁，大正12年1月22日付マニラ報告，商業
　　　　石炭市況（比島）『十二月』

1034号　大正12年3月5日，31-32頁，大正12年2月7日付マニラ報告，商業
　　　　石炭輸入高（比島）『一九二二年』

1035号　大正12年3月8日，44-46頁，大正12年1月22日付マニラ報告，交通
　　　　海運状況（比島）『十二月』

1037号　大正12年3月15日，2頁，大正12年3月8日着マニラ報告，電報
　　　　比島商業帳簿用語制限法施行停止

1037号　大正12年3月15日，3頁，大正12年3月6日着マニラ報告，電報
　　　　馬尼剌寄港廃止発表

1037号　大正12年3月15日，23-24頁，大正12年1月27日付マニラ報告，商業
　　　　マニラ麻市況（製綱用）『比島』

1038号　大正12年3月19日，10-11頁，大正12年2月10日付マニラ報告，商業
　　　　砂糖輸出状況（比島）『十一年度』

1038号　大正12年3月19日，18頁，大正12年2月15日付マニラ報告，商業
　　　　マニラ麻市況（真田用）『一月』

1039号　大正12年3月21日，22-23頁，大正12年2月7日付マニラ報告，商業
　　　　コプラ並椰子油輸出高『比島』

1040号　大正12年3月26日，14頁，大正12年2月24日付マニラ報告，商業
　　　　米出廻状況（比島）『十一年』

1040号　大正12年3月26日，28-30頁，大正12年2月24日付マニラ報告，林業
　　　　林業状況『比島』

1040号　大正12年3月26日，43頁，大正12年2月24日付マニラ報告，紹介
　　　　木材商並製材工場（比島）

1041号　大正12年3月29日，3頁，大正12年3月20日着マニラ報告，電報
　　　　比島商人帳簿規則改正

1041号　大正12年3月29日，10頁，大正12年2月15日付マニラ報告，商業

マニラ麻（製綱用）『一月』

米国沿岸航海法の比島延長（大正12年1月27日）
比島繊維類の産出状況（十一年）（大正12年1月30日）
造船所，鉄工所，工業用薬品並硝子壜取扱商（大正12年2月13日）
バターンス島無線電信局完成（大正12年3月2日）
比島貿易月報（一月）（大正12年3月8日）

第41巻

1042号　大正12年4月2日，5頁，大正12年3月21日着マニラ報告，電報
　　　　虎列剌発生（マニラ）

1042号　大正12年4月2日，16頁，大正12年2月26日付マニラ報告，商品市況
　　　　石炭市況（マニラ）『一月』

1043号　大正12年4月5日，9-10頁，大正12年3月6日付マニラ報告，商品市況
　　　　米状況（比島）『一月』

1045号　大正12年4月11日（増刊）1-51頁，大正11年12月2日付マニラ報告，貿易一般
　　　　比島貿易年報『大正十年』

1046号　大正12年4月12日，1頁，大正12年4月2日着マニラ報告，電報
　　　　砂糖実収予想並相場（比島）

1046号　大正12年4月12日，2-3頁，大正12年4月2日着マニラ報告，電報
　　　　米国沿岸航路法比島延長問題

1046号　大正12年4月12日，40-42頁，大正12年2月28日付マニラ報告，交通
　　　　海運状況（比島）『一月』

1048号　大正12年4月19日，16-17頁，大正12年3月19日付マニラ報告，商品市況
　　　　麻市況『製綱用』（マニラ）

1049号　大正12年4月23日，18頁，大正12年3月19日付マニラ報告，商品市況
　　　　麻市況『真田用』（マニラ）

1049号　大正12年4月23日，22-23頁，大正12年3月21日付マニラ報告，交通
　　　　伊国汽船の比島寄港

1049号　大正12年4月23日，23頁，大正12年3月20日付マニラ報告，交通
　　　　日米汽船提携協定

1050号　大正12年4月26日，19頁，大正12年3月19日付ダヴァオ報告，商品市況
　　　　麻価騰貴『マニラ』

1050号　大正12年4月26日，31-32頁，大正12年3月23日付マニラ報告，商品市況
　　　　石炭市況『比島』（二月）

1051号　大正12年4月30日，2頁，大正12年4月22日着マニラ報告，電報
　　　　米国沿岸航路法問題

1052号　大正12年5月3日，1頁，大正12年4月22日着マニラ報告，電報
　　　　帳簿用語法施行中止（比島）

1053号　大正12年5月7日，4-6頁，大正12年4月2日付マニラ報告，商品市況
　　　　米状況『比島』（二月）

1053号　大正12年5月7日，39-41頁，大正12年3月28日付マニラ報告，紹介
　　　　本邦品取扱商（マニラ）

1053号　大正12年5月7日，41-42頁，大正12年3月16日付マニラ報告，紹介
　　　　茶並飲料品取扱商（マニラ）

1056号　大正12年5月14日，7頁，大正12年4月9日付マニラ報告，貿易一般
　　　　比島貿易概況『二月』

1056号　大正12年5月14日，22-23頁，大正12年4月11日付マニラ報告，商品市況
　　　　タオル市況『比島』

1056号　大正12年5月14日，47頁，大正12年4月11日付マニラ報告，紹介
　　　　タオル取扱商（比島）

1058号　大正12年5月21日，16頁，大正12年4月24日付マニラ報告，商品市況
　　　　麻市況（真田用）『マニラ』（三月）

1058号　大正12年5月21日，16頁，大正12年4月24日付マニラ報告，商品市況
　　　　麻市況（製綱用）『マニラ』（三月）

1058号　大正12年5月21日，25頁，大正12年4月23日付マニラ報告，商品市況
　　　　石炭市況『マニラ』（三月）

1059号　大正12年5月24日，42-44頁，大正12年4月23日付マニラ報告，交通
　　　　比島海運状況『三月』

1059号　大正12年5月24日，44-45頁，大正12年4月13日付マニラ報告，企業
　　　　製糖会社設立計画『ミンダナオ』

1060号　大正12年5月28日，4-8頁，大正12年3月6日付マニラ報告，貿易一般
　　　　比島貿易年報『大正十一年』

1061号　大正12年5月31日，1頁，大正12年5月24日着マニラ報告，電報
　　　　入港船ペスト予防設備励行（マニラ）

1062号　大正12年6月4日，8-9頁，大正12年5月5日付マニラ報告，商品市況
　　　　米状況『比島』『三月』

1062号　大正12年6月4日，38-39頁，大正12年4月30日付マニラ報告，企業
　　　　中華商業銀行設立計画『比島』

1064号　大正12年6月7日，2頁，大正12年5月31日着マニラ報告，電報
　　　　比律賓大蝗群北進

1066号　大正12年6月14日，12-14頁，大正12年5月15日付マニラ報告，商品市況
　　　　貝鈕釦と比島

1066号　大正12年6月14日，30-31頁，大正12年5月7日付マニラ報告，産業機関
　　　　比島農業信用組合

「領事報告」掲載フィリピン関係記事目録, 1881―1943年   111

1068号　大正12年6月21日，2頁，外務省通商局，電報
　　　　比島産木材の米国輸入

1068号　大正12年6月21日，13-14頁，大正12年5月19日付マニラ報告，商品市況
　　　　ネル及縞木綿需要状況『比島』

1069号　大正12年6月25日，26頁，大正12年5月24日付マニラ報告，商品市況
　　　　麻市況（製綱用）『マニラ』（四月）

1069号　大正12年6月25日，27頁，大正12年5月23日付マニラ報告，商品市況
　　　　麻市況（真田用）『マニラ』（四月）

1070号　大正12年6月28日，27-28頁，大正12年5月24日付マニラ報告，交通
　　　　比島海運状況『四月』

1070号　大正12年6月28日，34頁，大正12年5月29日付マニラ報告，産業機関
　　　　支那人米穀商組合設立『比島』

　　　　レイテ州に於ける石油層発見（大正12年3月9日）
　　　　加奈陀太平洋汽船所属船のマニラ寄港廃止並之に対する新聞論調（大正12年3月7日）
　　　　比島貿易年報（大正12年3月17日）
　　　　比島海運状況（大正12年3月22日）
　　　　比島貿易年報（大正12年4月9日）
　　　　比島貿易月報（大正十二年三月中）（大正12年5月4日）
　　　　マニラに於ける石炭市況（四月中）（大正12年5月23日）
　　　　米国沿岸航路法比島延長等に関する新聞記事（大正12年5月14日）
　　　　ダヴァオ官設販売所閉鎖（大正12年3月19日）

第42巻

1073号　大正12年7月5日，26-27頁，大正12年6月4日付マニラ報告，商品市況
　　　　開鱈輸入状況『比島』

1073号　大正12年7月5日，42頁，大正12年6月3日付ダヴァオ報告，交通
　　　　船舶院船ダヴァオ廻航

1073号　大正12年7月5日，45頁，大正12年6月4日付マニラ報告，紹介
　　　　本邦産開鱈輸入商（マニラ）

1074号　大正12年7月9日，8頁，大正12年6月5日付マニラ報告，貿易一般
　　　　比島対本邦貿易状況『四月』

1074号　大正12年7月9日，17-21頁，大正12年6月4日付マニラ報告，商品市況
　　　　絹織物輸入状況『比島』（自一月至四月）

1074号　大正12年7月9日，23-32頁，大正12年6月4日付マニラ報告，商品市況
　　　　綿製品輸入状況『比島』（自一月至四月）

1077号　大正12年7月19日，19-21頁，大正12年6月19日付マニラ報告，商品市況
　　　　セメント輸入状況『比島』

1077号　大正12年7月19日，24-25頁，大正12年6月18日付マニラ報告，林業
　　　　比島と護謨栽培

1078号　大正12年7月23日，4頁，大正12年7月14日着マニラ報告，電報
　　　　マニラ入港船検疫施行

1078号　大正12年7月23日，23-24頁，大正12年6月12日付マニラ報告，企業
　　　　製紙会社設立計画『比島』

1078号　大正12年7月23日，24-25頁，大正12年6月15日付マニラ報告，企業
　　　　半官セメント会社工事『比島』

1081号　大正12年8月2日，25頁，大正12年6月30日付マニラ報告，商品市況
　　　　米状況『比島』（五月）

1081号　大正12年8月2日，36頁，大正12年6月30日付マニラ報告，商品市況
　　　　石炭市況『マニラ』（五月）

1082号　大正12年8月6日，18頁，大正12年7月9日付マニラ報告，商品市況
　　　　麻市況（真田用）『マニラ』（五月）

1082号　大正12年8月6日，18-19頁，大正12年7月9日付マニラ報告，商品市況
　　　　麻市況（製綱用）『マニラ』（五月）

1082号　大正12年8月6日，21頁，大正12年7月2日付マニラ報告，交通
　　　　比島海運状況『五月』

1083号　大正12年8月9日，1頁，大正12年7月27日着マニラ報告，電報
　　　　マニラに於けるコレラ

1083号　大正12年8月9日，4頁，大正12年8月2日着マニラ報告，電報
　　　　積荷目録提出励行（比島）

1084号　大正12年8月13日，1頁，大正12年8月3日着マニラ報告，電報
　　　　香港厦門経由船と天然痘

1086号　大正12年8月20日，1頁，大正12年8月7日着マニラ報告，電報
　　　　入港船舶の健康証明（比島）

1086号　大正12年8月20日，17頁，大正12年7月26日付マニラ報告，商品市況
　　　　麻市況（真田用）『マニラ』（六月）

1086号　大正12年8月20日，17-18頁，大正12年7月26日付マニラ報告，商品市況
　　　　麻市況（製綱用）『マニラ』（六月）

1086号　大正12年8月20日，18-19頁，大正12年6月23日付マニラ報告，商品市況
　　　　小倉服地売行状況『比島』

1090号　大正12年9月3日，39頁，大正12年8月2日付マニラ報告，商品市況
　　　　米状況『比島』（六月）

　　　　比島月報（四月）（大正12年6月5日）
　　　　比島貿易月報（五月）（大正12年7月11日）
　　　　比島月報（五月）（大正12年7月11日）
　　　　比島貨幣流通高（大正12年7月20日）
　　　　比島海運状況（大正12年7月28日）

第43巻

1094号　大正12年10月1日，2頁，大正12年8月30日着マニラ報告，電報
　　　　検疫規則励行（マニラ）

1097号　大正12年10月11日，2頁，大正12年10月2日着マニラ報告，電報
　　　　種痘励行（マニラ）

1102号　大正12年10月29日，4頁，大正12年10月20日着マニラ報告，電報
　　　　燐寸消費税低減法案（比島）

1102号　大正12年10月29日，5頁，大正12年8月27日付マニラ報告，貿易一般
　　　　比島貿易概況（六月）

1102号　大正12年10月29日，26頁，大正12年9月10日付マニラ報告，商品市況
　　　　石炭市況（比島）『七月』

1103号　大正12年11月1日，22頁，大正12年9月10日付マニラ報告，商品市況
　　　　麻市況（真田用）『マニラ』（七月）

1103号　大正12年11月1日，22頁，大正12年9月10日付マニラ報告，商品市況
　　　　麻市況（製綱用）『マニラ』（七月）

1104号　大正12年11月5日，2-3頁，大正12年10月30日着マニラ報告，電報
　　　　汽船馬尼剌寄港復活

1104号　大正12年11月5日，11-12頁，大正12年10月1日付マニラ報告，貿易一般
　　　　比島貿易概況（七月）

1104号　大正12年11月5日，23-24頁，大正12年10月1日付マニラ報告，商品市況
　　　　麻市況（製綱用）『マニラ』（八月）

1104号　大正12年11月5日，24頁，大正12年10月1日付マニラ報告，商品市況
　　　　麻市況（真田用）『マニラ』（八月）

1105号　大正12年11月8日，4-13頁，大正12年9月5日付マニラ報告，貿易一般
　　　　比島貿易状況（上半期）

1109号　大正12年11月22日，1頁，大正12年11月14日着マニラ報告，電報
　　　　砂糖生産予想（比島）

1111号　大正12年11月29日，6-7頁，大正12年10月23日付マニラ報告，商品市況
　　　　米状況（比島）『八月』

1111号　大正12年11月29日，22頁，大正12年10月26日付マニラ報告，商品市況
　　　　麻市況（製綱用）（マニラ）（九月）

1111号　大正12年11月29日，22-23頁，大正12年10月26日付マニラ報告，商品市況
　　　　麻市況（真田用）『マニラ』（九月）

1111号　大正12年11月29日，23-24頁，大正12年10月22日付マニラ報告，商品市況
　　　　石炭市況（マニラ）『八月』

1112号　大正12年12月3日，2頁，大正12年11月25日発26日着マニラ報告，電報
　　　　沿岸航路比島延長問題

1112号　大正12年12月3日，25-27頁，大正12年10月23日付マニラ報告，商品市況
　　　　小倉服地輸入状況（比島）

1112号　大正12年12月3日，35頁，大正12年10月19日付マニラ報告，交通
　　　　比島海運状況（八月）

1114号　大正12年12月10日，3頁，大正12年11月30日着マニラ報告，電報
　　　　香港寄港船客比島上陸禁止

1114号　大正12年12月10日，8-9頁，大正12年10月30日付マニラ報告，貿易一般
　　　　比島貿易概況（九月）

1114号　大正12年12月10日，37-38頁，大正12年11月8日付マニラ報告，紹介
　　　　乳製品販売業者（マニラ）

1115号　大正12年12月13日，16-21頁，大正12年11月8日付マニラ報告，商品市況
　　　　乳製品需要状況（比島）

1115号　大正12年12月13日，31-32頁，大正12年10月29日付マニラ報告，商品市況
　　　　石炭市況（比島）『九月』

1118号　大正12年12月20日，1-2頁，大正12年12月11日着マニラ報告，電報
　　　　入港船舶駆鼠励行（比島）

　　　　石炭市況（六月）（大正12年7月28日）
　　　　比島貿易（一九二二年）（大正12年9月5日）
　　　　比島海運状況（七月）（大正12年9月20日）
　　　　比島米状況（七月）（大正12年9月29日）
　　　　比島貿易（七月）（大正12年10月1日）
　　　　比島貿易（八月）（大正12年10月11日）
　　　　比島海運状況（九月）（大正12年11月7日）

『通商公報』［1924年（大正13年）］
第44巻

1122号　大正13年1月10日，30-31頁，大正12年12月5日付マニラ報告，商品市況
　　　　麻市況（真田用）『マニラ』（十月）

1122号　大正13年1月10日，31-32頁，大正12年12月5日付マニラ報告，商品市況
　　　　麻市況（製綱用）『マニラ』（十月）

1124号　大正13年1月17日，1頁，大正13年1月3日着マニラ報告，電報
　　　　米国沿岸航路法比島延長問題

1125号　大正13年1月21日，1頁，大正13年1月7日発マニラ報告，電報
　　　　米国沿岸航路法比島延長論議

1125号　大正13年1月21日，2頁，外務省通商局，欄外
　　　　比律賓漁業状況

1126号　大正13年1月24日，16頁，大正12年12月18日付マニラ報告，商品市況
　　　　麻市況（真田用）『マニラ』（十一月）

1126号　大正13年1月24日，16-17頁，大正12年12月18日付マニラ報告，商品市況

麻市況（製綱用）『マニラ』（十一月）

1126号　大正13年1月24日，43-44頁，大正12年12月14日付マニラ報告，衛生
　　　比島炭疽病状況

1127号　大正13年1月28日，5-6頁，大正12年12月11日付マニラ報告，貿易一般
　　　比島貿易概況（十月）

1127号　大正13年1月28日，16頁，外務省通商局，商品市況
　　　海産物輸出額（比島）

1128号　大正13年1月31日，21-22頁，大正12年12月29日付マニラ報告，商品市況
　　　石炭市況（マニラ）『十一月』

1128号　大正13年1月31日，41頁，大正13年1月2日付マニラ報告，交通
　　　ロ府マニラ間直通航路開始

1128号　大正13年1月31日，42頁，大正12年12月13日付マニラ報告，交通
　　　独船マニラ定期寄港

1129号　大正13年2月4日，4頁，大正13年1月4日付マニラ報告，貿易一般
　　　比島貿易概況（十一月）

1129号　大正13年2月4日，19-20頁，大正12年12月28日付マニラ報告，交通及港湾
　　　比島海運状況（十一月）

1131号　大正13年2月12日，7-8頁，大正13年1月7日付マニラ報告，貿易一般
　　　比島重要品市況

1131号　大正13年2月12日，21-22頁，大正13年1月10日付マニラ報告，商品市況
　　　繊維類産出状況（比島）『大正十二年』

1132号　大正13年2月14日，38頁，大正13年1月7日付マニラ報告，商品市況
　　　護謨栽培慾涌（比島）

1132号　大正13年2月14日，41-43頁，大正13年1月3日付マニラ報告，企業
　　　製紙会社設立案（比島）

1133号　大正13年2月18日，8-9頁，大正13年1月19日付マニラ報告，商品市況
　　　米状況（比島）『十一月』

1134号　大正13年2月21日，45頁，大正13年1月25日付マニラ報告，財政及経済
　　　インター・ナショナル及エシア両銀行合併

1135号　大正13年2月25日，1頁，大正13年2月13日着マニラ報告，電報
　　　馬尼拉擬似虎列刺続発

1135号　大正13年2月25日，23-25頁，大正13年1月30日付マニラ報告，商品市況
　　　カポック生産状況（比島）

1135号　大正13年2月25日，31-32頁，大正13年1月28日付マニラ報告，商品市況
　　　麻市況（真田用）『マニラ』（十二月）

1135号　大正13年2月25日，32頁，大正13年1月28日付マニラ報告，商品市況

　　　　　麻市況（製綱用）『マニラ』（十二月）

1135号　大正13年2月25日，34-35頁，大正13年1月26日付マニラ報告，商品市況
　　　　石炭市況（マニラ）『十二月』

1135号　大正13年2月25日，35-37頁，大正13年1月10日付マニラ報告，商品市況
　　　　木材状況（比島）

1136号　大正13年2月27日，口絵，大正12年4月10日付ダヴァオ報告，口絵
　　　　ダヴァオ邦人企業状況写真

1136号　大正13年2月27日，1-33頁，大正12年4月10日付ダヴァオ報告，企業
　　　　ダヴァオ邦人企業状況

1137号　大正13年2月28日，41-42頁，大正13年1月29日付マニラ報告，商品市況
　　　　麻輸出状況（マニラ）『大正十二年』

1138号　大正13年3月3日，4頁，大正13年2月25日着マニラ報告，電報
　　　　上海横浜天然痘流行地指定（マニラ）

1138号　大正13年3月3日，35頁，大正13年1月28日付マニラ報告，交通
　　　　比島海運状況（大正十二年十二月）

1141号　大正13年3月13日，24頁，大正13年2月14日付マニラ報告，商品市況
　　　　米国陸軍用石炭購買入札

1142号　大正13年3月17日，1頁，大正13年3月8日着マニラ報告，電報
　　　　船客検疫励行（マニラ）

1142号　大正13年3月17日，26頁，大正13年2月16日付マニラ報告，商品市況
　　　　米状況（比島）『十二月』

1143号　大正13年3月20日，33-34頁，大正13年2月19日付マニラ報告，商品市況
　　　　麻市況（製綱用）『マニラ』（十二月）

1143号　大正13年3月20日，34頁，大正13年2月19日付マニラ報告，商品市況
　　　　麻市況（真田用）『マニラ』（十二月）

1146号　大正13年3月29日，口絵，大正12年12月29日付マニラ報告，口絵
　　　　ビサヤ諸島事情付図

1146号　大正13年3月29日，28-97頁，大正12年12月29日付マニラ報告，各地事情
　　　　ビサヤ諸島事情

1147号　大正13年3月31日，2頁，大正13年3月23日着マニラ報告，電報
　　　　船客検疫励行（マニラ）（続報）

1147号　大正13年3月31日，40-41頁，大正13年2月26日付マニラ報告，農業
　　　　米産出状況（比島）（大正十二年）

1147号　大正13年3月31日，49-50頁，大正13年2月15日付ダヴァオ報告，産業機関
　　　　ダヴァオ商業会議所新設

　　　　米状況（比島）（九月）（大正12年12月8日）

入港船舶消毒励行（比島）（大正12年12月10日）
　　　比島海運状況（大正12年12月20日）
　　　米状況（比島）（十月）（大正12年12月22日）
　　　石炭市況（比島）（十月）（大正12年12月22日）
　　　一九二三年比島貨幣流通高（大正13年1月12日）
　　　比島貿易月報（十二月）（大正13年1月31日）
　　　比島海運状況（一月）（大正13年2月29日）
　　　石炭市況（比島）（一月）（大正13年2月29日）

第45巻

1150号　大正13年4月10日，20-27頁，大正13年2月29日付マニラ報告，貿易一般
　　　比島貿易概況（大正十二年）

1151号　大正13年4月14日，21-22頁，大正13年3月10日付マニラ報告，商品市況
　　　米状況（比島）『一月』

1152号　大正13年4月17日，巻末欄外，外務省通商局，欄外
　　　比島在留邦人職業別

1153号　大正13年4月21日，17頁，大正13年3月24日付マニラ報告，商品市況
　　　麻市況（製綱用）『マニラ』（二月）

1153号　大正13年4月21日，18頁，大正13年3月24日付マニラ報告，商品市況
　　　麻市況（真田用）『マニラ』（二月）

1153号　大正13年4月21日，24頁，大正13年3月25日付マニラ報告，商品市況
　　　石炭市況（マニラ）『二月』

1153号　大正13年4月21日，40頁，外務省通商局，欄外
　　　比島に於ける主要本邦人団体

1154号　大正13年4月24日，3頁，大正13年4月17日着マニラ報告，電報
　　　船客検疫規定追加（マニラ）

1155号　大正13年4月28日，10-11頁，大正13年4月3日付マニラ報告，商品市況
　　　製糖状況（比島）

1158号　大正13年5月8日，14-15頁，大正13年4月11日付マニラ報告，商品市況
　　　木材輸出状況（比島）

1158号　大正13年5月8日，19頁，大正13年4月10日付マニラ報告，農業
　　　農作状況（比島）

1159号　大正13年5月12日，36-37頁，大正13年4月14日付マニラ報告，商品市況
　　　石炭輸入状況（比島）『大正十二年』

1160号　大正13年5月15日，37-38頁，大正13年4月14日付マニラ報告，商品市況
　　　ベニヤ板状況（比島）

1162号　大正13年5月22日，43-44頁，大正13年4月30日付マニラ報告，商品市況
　　　石炭市況（マニラ）『三月』

1163号　大正13年5月26日，50-52頁，大正13年4月25日付マニラ報告，林業

　　　　　森林伐採業者状況（比島）

1163号　大正13年5月26日，56頁，大正13年4月19日付マニラ報告，外国法規
　　　　牛畜輸入禁止法（比島）

1163号　大正13年5月26日，58頁，大正13年4月25日付マニラ報告，紹介
　　　　木材取扱業者（比島）

1165号　大正13年5月30日，24-79頁，大正12年12月25日付マニラ報告，貿易一般
　　　　比島貿易年報（大正十一年）

1167号　大正13年6月5日，25-31頁，大正13年4月25日付マニラ報告，商品市況
　　　　果実需給状況（比島）

1169号　大正13年6月12日，10頁，大正13年5月10日付マニラ報告，商品市況
　　　　麻市況（真田用）『マニラ』（三月）

1169号　大正13年6月12日，11頁，大正13年5月10日付マニラ報告，商品市況
　　　　麻市況（製綱用）『マニラ』（三月）

1170号　大正13年6月16日，11頁，大正13年5月16日付マニラ報告，商品市況
　　　　麻市況（真田用）『マニラ』（四月）

1171号　大正13年6月19日，33頁，大正13年5月3日付マニラ報告，交通及港湾
　　　　ダヴァオ港の将来

1172号　大正13年6月23日，40-43頁，大正13年5月21日付マニラ報告，商品市況
　　　　蔬菜並苹果状況（比島）

1172号　大正13年6月23日，57頁，大正13年5月21日付マニラ報告，紹介
　　　　蔬菜並苹果輸入商（マニラ）

　　　　比島要覧（大正13年1月9日）
　　　　比島貿易額（一九二三年）（大正13年3月15日）
　　　　比島貿易月報（一月）（大正13年3月17日）
　　　　外国貿易航路及港湾状況（比島）（大正13年3月22日）
　　　　米状況（二月）（大正13年4月8日）
　　　　比島伝染病週報（三月二十二日迄）（大正13年4月8日）
　　　　比島貿易月報（二月）（大正13年4月9日）
　　　　比島海運状況（大正13年4月29日）
　　　　比島貿易月報（三月）（大正13年5月7日）
　　　　米状況（比島）（三月）（大正13年5月10日）
　　　　石炭市況（マニラ）（四月）（大正13年6月2日）
　　　　米状況（比島）（四月）（大正13年6月9日）
　　　　比島海運状況（四月）（大正13年6月7日）
　　　　比島貿易概況（四月）（大正13年6月13日）

第46巻

1177号　大正13年7月7日，3頁，大正13年6月30日着マニラ報告，電報
　　　　虎疫発生（比島）

1177号　大正13年7月7日，35頁，大正13年6月10日付マニラ報告，鉱業

鉱山業状況（比島）

1177号　大正13年7月7日，39-40頁，大正13年6月13日付マニラ報告，財政及経済
　　　　各種企業投資額（比島）（自大正八年至同十二年）

1178号　大正13年7月10日，19-20頁，大正13年5月22日付マニラ報告，商品市況
　　　　麻市況（製綱用）『マニラ』（四月）

1179号　大正13年7月14日，11-12頁，大正13年6月18日付マニラ報告，商品市況
　　　　カポック状況（比島）

1179号　大正13年7月14日，14頁，大正13年6月18日付マニラ報告，商品市況
　　　　麻市況（真田用）『マニラ』（五月）

1179号　大正13年7月14日，27-28頁，大正13年6月14日付マニラ報告，農業
　　　　養蚕業の沿革並現状（比島）

1179号　大正13年7月14日，36頁，大正13年6月18日付マニラ報告，紹介
　　　　カポック取扱商（マニラ）

1179号　大正13年7月14日，36-37頁，大正13年6月15日付マニラ報告，紹介
　　　　貝殻輸出商（マニラ）

1180号　大正13年7月17日，35-36頁，大正13年6月14日付マニラ報告，外国法規
　　　　比島に於ける外国人の法律上の地位

1182号　大正13年7月24日，2頁，大正13年7月17日着マニラ報告，電報
　　　　比島議会開会

1182号　大正13年7月24日，12-13頁，大正13年6月24日付マニラ報告，商品市況
　　　　麻市況（製綱用）『マニラ』（五月）

1182号　大正13年7月24日，37-38頁，大正13年6月26日付マニラ報告，紹介
　　　　歯科器械商（マニラ）

1185号　大正13年8月4日，3-4頁，大正13年7月1日付マニラ報告，貿易一般
　　　　比島重要商品市況

1189号　大正13年8月18日，8-10頁，大正13年7月21日付マニラ報告，商品市況
　　　　麻市況（製綱用）『マニラ』（六月）

1189号　大正13年8月18日，10頁，大正13年7月21日付マニラ報告，商品市況
　　　　麻市況（真田用）『マニラ』（六月）

1191号　大正13年8月25日，29頁，大正13年7月24日付マニラ報告，産業機関
　　　　極東米国商業会議所新設決定（マニラ）

1193号　大正13年9月1日，7-8頁，大正13年7月31日付マニラ報告，貿易一般
　　　　比島貿易月報（六月）

1194号　大正13年9月4日，33-34頁，大正13年8月8日付マニラ報告，農業
　　　　米作並外米輸入状況（比島）

1194号　大正13年9月4日，36-37頁，大正13年8月1日付マニラ報告，交通

比島海運状況（六月）

1197号　大正13年9月15日，28-29頁，大正13年8月3日付マニラ報告，商品市況
石炭市況（マニラ）『六月』

1197号　大正13年9月15日，45-49頁，大正13年8月8日付マニラ報告，紹介
各種商品輸入商（マニラ）

1198号　大正13年9月18日，38頁，大正13年8月20日付マニラ報告，交通
比島沿岸就航船の窮境

1199号　大正13年9月22日，8-17頁，大正13年8月24日付マニラ報告，貿易一般
比島貿易状況（上半期）

1199号　大正13年9月22日，31-32頁，大正13年8月23日付マニラ報告，商品市況
麻市況（製綱用）『マニラ』（七月）

1199号　大正13年9月22日，32-33頁，大正13年8月23日付マニラ報告，商品市況
麻市況（真田用）『マニラ』（七月）

1201号　大正13年9月29日，20頁，大正13年9月4日付マニラ報告，商品市況
外米輸入状況（比島）『七月』

1201号　大正13年9月29日，27-29頁，大正13年8月26日付マニラ報告，商品市況
コプラ生産輸出状況（比島）

1201号　大正13年9月29日，29-30頁，大正13年9月4日付マニラ報告，農業
比島水利工事状況

1201号　大正13年9月29日，32-34頁，大正13年8月28日付マニラ報告，交通
比島海運界近況

1201号　大正13年9月29日，40-41頁，大正13年8月26日付マニラ報告，紹介
コプラ取扱業者（マニラ）

　　　リンダーペスト予防措置（比島）（大正13年6月24日）
　　　石炭市況（マニラ）（五月）（大正13年6月26日）
　　　貨幣流通高（比島）（上半期）（大正13年7月7日）
　　　比島貿易概況（五月）（大正13年7月8日）
　　　米状況（比島）（五月）（大正13年7月9日）
　　　石炭市況（マニラ）（七月）（大正13年8月26日）
　　　比島貿易概況（七月）（大正13年9月4日）
　　　蔬菜及果実取引状況（ダヴァオ）（大正13年5月28日）

第47巻

1206号　大正13年10月13日，16-17頁，大正13年9月6日付マニラ報告，商品市況
薄荷需給状況（比島）

1208号　大正13年10月20日，1-2頁，大正13年10月13日着マニラ報告，電報
燐寸消費税比例課税法案提出（比律賓）

1209号　大正13年10月23日，11頁，大正13年9月24日付マニラ報告，商品市況
麻市況（真田用）『マニラ』（八月）

1210号　大正13年10月27日，27-28頁，大正13年9月24日付マニラ報告，商品市況
　　　　麻市況（製綱用）『マニラ』（八月）

1210号　大正13年10月27日，31頁，大正13年9月24日付マニラ報告，商品市況
　　　　石炭市況（マニラ）『八月』

1211号　大正13年10月30日，1頁，大正13年10月22日着マニラ報告，電報
　　　　セメント工業保護関税案提出（比島）
　　　　（訂正：1217号　大正13年11月20日，2頁）

1211号　大正13年10月30日，29頁，大正13年9月26日付マニラ報告，商品市況
　　　　繭製品需給状況（比島）

1211号　大正13年10月30日，31-33頁，大正13年9月23日付マニラ報告，交通
　　　　比島海運状況

1215号　大正13年11月13日，1-7頁，大正13年10月11日付マニラ報告，貿易一般
　　　　日比貿易の趨勢

1215号　大正13年11月13日，11頁，大正13年10月11日付マニラ報告，商品市況
　　　　米状況（比島）

1216号　大正13年11月17日，2頁，大正13年11月11日着マニラ報告，電報
　　　　比島議会通過重要法案

1217号　大正13年11月20日，37-40頁，大正13年10月18日付マニラ報告，商品市況
　　　　陶磁器需給状況（比島）

1222号　大正13年12月4日，20-21頁，大正13年10月27日付マニラ報告，商品市況
　　　　麻市況（真田用）『マニラ』（九月）

1222号　大正13年12月4日，21-22頁，大正13年10月27日付マニラ報告，商品市況
　　　　麻市況（製綱用）『マニラ』（九月）

1223号　大正13年12月8日，7頁，大正13年11月8日付マニラ報告，商品市況
　　　　米輸入状況（比島）『九月』

1226号　大正13年12月18日，1頁，大正13年12月13日着マニラ報告，電報
　　　　船舶検疫規則励行（マニラ）

1227号　大正13年12月22日，2頁，大正13年10月16日着マニラ報告，電報
　　　　セメント見越輸入増加（比島）

1228号　大正13年12月25日，42-43頁，大正13年11月15日付マニラ報告，関税
　　　　セメント輸入税改正事情（比島）
　　　　比島産植物繊維類の格付包装並検査会（大正13年9月28日）
　　　　比島貿易概況（八月）（大正13年10月11日）
　　　　比島貿易概況（九月）（大正13年10月28日）
　　　　石炭市況（マニラ）（九月）（大正13年10月28日）
　　　　比島海運近況（大正13年11月10日）

6.『日刊海外商報』1925—28年

『日刊海外商報』［1925年（大正14年）］
第1巻
- 2号　大正14年1月7日，4頁，大正13年11月24日付マニラ報告，商品市況
　　　製糖予想（比島）『一九二四―二五年』
- 5号　大正14年1月10日，6頁，大正13年12月8日付マニラ報告，商品市況
　　　麻市況（真田用）『マニラ』（十月）
- 9号　大正14年1月14日，1-2頁，大正13年12月6日付マニラ報告，欄外
　　　内外銀行帳簿検査手数料規定（比島）
- 9号　大正14年1月14日，5-7頁，大正13年12月15日付マニラ報告，貿易
　　　比島外国貿易状況（自一月至十月）
- 11号　大正14年1月16日，2頁，大正14年1月14日着マニラ報告，電報
　　　関税改正大統領裁可（比島）
- 12号　大正14年1月17日，2頁，大正14年1月15日着マニラ報告，電報
　　　セメント関税増徴実施
- 15号　大正14年1月20日，1-2頁，大正13年12月22日付マニラ報告，商品市況
　　　米輸入状況（比島）『十月』
- 16号　大正14年1月21日，6頁，大正13年12月24日付マニラ報告，商品市況
　　　石炭市況（マニラ）『十一月』
- 23号　大正14年1月28日，5-6頁，大正14年1月6日付マニラ報告，商品市況
　　　麻市況（真田用）『マニラ』（十一月）
- 23号　大正14年1月28日，6-8頁，大正14年1月4日付マニラ報告，商品市況
　　　麻市況（製綱用）『マニラ』（十一月）
- 33号　大正14年2月7日，6頁，大正14年1月10日付マニラ報告，商品市況
　　　外米輸出状況（比島）『十一月』
- 33号　大正14年2月7日，9頁，大正14年1月10日付マニラ報告，貿易
　　　比島貿易概況（十一月）
- 33号　大正14年2月7日，13頁，大正14年1月10日付マニラ報告，経済一般
　　　比島潅漑工事現況
- 37号　大正14年2月12日，3頁，大正14年2月8日着マニラ報告，電報
　　　商業帳簿用語制限法（比島）
- 39号　大正14年2月14日，16頁，大正14年1月21日付マニラ報告，欄外
　　　比島貨幣流通高（大正十三年末）

46号　大正14年2月21日，5-6頁，大正14年1月27日付マニラ報告，商品市況
　　　比島米出廻状況（大正十三年）

49号　大正14年2月24日，2頁，通商局，欄外
　　　比島輸入品価格

49号　大正14年2月24日，14-15頁，大正14年1月30日付マニラ報告，貿易
　　　比島貿易状況（十二月）

56号　大正14年3月3日，2頁，通商局，欄外
　　　比律賓外国貿易額国別（一九二四年十一月）

62号　大正14年3月9日，6頁，大正14年2月9日付マニラ報告，商品市況
　　　麻市況（真田用）『マニラ』（十二月）

64号　大正14年3月10日，10-11頁，大正14年2月9日付マニラ報告，商品市況
　　　麻市況（製綱用）（マニラ）『十二月』

70号　大正14年3月16日，8-10頁，大正14年2月18日付マニラ報告，商品市況
　　　麻市況（製綱用）（マニラ）『一月』

70号　大正14年3月16日，16頁，大正14年2月19日付マニラ報告，商取引紹介
　　　比島陸軍所要石炭入札摘要（マニラ）

71号　大正14年3月17日，6-7頁，大正14年2月14日付マニラ報告，商品市況
　　　米市況（比島）『十二月』

71号　大正14年3月17日，10頁，大正14年2月18日付マニラ報告，商品市況
　　　麻市況（真田用）（マニラ）『一月』

73号　大正14年3月19日，2頁，通商局，欄外
　　　比島輸出入（十二月）

73号　大正14年3月19日，13頁，大正14年2月7日付在米大使報告，経済一般
　　　比律賓沿岸航路法実施促進

77号　大正14年3月23日，6頁，大正14年2月24日付マニラ報告，商品市況
　　　鶏卵需給状況（比島）

77号　大正14年3月23日，16頁，大正14年2月20日付マニラ報告，欄外
　　　新設法人数（比島）『大正十三年』

78号　大正14年3月24日，9頁，大正14年2月20日付マニラ報告，商品市況
　　　石炭市況（マニラ）『十二月』

78号　大正14年3月24日，11-13頁，大正14年2月23日付マニラ報告，貿易
　　　比島外国貿易概況（大正十三年）

79号　大正14年3月25日，3-4頁，大正14年3月20日着マニラ報告，電報
　　　入港船舶消毒励行（比島）

84号　大正14年3月30日，10頁，大正14年3月3日付マニラ報告，商品市況
　　　石炭輸入状況（比島）『大正十三年』

第2巻

89号 大正14年4月5日，巻末欄外，通商局，欄外
比島外国貿易概況『一九二四年』

90号 大正14年4月6日，7-8頁，大正14年3月4日付マニラ報告，商品市況
糖業近況並製糖予想高（比島）

91号 大正14年4月7日，5頁，大正14年3月11日付マニラ報告，商品市況
米市況（比島）『一月』

91号 大正14年4月7日，14頁，大正14年3月2日付マニラ報告，経済一般
牛畜輸入解禁（比島）

92号 大正14年4月8日，8-9頁，大正14年3月9日付マニラ報告，商品市況
石炭市況（マニラ）『一月』

94号 大正14年4月10日，16頁，大正14年2月28日付マニラ報告，商取引紹介
木材輸出商（マニラ）

100号 大正14年4月16日，4頁，大正14年3月21日付マニラ報告，電報
マニラ湾内水先案内規定改正

102号 大正14年4月18日，5-6頁，大正14年3月24日付マニラ報告，商品市況
米輸入状況（比島）

102号 大正14年4月18日，11-12頁，大正14年3月18日付マニラ報告，商品市況
マニラ麻暴騰（比島）

104号 大正14年4月20日，16頁，大正14年3月10日付マニラ報告，商取引紹介
煙草及同用具取扱業者（マニラ）

106号 大正14年4月22日，6頁，大正14年3月11日付マニラ報告，商品市況
麻市況（マニラ）『二月』

106号 大正14年4月22日，7頁，大正14年3月23日付マニラ報告，商品市況
石炭市況（マニラ）『二月』

106号 大正14年4月22日，12頁，大正14年3月27日付マニラ報告，貿易
比島貿易概況（一月）

106号 大正14年4月22日，14-15頁，大正14年3月25日付マニラ報告，経済一般
比島税関収入

107号 大正14年4月23日，6-7頁，大正14年4月1日付マニラ報告，商品市況
米市況（比島）『二月』

107号 大正14年4月23日，16頁，大正14年4月3日付マニラ報告，商取引紹介
セルロイド坑具及青銅器取扱商（マニラ）

110号 大正14年4月26日，15-17頁，大正14年3月7日付マニラ報告，商品市況
工業薬品需給状況（比島）

110号 大正14年4月26日，73-78頁，大正14年3月23日付マニラ報告，経済一般
比島税関内商品及手荷物倉敷料規定

124号　大正14年 5月 9日，16頁，大正14年 4月18日付マニラ報告，商取引紹介
　　　中等学校以上の学府（比島）

126号　大正14年 5月11日，16頁，大正14年 4月18日付マニラ報告，商取引紹介
　　　運動界有力団体及有力者（比島）

134号　大正14年 5月19日， 2頁，通商局，欄外
　　　比律賓貿易額（一月）

135号　大正14年 5月20日， 5－6頁，大正14年 4月24日付マニラ報告，商品市況
　　　麻市況（マニラ）『三月』

138号　大正14年 5月23日，12頁，大正14年 4月29日付マニラ報告，商品市況
　　　石炭市況（マニラ）『三月』

140号　大正14年 5月25日， 7－8頁，大正14年 4月29日付マニラ報告，商品市況
　　　木材輸出状況（比島）

142号　大正14年 5月27日， 3－4頁，大正14年 4月24日付マニラ報告，速報
　　　ファー・イースタン無線電信会社業務開始（比島）

145号　大正14年 5月30日， 3頁，大正14年 4月20日付在米大使報告，電報
　　　ダラー社の太平洋船舶業独占に対する比島側反対

170号　大正14年 6月23日， 5頁，大正14年 5月11日付マニラ報告，商品市況
　　　米市況（比島）『三月』

174号　大正14年 6月27日， 8－9頁，大正14年 6月 5日付マニラ報告，商品市況
　　　蚊取線香及除虫粉需給状況（比島）

175号　大正14年 6月28日，25-26頁，大正14年 3月18日付マニラ報告，経済一般
　　　円為替下落と我輸出貿易促進策（其一）──マニラ

176号　大正14年 6月29日， 6頁，大正14年 6月 1日付マニラ報告，商品市況
　　　缶詰類取引状況（比島）

176号　大正14年 6月29日，16頁，大正14年 6月 1日付マニラ報告，商取引紹介
　　　缶詰取扱商（マニラ）

176号　大正14年 6月29日，16頁，大正14年 6月 5日付マニラ報告，商取引紹介
　　　蚊取線香及除虫粉取扱商（マニラ）

第3巻

178号　大正14年 7月 1日，16頁，大正14年 6月10日付マニラ報告，商取引紹介
　　　自転車取扱商（マニラ）

183号　大正14年 7月 6日， 5－6頁，大正14年 6月10日付マニラ報告，商品市況
　　　自転車需給状況（比島）

192号　大正14年 7月14日，15頁，大正14年 5月29日付マニラ報告，商取引紹介
　　　食料品及雑貨商（マニラ）

193号　大正14年 7月15日， 6－7頁，大正14年 6月17日付マニラ報告，商品市況
　　　米市況（比島）『四月』

194号　大正14年7月16日，8-9頁，大正14年6月15日付マニラ報告，商品市況
　　　麻市況（製綱用）（マニラ）『四月』

195号　大正14年7月17日，7頁，大正14年6月15日付マニラ報告，商品市況
　　　麻市況（真田用）『マニラ』（四月）

195号　大正14年7月17日，13-14頁，大正14年6月14日付マニラ報告，商品市況
　　　石炭市況（マニラ）『四月』

196号　大正14年7月18日，10頁，大正14年7月1日付マニラ報告，商品市況
　　　黄楊材産出状況（比島）

196号　大正14年7月18日，10頁，大正14年6月20日付マニラ報告，商品市況
　　　木材輸出状況（比島）

199号　大正14年7月21日，16頁，大正14年6月28日付マニラ報告，商取引紹介
　　　薬品取扱商（マニラ）

214号　大正14年8月6日，7頁，大正14年7月3日付マニラ報告，商品市況
　　　石炭市況（マニラ）『五月』

214号　大正14年8月6日，8頁，大正14年7月3日付マニラ報告，商品市況
　　　製綱用麻市況（マニラ）『五月』

214号　大正14年8月6日，14-15頁，大正14年6月30日付ダヴァオ報告，経済一般
　　　上海非売同盟の影響（ダヴァオ）

215号　大正14年8月7日，12頁，大正14年7月3日付マニラ報告，商品市況
　　　真田用麻市況（マニラ）『五月』

215号　大正14年8月7日，16頁，大正14年7月4日付マニラ報告，商取引紹介
　　　電球等取扱商（マニラ）

216号　大正14年8月8日，15頁，大正14年7月7日付マニラ報告，商取引紹介
　　　塩漬鯡取扱業者（マニラ）

220号　大正14年8月12日，15頁，大正14年7月4日付マニラ報告，商取引紹介
　　　コーク取扱商（マニラ）

226号　大正14年8月18日，7 8頁，大正14年7月22日付マニラ報告，商品市況
　　　米市況（マニラ）『五月』

227号　大正14年8月19日，2頁，通商局，欄外
　　　比律賓貿易状況（1925年4月）

229号　大正14年8月21日，15頁，大正14年7月10日付マニラ報告，欄外
　　　貨幣流通高（比島）

235号　大正14年8月27日，8-10頁，大正14年8月1日付マニラ報告，商品市況
　　　米国の護謨問題と比島

235号　大正14年8月27日，15頁，大正14年7月23日付マニラ報告，商取引紹介
　　　靴下輸入商（マニラ）

235号　大正14年8月27日，15頁，大正14年7月28日付マニラ報告，商取引紹介
　　　　毛織物輸入商（マニラ）

236号　大正14年8月28日，10頁，大正14年7月27・28日付マニラ報告，商品市況
　　　　麻市況（マニラ）『六月』

240号　大正14年9月2日，11-12頁，大正14年7月28日付マニラ報告，商品市況
　　　　毛織物需給状況（比島）

244号　大正14年9月6日，2頁，通商局，欄外
　　　　比律賓貿易国別額（五月）

250号　大正14年9月12日，5-6頁，大正14年8月12日付マニラ報告，商品市況
　　　　米市況（比島）『六月』

257号　大正14年9月19日，9頁，大正14年7月29日付マニラ報告，商品市況
　　　　綿ネル需要状況（比島）

263号　大正14年9月26日，10頁，大正14年8月24日付マニラ報告，商品市況
　　　　麻市況（真田用）『マニラ』『七月』

263号　大正14年9月26日，15頁，大正14年9月2日付マニラ報告，商取引紹介
　　　　写真館及写真機取扱商（マニラ）

265号　大正14年9月28日，4頁，大正14年8月22日付マニラ報告，欄外
　　　　マニラ商工共進会出品参加勧誘

265号　大正14年9月28日，15頁，大正14年9月2日付マニラ報告，商取引紹介
　　　　冷蔵庫販売業者（マニラ）

266号　大正14年9月29日，3頁，大正14年9月25日着マニラ報告，電報
　　　　虎疫発生（マニラ）

267号　大正14年9月30日，15頁，大正14年8月22日付マニラ報告商取引紹介
　　　　自転車取扱商（マニラ）

第4巻

268号　大正14年10月1日，3-4頁，大正14年9月28日着マニラ報告，電報
　　　　虎疫発生（マニラ）

269号　大正14年10月2日，9頁，大正14年8月12日付マニラ報告，商品市況
　　　　石炭市況（マニラ）『六月』

270号　大正14年10月3日，8-9頁，大正14年9月5日付マニラ報告，商品市況
　　　　麻市況（製綱用）『マニラ』『七月』

270号　大正14年10月3日，10頁，大正14年9月11日付マニラ報告，商品市況
　　　　石炭市況（マニラ）『七月』

272号　大正14年10月5日，3頁，大正14年10月2日着マニラ報告，電報
　　　　虎疫発生（マニラ）

273号　大正14年10月6日，3頁，大正14年10月2日着マニラ報告，電報
　　　　虎疫下火（マニラ）

276号　大正14年10月9日，3頁，大正14年10月6日着マニラ報告，電報
　　　　虎疫発生（マニラ）

276号　大正14年10月9日，5頁，大正14年9月12日付マニラ報告，商品市況
　　　　米市況（比島）『七月』

276号　大正14年10月9日，6頁，大正14年9月13日付マニラ報告，商品市況
　　　　蚊取線香輸入状況（比島）

276号　大正14年10月9日，9-10頁，大正14年9月12日付マニラ報告，商品市況
　　　　セルロイド櫛売行状況（比島）

276号　大正14年10月9日，11-12頁，大正14年9月16日付マニラ報告，商品市況
　　　　比律賓産マホガニー材

278号　大正14年10月10日，3頁，大正14年10月7日着マニラ報告，電報
　　　　横浜及神戸寄港船検疫開始（比島）

278号　大正14年10月10日，15頁，大正14年9月13日付マニラ報告，商取引紹介
　　　　蚊取線香及除虫菊取扱商（マニラ）

283号　大正14年10月15日，3-4頁，大正14年10月13日着マニラ報告，電報
　　　　虎疫発生（マニラ）

288号　大正14年10月21日，4頁，大正14年10月16日着マニラ報告，電報
　　　　虎疫発生（マニラ）

288号　大正14年10月21日，15頁，大正14年9月26日付マニラ報告，商取引紹介
　　　　時計並同材料商（マニラ）

291号　大正14年10月24日，3頁，大正14年10月21日着マニラ報告，電報
　　　　虎疫発生（マニラ）

297号　大正14年10月30日，4頁，大正14年10月27日着マニラ報告，電報
　　　　船客検疫廃止（比島）

297号　大正14年10月30日，8頁，大正14年10月5日付マニラ報告，商品市況
　　　　麻市況（マニラ）『八月』

299号　大正14年11月2日，15頁，大正14年10月9日付マニラ報告，商取引紹介
　　　　硝子製品輸入商（マニラ）

302号　大正14年11月5日，10頁，大正14年10月8日付マニラ報告，商品市況
　　　　木材生産輸出状況（比島）

303号　大正14年11月6日，11-14頁，大正14年10月13日付マニラ報告，経済一般
　　　　比島の護謨栽培状況

306号　大正14年11月9日，2頁，大正14年10月10日付マニラ報告，欄外
　　　　本邦対比島国別重要貿易品価格（大正十三年）

306号　大正14年11月9日，3頁，大正14年11月5日着マニラ報告，電報
　　　　虎疫発生（マニラ）

307号　大正14年11月10日，5頁，大正14年10月17日付マニラ報告，商品市況
　　　　米市況（比島）『八月』

307号　大正14年11月10日，10頁，大正14年10月17日付マニラ報告，商品市況
　　　　石炭市況（マニラ）『八月』

308号　大正14年11月11日，15頁，大正14年10月15日付マニラ報告，商取引紹介
　　　　鉛筆取扱商（マニラ）

309号　大正14年11月12日，7-9頁，大正14年10月15日付マニラ報告，商品市況
　　　　鉛筆需給状況（比島）

313号　大正14年11月16日，4頁，大正14年11月12日着マニラ報告，電報
　　　　虎疫状況（マニラ）

330号　大正14年12月4日，15頁，大正14年10月28日付マニラ報告，商取引紹介
　　　　麦稈其他真田輸入商（マニラ）

331号　大正14年12月5日，15頁，大正14年11月10日付マニラ報告，商取引紹介
　　　　工業薬品取扱商（マニラ）

334号　大正14年12月8日，10頁，大正14年11月16日付マニラ報告，商品市況
　　　　石炭市況（マニラ）『九月』

334号　大正14年12月8日，15頁，大正14年11月16日付マニラ報告，商取引紹介
　　　　製革製氷及ニッケル鍍金業者（マニラ）

343号　大正14年12月17日，15頁，大正14年11月14・24日付マニラ報告，商取引紹介
　　　　自転車及櫛腕輪並巻煙草用パイプ取扱商（マニラ）

344号　大正14年12月18日，5頁，大正14年11月23日付マニラ報告，商品市況
　　　　米市況（比島）『九月』

344号　大正14年12月18日，10-11頁，大正14年11月21日付マニラ報告，商品市況
　　　　麻市況（マニラ）『九月』

346号　大正14年12月20日，3-65頁，大正14年10月28日付マニラ報告，貿易
　　　　比島貿易年報（大正十二年）

353号　大正14年12月27日，31-54頁，大正14年10月28日付マニラ報告，貿易
　　　　比島対日貿易年報（大正十二年）

354号　大正14年12月28日，4頁，大正14年12月21日着マニラ報告，電報
　　　　ダヴァオ及レガスピ両港開港（比島）

『日刊海外商報』［1926年（大正15年/昭和元年）］
第5巻

361号　大正15年1月11日，159頁，大正15年1月8日着マニラ報告，電報
　　　　米国陸軍防備隊水雷演習区域告示（比島）

363号　大正15年1月13日，199-200頁，大正14年12月9日付マニラ報告，商品市況
　　　　カポック生産状況（比島）

365号　大正15年1月15日，228頁，大正14年11月28日付マニラ報告，商品市況

石炭市況（マニラ）『十月』

369号　大正15年1月19日，373頁，大正14年12月9日付マニラ報告，商取引紹介
　　　魚類缶詰及塩乾魚取扱商（マニラ）

370号　大正15年1月20日，381-85頁，大正14年12月9日付マニラ報告，商品市況
　　　魚類缶詰及塩乾魚需給状況（比島）

371号　大正15年1月21日，405頁，大正14年12月16日付マニラ報告，商取引紹介
　　　硫黄取扱商（マニラ）

373号　大正15年1月23日，430-31頁，大正14年12月16日付マニラ報告，商品市況
　　　硫黄需給状況（比島）

385号　大正15年2月4日，733-34頁，大正15年1月5日付マニラ報告，欄外
　　　営業比率税制定（比島）

387号　大正15年2月6日，767頁，大正14年12月31日付マニラ報告，商品市況
　　　米市況（比島）『十月』

387号　大正15年2月6日，777頁，大正14年12月23日付マニラ報告，商取引紹介
　　　蟹缶詰取扱商（マニラ）

389号　大正15年2月8日，849-50頁，大正15年1月9日付マニラ報告，商品市況
　　　麻市況（マニラ）『十月』

391号　大正15年2月10日，891頁，大正14年12月17日付マニラ報告，商取引紹介
　　　金物取扱商（マニラ）

396号　大正15年2月16日，1016-17頁，大正15年1月15日付マニラ報告，商品市況
　　　麻市況（マニラ）『十一月』

396号　大正15年2月16日，1023頁，大正15年1月11日付マニラ報告，商取引紹介
　　　高瀬貝輸出業者（マニラ）

400号　大正15年2月20日，1075頁，大正15年2月17日付マニラ報告，電報
　　　上海経由入港船隔離施行（比島）

400号　大正15年2月20日，1077頁，大正15年1月25日付マニラ報告，商品市況
　　　米市況（マニラ）『十一月』

402号　大正15年2月22日，1176頁，大正15年1月23・29日付マニラ報告，商品市況
　　　石炭市況（マニラ）『十一，二月』

409号　大正15年3月1日，1359頁，大正15年1月23日付マニラ報告，商取引紹介
　　　絹織物及絹製品輸入業者（マニラ）

425号　大正15年3月17日，1733頁，大正15年2月8日付マニラ報告，商取引紹介
　　　清涼飲料取扱商（マニラ）

427号　大正15年3月19日，1758頁，大正15年2月15日付マニラ報告，商品市況
　　　石炭市況（マニラ）『一月』

428号　大正15年3月20日，1773頁，大正15年2月18日付マニラ報告，商品市況

麻市況（マニラ）『十二月』

第6巻

441号　大正15年4月2日，7頁，大正15年3月4日付マニラ報告，商品市況
　　　　麻市況（マニラ）『一月』

443号　大正15年4月5日，19頁，大正15年3月10日付マニラ報告，商品市況
　　　　米市況（マニラ）『十二月』

453号　大正15年4月15日，61頁，大正15年4月9日着マニラ報告，電報
　　　　諸国砂糖輸入及消費に関する制度（其一）——比律賓

457号　大正15年4月19日，82頁，大正15年3月24日付マニラ報告，商品市況
　　　　米市況（マニラ）『一月』

459号　大正15年4月21日，92頁，大正15年3月27日付ダヴァオ報告，商品市況
　　　　ヘンプ市況（ダヴァオ）

461号　大正15年4月23日，100頁，大正15年3月29日付マニラ報告，商取引紹介
　　　　缶詰取扱商（マニラ）

462号　大正15年4月24日，101頁，通商局，貿易
　　　　比島主要品貿易（上半期）

464号　大正15年4月26日，116頁，大正15年3月31日付マニラ報告，商取引紹介
　　　　百貨店，商品陳列所及商業会議所（マニラ）

469号　大正15年5月1日，135頁，通商局
　　　　邦人の海外在留地別人口（大正十四年十月一日）

471号　大正15年5月3日，151頁，大正15年3月20日付マニラ報告，経済一般
　　　　マニラ，カーニバル祭商工展覧会状況

474号　大正15年5月6日，163頁，大正15年4月15日付マニラ報告，商品市況
　　　　石炭市況（マニラ）『二月』

474号　大正15年5月6日，164頁，大正15年4月6日付マニラ報告，商取引紹介
　　　　石鹸取扱商（マニラ）

474号　大正15年5月6日，164頁，大正15年4月15日付マニラ報告，商取引紹介
　　　　文房具，硝子製品，磁器類取扱商（マニラ）

474号　大正15年5月6日，164頁，大正15年4月7日付ダヴァオ報告，商取引紹介
　　　　商業会議所及雑貨店（ダヴァオ）

475号　大正15年5月7日，167頁，大正15年4月15日付マニラ報告，商品市況
　　　　麻市況（マニラ）『二月』

475号　大正15年5月7日，168頁，大正15年4月16日付マニラ報告，商取引紹介
　　　　自転車取扱商（マニラ）

475号　大正15年5月7日，168頁，大正15年4月12日付マニラ報告，商取引紹介
　　　　時計取扱商（マニラ）

494号　大正15年5月26日，264頁，大正15年4月19日付ダヴァオ報告，経済一般
　　　　ダヴァオ経済事情

496号　大正15年5月28日，274頁，大正15年4月17日付マニラ報告，商品市況
　　　　石炭市況「マニラ」『三月』

496号　大正15年5月28日，274頁，大正15年5月3日付マニラ報告，商取引紹介
　　　　鉛筆取扱商（マニラ）

497号　大正15年5月29日，275頁，大正15年4月30日付マニラ報告，経済一般
　　　　通信販売と比島

497号　大正15年5月29日，276頁，大正15年4月16日付マニラ報告，商品市況
　　　　米市況（比島）『二月』

499号　大正15年5月31日，291頁，通商局，貿易
　　　　比律賓貿易（二月）

499号　大正15年5月31日，293-94頁，大正15年5月3日付マニラ報告，商品市況
　　　　硝子壜需給状況（比島）

499号　大正15年5月31日，294頁，大正15年5月13日付マニラ報告，商品市況
　　　　セルロイド製品売行状況（比島）

499号　大正15年5月31日，294頁，大正15年4月30日付マニラ報告，商取引紹介
　　　　新聞社，印刷業者及同材料商（マニラ）

500号　大正15年6月1日，295頁，大正15年5月29日着マニラ報告，電報
　　　　比島外国貿易額（四月）

500号　大正15年6月1日，298頁，大正15年5月9日付マニラ報告，商品市況
　　　　平地羽二重及絹紬売行状況（比島）

501号　大正15年6月2日，301頁，大正15年4月20日付マニラ報告，商品市況
　　　　麻市況（マニラ）『三月』

502号　大正15年6月3日，306頁，大正15年5月14日付マニラ報告，商取引紹介
　　　　船具及雑貨商（マニラ）

503号　大正15年6月4日，307頁，大正15年5月6日付マニラ報告，貿易
　　　　比島対外貿易（大正十四年）

503号　大正15年6月4日，310頁，大正15年5月3日付マニラ報告，商取引紹介
　　　　洋蝋燭製造及諸機械輸入業者（マニラ）

507号　大正15年6月8日，332頁，大正15年5月13日付マニラ報告，商取引紹介
　　　　セルロイド製品取扱商（マニラ）

514号　大正15年6月15日，366頁，大正15年5月28日付マニラ報告，商品市況
　　　　石炭市況（比島）『四月』

516号　大正15年6月17日，373頁，大正15年5月18日付マニラ報告，商品市況
　　　　米市場（比島）『三月』

516号　大正15年6月17日，374頁，大正15年5月21日付マニラ報告，商取引紹介
　　　シガレット・ペーパー取扱商（マニラ）

517号　大正15年6月18日，375頁，通商局，貿易
　　　比律賓貿易（三月）

517号　大正15年6月18日，376頁，大正15年5月18日付マニラ報告，商品市況
　　　缶詰輸入並製産状況（比島）

517号　大正15年6月18日，377頁，大正15年5月21日付マニラ報告，商品市況
　　　麻市況（マニラ）『四月』

517号　大正15年6月18日，378頁，大正15年5月21日付マニラ報告，商品市況
　　　シガレット・ペーパー輸入状況（比島）

518号　大正15年6月19日，382頁，大正15年5月26日付マニラ報告，商品市況
　　　玩具輸入と工業の前途（比島）

519号　大正15年6月20日，383-85頁，大正15年5月6日付マニラ報告，貿易
　　　比律賓対外貿易概況（大正十四年）

520号　大正15年6月21日，396頁，大正15年5月24日付マニラ報告，商品市況
　　　綿製品輸入状況（比島）

520号　大正15年6月21日，396頁，通商局，商品市況
　　　琺瑯器輸入状況（比島）

523号　大正15年6月24日，407頁，大正15年6月1日付マニラ報告，商品市況
　　　絹輸入高及絹工業（比島）

523号　大正15年6月24日，407頁，通商局，商品市況
　　　刃物類輸入状況（比島）

524号　大正15年6月25日，411頁，通商局，商品市況
　　　錠及蝶番輸入状況（比島）

528号　大正15年6月29日，434頁，大正15年5月25日付マニラ報告，商取引紹介
　　　木材取扱商（比島）

第7巻

531号　大正15年7月2日，445頁，大正15年6月8日付マニラ報告，商品市況
　　　自転車需要状況（比島）

534号　大正15年7月5日，462頁，大正15年6月8日付マニラ報告，商取引紹介
　　　自転車取扱商（マニラ）

535号　大正15年7月6日，465-66頁，大正15年6月15日付マニラ報告，商品市況
　　　琺瑯鉄器需給状況（比島）

536号　大正15年7月7日，468-69頁，大正15年6月15日付マニラ報告，商品市況
　　　米市況（比島）『四月』

536号　大正15年7月7日，470頁，大正15年6月15日付マニラ報告，商品市況
　　　麻市況（マニラ）『五月』

538号　大正15年7月9日，477頁，大正15年6月14日付マニラ報告，経済一般
　　　比島商業帳簿用語制限法

550号　大正15年7月21日，533頁，大正15年6月8日付マニラ報告，商品市況
　　　カポック栽培奨励（比島）

550号　大正15年7月21日，534頁，大正15年6月23日付マニラ報告，商品市況
　　　石炭市況（比島）『五月』

553号　大正15年7月24日，544頁，大正15年6月22日付マニラ報告，経済一般
　　　マニラ，カーニバル祭商工共進会本邦出品方

555号　大正15年7月26日，557頁，通商局，貿易
　　　比島賓貿易（四月）

556号　大正15年7月27日，564頁，大正15年4月30日付マニラ報告，商取引紹介
　　　農具類，書籍類，真鍮類，小麦粉類，車両類輸入業者（比島）

557号　大正15年7月28日，568頁，大正15年6月21日付マニラ報告，商取引紹介
　　　古金物及屑取扱商（マニラ）

558号　大正15年7月29日，572頁，大正15年4月30日付マニラ報告，商取引紹介
　　　ココア，珈琲，櫛及糖菓輸入業者（比島）

559号　大正15年7月31日，575-76頁，大正15年4月30日付マニラ報告，商取引紹介
　　　セメント，化学品，薬種，染料，薬剤，活写フィルム，器材，時計及石炭，コークス輸入業者，（比島）

562号　大正15年8月3日，593頁，大正15年7月3日付マニラ報告，商品市況
　　　米市況（比島）『五月』

562号　大正15年8月3日，594頁，大正15年4月30日付マニラ報告，商取引紹介
　　　陶磁器，鶏卵及植物繊維，同製品輸入業者（比島）

563号　大正15年8月4日，598頁，大正15年4月30日付マニラ報告，商取引紹介
　　　自動車タイヤ，其他護謨製品，電気器械，学術及外科器械輸入業者（比島）

564号　大正15年8月5日，601-02頁，大正15年4月30日付マニラ報告，商取引紹介
　　　銅，コルク，綿貨及美術骨董類輸入業者（比島）

569号　大正15年8月10日，625-26頁，大正15年4月30日付マニラ報告，商取引紹介
　　　貴石，魚類，果実，硝子及同製品，膠，貴金属及同製品，帽子輸入業者（比島）

572号　大正15年8月13日，638頁，大正15年4月30日付マニラ報告，商取引紹介
　　　鉄鋼及製品並革及製品輸入業者（比島）

577号　大正15年8月18日，661頁，大正15年7月23日付マニラ報告，商品市況
　　　麻市況（マニラ）『六月』

577号　大正15年8月18日，662頁，大正15年7月26日付マニラ報告，商品市況
　　　石炭市況（比島）『六月』

579号　大正15年8月20日，668頁，大正15年7月23日付マニラ報告，商品市況
　　　米市況（比島）『六月』

584号　大正15年8月25日，691頁，大正15年7月28日付マニラ報告，貿易
　　　　比島対外貿易（四月）

585号　大正15年8月26日，697頁，大正15年7月27日付マニラ報告，商品市況
　　　　麦酒需給状況（比島）

589号　大正15年8月30日，720頁，大正15年4月30日付マニラ報告，商取引紹介
　　　　燐寸，肉及酪農製品，楽器，油及脂，塗料及顔料輸入業者（比島）

591号　大正15年9月2日，725頁，大正15年8月5日付マニラ報告，貿易
　　　　比島対外貿易（六月）

592号　大正15年9月3日，730頁，大正15年8月4日付マニラ報告，経済一般
　　　　繊維検査所並格付方法（比島）

592号　大正15年9月3日，732頁，大正15年8月4日付マニラ報告，商取引紹介
　　　　運動具商並学校等（比島）

593号　大正15年9月4日，736頁，大正15年4月30日付マニラ報告，商取引紹介
　　　　茶及香味，煙草，玩具，野菜，蝋，木材及製品，羊毛製品輸入業者（比島）

595号　大正15年9月6日，749頁，大正15年8月6日付マニラ報告，商品市況
　　　　木材産出輸出状況（比島）

595号　大正15年9月6日，750頁，大正15年7月28日付ダヴァオ報告，商取引紹介
　　　　雑貨取扱商（ダヴァオ）

596号　大正15年9月7日，753-54頁，大正15年4月30日付マニラ報告，商取引紹介
　　　　紙及製品，香料化粧料，写真機及同材料，絵画及額縁，金銀鍍金品輸入業者（比島）

602号　大正15年9月13日，781-82頁，大正15年4月30日付マニラ報告，商取引紹介
　　　　米，靴，絹物，石鹸，酒類，遊戯具，文具，砂糖輸入業者（比島）

603号　大正15年9月14日，785頁，大正15年8月20日付マニラ報告，商品市況
　　　　麻市況（マニラ）『七月』

603号　大正15年9月14日，785-86頁，大正15年4月30日付マニラ報告，商取引紹介
　　　　綱索，刺繍，編物，レース，麻真田，鮮果，殻果，膠，コパル，芳香樹脂，皮類，椰子油，イラ，ンイラン香油，胡麻油，香料，緑蝸貝殻，真珠貝，亀甲，トロカ貝，窓貝輸出業者（比島）

604号　大正15年9月15日，789頁，大正15年8月20日付マニラ報告，商品市況
　　　　石炭市況（マニラ）『七月』

604号　大正15年9月15日，789-90頁，大正15年4月30日付マニラ報告，商取引紹介
　　　　蜂蝋，カカオ，化学品，薬種，染料，薬剤，珈琲，糖菓，コプラ，コプラ粕，珊瑚，カントン，マニラ麻，カポック，マゲイ麻，パユル麻，シザル麻，ピーナー布，シナメイ粗布輸出業者（比，島）

610号　大正15年9月21日，818頁，大正15年4月30日付マニラ報告，商取引紹介
　　　　木材，籘，シナメイ細布輸出業者（比島）

611号　大正15年9月22日，820-21頁，大正15年8月25日付マニラ報告，商品市況
　　　　米市況（比島）『七月』

613号　大正15年9月25日, 830頁, 大正15年4月30日付マニラ報告, 商取引紹介
　　　葉煙草無茎, 同茎付, 葉巻, 紙巻煙草, 木材（挽材）輸出業者（比島）

615号　大正15年9月27日, 848頁, 大正15年8月20日付マニラ報告, 商品市況
　　　セルロイド製品売行状況（マニラ）

第8巻

619号　大正15年10月1日, 866頁, 大正15年8月28日付マニラ報告, 商品市況
　　　燐寸需給状況（比島）

624号　大正15年10月6日, 898頁, 大正15年9月7日付マニラ報告, 商取引紹介
　　　帽子取扱商（マニラ）

625号　大正15年10月7日, 901頁, 大正15年9月9日付マニラ報告, 商品市況
　　　寒天需給状況（マニラ）

632号　大正15年10月14日, 940頁, 大正15年9月15日付マニラ報告, 商品市況
　　　麻市況（マニラ）『八月』

635号　大正15年10月18日, 949-50頁, 大正15年9月23日付マニラ報告, 貿易
　　　比律賓外国貿易（七月）

636号　大正15年10月19日, 955頁, 大正15年9月28日付マニラ報告, 商品市況
　　　米市況（比島）『八月』

636号　大正15年10月19日, 956頁, 大正15年9月15日付マニラ報告, 商品市況
　　　石炭市況（比島）『八月』

641号　大正15年10月24日, 975-76頁, 大正15年8月21日付マニラ報告, 貿易
　　　比島外国貿易状況（上半期）

663号　大正15年11月16日, 1091頁, 大正15年10月23日付マニラ報告, 商品市況
　　　米市況（比島）『九月』

663号　大正15年11月16日, 1092頁, 大正15年10月21日付マニラ報告, 商品市況
　　　石炭市況（比島）『九月』

664号　大正15年11月17日, 1095-96頁, 大正15年10月20日付マニラ報告, 商品市況
　　　麻市況（マニラ）『九月』

677号　大正15年12月1日, 1163頁, 大正15年10月10日付マニラ報告, 貿易
　　　比島対本邦貿易（大正十四年）

683号　大正15年12月7日, 1194頁, 大正15年10月30日付マニラ報告, 貿易
　　　比律賓外国貿易（八月）

686号　大正15年12月10日, 1208頁, 大正15年11月6日付マニラ報告, 商品市況
　　　ゴム靴類需要状況（マニラ）

687号　大正15年12月11日, 1212頁, 大正15年11月8日付マニラ報告, 商取引紹介
　　　ミシン取扱商（マニラ）

689号　大正15年12月13日, 1223頁, 大正15年11月20日付マニラ報告, 貿易
　　　比律賓外国貿易（九月）

690号　大正15年12月14日，1230頁，大正15年11月6日付マニラ報告，商取引紹介
　　　　セルロイド取扱商及百貨店（マニラ）

691号　大正15年12月15日，1234頁，大正15年11月6日付マニラ報告，商取引紹介
　　　　ゴム，ヅック靴及オーバシューズ取扱商（マニラ）

691号　大正15年12月15日，1234頁，大正15年11月13日付マニラ報告，商取引紹介
　　　　カルシューム，カーバイト輸入商（マニラ）

694号　大正15年12月18日，1244-45頁，大正15年11月24日付マニラ報告，商品市況
　　　　米市況（比島）『十月』

694号　大正15年12月18日，1245頁，大正15年11月20日付マニラ報告，商品市況
　　　　鉱油輸入状況（マニラ）

694号　大正15年12月18日，1246頁，大正15年11月24日付マニラ報告，商取引紹介
　　　　肥料輸入商（マニラ）

694号　大正15年12月18日，1246頁，大正15年11月10日付マニラ報告，商取引紹介
　　　　邦人経営書肆（マニラ）

696号　大正15年12月20日，1257頁，大正15年11月20日付マニラ報告，商品市況
　　　　麻市況（マニラ）『十月』

696号　大正15年12月20日，1258頁，大正15年11月22日付マニラ報告，商品市況
　　　　石炭市況（マニラ）『十月』

696号　大正15年12月20日，1258頁，大正15年11月10日付マニラ報告，商取引紹介
　　　　革布取扱商（マニラ）

699号　大正15年12月23日，1270頁，大正15年11月19日付マニラ報告，商取引紹介
　　　　ベニヤ板及同家具輸入商（マニラ）

『日刊海外商報』［1927年（昭和2年）］
第9巻

714号　昭和2年1月14日，1335頁，大正15年12月8日付マニラ報告，貿易
　　　　比島外国貿易（十月）

721号　昭和2年1月21日，1374頁，大正15年12月18日付マニラ報告，商品市況
　　　　麻市況（マニラ）『十一月』

734号　昭和2年2月3日，1442頁，昭和2年1月4日付マニラ報告，商品市況
　　　　石炭市況（マニラ）『十一月』

735号　昭和2年2月4日，1445頁，昭和元年12月28日付マニラ報告，商品市況
　　　　米市況（比島）『十一月』

737号　昭和2年2月6日，1456-58頁，大正15年12月10日付マニラ報告，商品市況
　　　　コプラ椰子油状況（比島）

744号　昭和2年2月16日，1502頁，昭和2年1月14日付マニラ報告，経済一般
　　　　比島通貨流通高

746号　昭和2年2月18日，1511頁，昭和2年1月17日付マニラ報告，商品市況

麻市況（マニラ）『十二月』

747号　昭和2年2月19日，1515頁，昭和2年1月21日付マニラ報告，商品市況
　　　米市況（比島）『十二月』

750号　昭和2年2月22日，1539頁，昭和2年1月15日付マニラ報告，貿易
　　　比島外国貿易（十一月）

754号　昭和2年2月26日，1558頁，昭和2年1月20日付マニラ報告，商品市況
　　　石炭市況（マニラ）『十二月』

756号　昭和2年2月28日，1576頁，通商局，商品市況
　　　金物輸入状況（比律賓）

760号　昭和2年3月4日，1589頁，昭和2年2月3日付マニラ報告，貿易
　　　比島外国貿易（一九二六年）

761号　昭和2年3月5日，1593頁，昭和2年2月4日付マニラ報告，貿易
　　　比島対日本輸出（一九二六年）

764号　昭和2年3月8日，1613頁，昭和2年1月26日付マニラ報告，貿易
　　　比島輸入奢侈品増加

770号　昭和2年3月14日，1653頁，昭和2年1月25日付マニラ報告，経済一般
　　　比島商業記帳法公布

771号　昭和2年3月15日，1655-56頁，昭和2年2月2日付マニラ報告，貿易
　　　比島外国貿易（十二月）

773号　昭和2年3月17日，1663頁，昭和2年2月10日付ダヴァオ報告，貿易
　　　ダヴァオ港商況（一九二六年）

774号　昭和2年3月18日，1669頁，昭和2年2月15日付マニラ報告，商品市況
　　　麻市況（マニラ）『一月』

777号　昭和2年3月22日，1693頁，昭和2年2月10日付マニラ報告，商品市況
　　　米輸入状況（比島）

784号　昭和2年3月29日，1734頁，昭和2年2月28日付マニラ報告，商品市況
　　　セルロイド製品輸入状況（マニラ）

第10巻

787号　昭和2年4月1日，4頁，昭和2年2月25日付マニラ報告，商品市況
　　　木材輸出状況（比島）『一九二六年』

788号　昭和2年4月2日，7頁，昭和2年3月5日付マニラ報告，商品市況
　　　米市況（比島）『一月』

790号　昭和2年4月5日，16頁，昭和2年2月26日付マニラ報告，商品市況
　　　石炭市況（マニラ）『一月』

803号　昭和2年4月18日，88頁，昭和2年3月23日付マニラ報告，商品市況
　　　石炭市況（マニラ）『二月』

804号　昭和2年4月19日，89-90頁，昭和2年3月19日付マニラ報告，貿易
　　　　比島対外貿易（一月）

804号　昭和2年4月19日，92頁，昭和2年3月21日付マニラ報告，商品市況
　　　　刷子需要状況（比島）

805号　昭和2年4月20日，96頁，昭和2年3月24日付マニラ報告，商品市況
　　　　麻市況（マニラ）『二月』

811号　昭和2年4月26日，127頁，昭和2年3月28日付マニラ報告，商品市況
　　　　米市況（比島）『二月』

822号　昭和2年5月8日，181-83頁，昭和2年3月8日付マニラ報告，貿易
　　　　比島対外貿易概況（一九二六年）

825号　昭和2年5月11日，201-02頁，昭和2年4月13日付マニラ報告，商品市況
　　　　石炭市況（マニラ）『三月』

834号　昭和2年5月20日，243-44頁，昭和2年4月20日付マニラ報告，貿易
　　　　比島対外貿易（二月）

837号　昭和2年5月23日，272頁，昭和2年4月16日付マニラ報告，商品市況
　　　　硝子罎需要状況（マニラ）

852号　昭和2年6月7日，342頁，昭和2年5月13日付ダヴァオ報告，商品市況
　　　　ダヴァオの養蚕有望

852号　昭和2年6月7日，343-44頁，昭和2年5月7日付マニラ報告，商品市況
　　　　麻市況（マニラ）「三月」

863号　昭和2年6月18日，391頁，昭和2年5月24日付マニラ報告，貿易
　　　　比島対外貿易（三月）

863号　昭和2年6月18日，394頁，昭和2年5月23日付マニラ報告，商品市況
　　　　麻市況（マニラ）『四月』

865号　昭和2年6月20日，409頁，昭和2年5月16日付マニラ報告，商品市況
　　　　砂糖生産状況（比島）

865号　昭和2年6月20日，410頁，昭和2年5月24日付マニラ報告，商品市況
　　　　石炭市況（比島）『四月』

866号　昭和2年6月21日，412-13頁，昭和2年5月24日付マニラ報告，商品市況
　　　　苹果及玉葱需要状況（比島）

874号　昭和2年6月29日，452頁，昭和2年6月8日付マニラ報告，商品市況
　　　　米市況（比島）『三月』

第11巻

876号　昭和2年7月1日，458頁，昭和2年6月1日付マニラ報告，貿易
　　　　派遣旅商隊と比律賓

880号　昭和2年7月5日，483頁，昭和2年5月31日付ダヴァオ報告，商品市況
　　　　比律賓各地栽培企業可能性比較

881号　昭和2年7月6日，485頁，昭和2年6月7日付マニラ報告，貿易
　　　比島外国貿易（四月）

891号　昭和2年7月16日，533-34頁，昭和2年6月20日付マニラ報告，商品市況
　　　米市況（比島）『四月』

894号　昭和2年7月19日，553頁，昭和2年6月20日付マニラ報告，商品市況
　　　麻市況（マニラ）『五月』

900号　昭和2年7月25日，585-86頁，昭和2年6月25日付マニラ報告，商品市況
　　　果物輸出入状況（比島）

904号　昭和2年7月29日，600頁，昭和2年7月1日付マニラ報告，商品市況
　　　米市況（比島）『五月』

905号　昭和2年7月30日，603頁，昭和2年7月8日付マニラ報告，貿易
　　　比島対外貿易（五月）

911号　昭和2年8月5日，638頁，昭和2年7月8日付マニラ報告，商取引紹介
　　　木材輸出商（マニラ）

915号　昭和2年8月9日，657頁，昭和2年7月5日付ダヴァオ報告，商品市況
　　　コプラ市況（ダヴァオ）『五，六月』

915号　昭和2年8月9日，657頁，昭和2年7月5日付ダヴァオ報告，商品市況
　　　麻市況（ダヴァオ）『五，六月』

916号　昭和2年8月10日，660頁，昭和2年7月16日付マニラ報告，商品市況
　　　比島燐寸工場拡張

916号　昭和2年8月10日，662頁，昭和2年7月11日付マニラ報告，商品市況
　　　石炭市況（比島）『五月』

918号　昭和2年8月12日，669-70頁，昭和2年7月9日付マニラ報告，商品市況
　　　絹物需要状況（比島）

925号　昭和2年8月19日，708頁，昭和2年7月12日付マニラ報告，商品市況
　　　石炭市況（比島）『六月』

933号　昭和2年8月27日，747頁，昭和2年7月30日付マニラ報告，貿易
　　　比島外国貿易（六月）

945号　昭和2年9月8日，812頁，昭和2年8月2日付マニラ報告，商品市況
　　　米市況（比島）『六月』

945号　昭和2年9月8日，812頁，通商局，商品市況
　　　ゴム靴輸入状況（比律賓）

946号　昭和2年9月9日，816頁，昭和2年8月3日付マニラ報告，商品市況
　　　麻市況（比島）『六月』

950号　昭和2年9月13日，833-34頁，昭和2年8月15日付マニラ報告，商品市況
　　　マニラ株式取引所創設

950号　昭和2年9月13日，834頁，昭和2年8月15日付マニラ報告，商品市況
　　　　比島米植付反別と産額

951号　昭和2年9月14日，837頁，昭和2年9月10日着マニラ報告，電報
　　　　一九二八年度商工展覧会開催見合（マニラ）

954号　昭和2年9月17日，852頁，昭和2年8月12日付マニラ報告，商取引紹介
　　　　洋傘柄同材料輸入商（マニラ）

956号　昭和2年9月19日，861頁，昭和2年8月1日付ダヴァオ報告，経済一般
　　　　ダヴァオ商況（七月）

第12巻

967号　昭和2年10月1日，909頁，昭和2年9月5日付マニラ報告，貿易
　　　　比島外国貿易（七月）

969号　昭和2年10月3日，923頁，昭和2年9月1日付マニラ報告，商品市況
　　　　米市況（比島）『七月』

971号　昭和2年10月5日，932頁，昭和2年8月24日付マニラ報告，商品市況
　　　　長麻市況（比島）『七月』

977号　昭和2年10月11日，968頁，昭和2年8月24日付マニラ報告，商品市況
　　　　石炭市況（比島）『七月』

983号　昭和2年10月18日，998頁，通商局
　　　　比律賓の真珠採取業

987号　昭和2年10月22日，1013頁，昭和2年10月20日着マニラ報告，電報
　　　　比島米輸出解禁

993号　昭和2年10月28日，1045頁，昭和2年9月10日付ダヴァオ報告，貿易
　　　　ダヴァオ商況『八月』

993号　昭和2年10月28日，1045頁，昭和2年10月3日付マニラ報告，貿易
　　　　比島外国貿易（八月）

994号　昭和2年10月29日，1052頁，昭和2年9月27日付マニラ報告，商品市況
　　　　長麻市況（マニラ）『八月』

995号　昭和2年10月30日，1055-57頁，昭和2年8月24日付マニラ報告，貿易
　　　　比島外国貿易概況（上半期）

996号　昭和2年10月31日，1068-69頁，昭和2年9月26日付マニラ報告，商品市況
　　　　比島米輸出解禁

1000号　昭和2年11月5日，1085頁，昭和2年10月7日付マニラ報告，商品市況
　　　　米市況（比島）『八月』

1001号　昭和2年11月6日，1096頁，昭和2年7月19日付マニラ報告，商品市況
　　　　本邦製琺瑯鉄器排斥提議（比島）

1004号　昭和2年11月9日，1108頁，昭和2年10月5日及16日付マニラ報告，商品市況
　　　　石炭市況（比島）『八，九月』

1010号　昭和2年11月15日，1141頁，昭和2年10月19日付マニラ報告，貿易
　　　　本邦対比島貿易（大正十五年）

1010号　昭和2年11月15日，1141頁，昭和2年10月5日付ダヴァオ報告，貿易
　　　　ダヴァオ商況（九月）

1012号　昭和2年11月17日，1150頁，通商局
　　　　マニラ及外国諸港郵便日数

1013号　昭和2年11月18日，1155頁，昭和2年10月19日付マニラ報告，商品市況
　　　　米市況（比島）『九月』

1014号　昭和2年11月19日，1160頁，昭和2年10月26日付マニラ報告，商取引紹介
　　　　セメント輸入業者（マニラ）

1017号　昭和2年11月22日，1182-83頁，昭和2年10月17日付マニラ報告，経済一般
　　　　比島製糖業の現状及将来

1022号　昭和2年11月28日，1216頁，昭和2年11月1日付マニラ報告，商取引紹介
　　　　亜鉛引鉄板輸入業者（マニラ）

1027号　昭和2年12月3日，1236頁，昭和2年11月8日付マニラ報告，経済一般
　　　　比島無電の外国通信拡張

1029号　昭和2年12月5日，1254-55頁，昭和2年11月2日付マニラ報告，商品市況
　　　　長麻市況（マニラ）『九月』

1031号　昭和2年12月7日，1262-63頁，昭和2年10月29日付マニラ報告，経済一般
　　　　比島農産物生産状況（一九二六年）

1033号　昭和2年12月9日，1269頁，昭和2年11月4日付マニラ報告，貿易
　　　　比島外国貿易（九月）

1034号　昭和2年12月10日，1275-76頁，昭和2年11月7日付マニラ報告，商品市況
　　　　比島経済とマニラ麻，強敵スマトラ麻の出現

1040号　昭和2年12月16日，1310頁，昭和2年11月7日付マニラ報告，経済一般
　　　　薄荷輸入税率（比島）

1044号　昭和2年12月20日，1336頁，昭和2年11月18日付マニラ報告，商品市況
　　　　石炭市況（比島）『十月』

1045号　昭和2年12月21日，1340頁，昭和2年12月1日付マニラ報告，商品市況
　　　　スマトラ麻とマニラ麻

1046号　昭和2年12月22日，1344頁，昭和2年11月7日付マニラ報告，電報
　　　　薬種品輸入商（マニラ）

1047号　昭和2年12月23日，1345頁，昭和2年12月1日付マニラ報告，貿易
　　　　比島外国貿易（十月）

1047号　昭和2年12月23日，1348頁，昭和2年11月18日付マニラ報告，商品市況
　　　　米市況（比島）『十月』

1048号　昭和2年12月24日，1351頁，昭和2年11月28日付マニラ報告，商品市況
　　　　鶏卵需給状況（比島）

1049号　昭和2年12月26日，1355頁，昭和2年11月25日付マニラ報告，商品市況
　　　　長麻市況（マニラ）「十月」

『日刊海外商報』［1928年（昭和3年）］
第13巻

1058号　昭和3年1月11日，1401-02頁，昭和2年12月8日付マニラ報告，商品市況
　　　　木材産出輸出状況（比島）

1061号　昭和3年1月14日，1414頁，昭和2年12月2日付マニラ報告，商品市況
　　　　自転車需要状況（比島）

1061号　昭和3年1月14日，1414頁，昭和2年12月5日付マニラ報告，商取引紹介
　　　　馬具取扱商（マニラ）

1064号　昭和3年1月17日，1434頁，昭和2年12月1日付マニラ報告，商品市況
　　　　漁網需給状況（比島）

1065号　昭和3年1月18日，1435頁，昭和3年1月14日着マニラ報告，電報
　　　　米国海軍演習用標的筏繋留（比島）

1077号　昭和3年1月30日，1501頁，昭和3年1月6日付マニラ報告，貿易
　　　　比島外国貿易（一九二七年十一月）

1080号　昭和3年2月2日，1513頁，昭和2年12月7日付ダヴァオ報告，貿易
　　　　ダヴァオ商況（一九二七年十一月）

1080号　昭和3年2月2日，1516頁，昭和2年12月5日付マニラ報告，商取引紹介
　　　　帽子製造並同材料商（マニラ）

1081号　昭和3年2月3日，1518頁，昭和3年1月4日付マニラ報告，経済一般
　　　　比島対外通信業の競争

1081号　昭和3年2月3日，1520頁，昭和3年1月5日付マニラ報告，商品市況
　　　　石炭市況（比島）『一九二七年十一月』

1082号　昭和3年2月4日，1524頁，昭和3年1月4日付マニラ報告，商取引紹介
　　　　亜鉛引鉄板取扱商（マニラ）

1084号　昭和3年2月6日，1537頁，昭和3年1月4日付ダヴァオ報告，貿易
　　　　ダヴァオ商況（十二月）

1085号　昭和3年2月7日，1542頁，昭和3年1月6日付マニラ報告，経済一般
　　　　インボイス作成方注意（比島）

1090号　昭和3年2月13日，1572頁，昭和3年1月5日付マニラ報告，商品市況
　　　　長麻市況（マニラ）『一九二七年十一月』

1098号　昭和3年2月21日，1613頁，昭和3年1月10日付マニラ報告，商品市況
　　　　米市況（比島）『十一月』

1100号　昭和3年2月23日，1622頁，昭和3年1月27日付マニラ報告，商品市況

石炭市況（比島）『十二月』

1101号　昭和3年2月24日，1623頁，昭和3年2月2日付マニラ報告，貿易
　　　比島対外貿易（十二月）

1106号　昭和3年2月29日，1657頁，昭和3年1月27日付マニラ報告，経済一般
　　　比島関税法中改正

1113号　昭和3年3月7日，1689頁，昭和3年1月30日付マニラ報告，商品市況
　　　米市況（比島）『十二月』

1113号　昭和3年3月7日，1690頁，昭和3年2月2日付マニラ報告，商品市況
　　　長麻市況（比島）『十二月』

1118号　昭和3年3月12日，1711頁，昭和3年2月5日付ダヴァオ報告，貿易
　　　ダヴァオ商況（一月）

1122号　昭和3年3月16日，1729頁，昭和3年2月10日付マニラ報告，商品市況
　　　マニラ・ヘンプ市況（比島）『一九二七年』

1122号　昭和3年3月16日，1730頁，昭和3年2月3日付マニラ報告，商品市況
　　　石炭需給状況（比島）『昭和二年』

1123号　昭和3年3月17日，1734頁，昭和3年2月18日付マニラ報告，商品市況
　　　石炭市況（比島）『一月』

7．『週刊海外経済事情』1928—34年

『週刊海外経済事情』［1928年（昭和3年）］

5号　昭和3年4月30日，6-14頁，昭和3年3月7日付マニラ報告，貿易
　　比島外国貿易状況（一九二七年）

7号　昭和3年5月14日，10-13頁，昭和3年3月17日付マニラ報告，経済
　　比島製糖業と米国の比律賓糖無税輸入制限問題

7号　昭和3年5月14日，14頁，昭和3年4月12日付マニラ報告，経済
　　本邦商品輸出業者に対する注意（比律賓）

7号　昭和3年5月14日，57頁，昭和3年3月3日付マニラ報告，商品
　　比島外米輸入統計（一九二八年一月）

8号　昭和3年5月21日，57頁，昭和3年3月27日付マニラ報告，商品
　　比島外米輸入並移出統計（二月）

8号　昭和3年5月21日，57頁，昭和3年4月2日付マニラ報告，商品
　　比島石炭輸入統計（二月）

16号　昭和3年7月9日，電4頁，昭和3年6月29日着マニラ報告，電報
　　比島に於ける排日貨状況

23号　昭和3年8月20日，63頁，昭和3年6月27日付マニラ報告，紹介
　　　缶詰取扱商（マニラ）

24号　昭和3年8月27日，65頁，昭和3年6月29日付マニラ報告，紹介
　　　自転車並自動車及同付属品取扱商（マニラ）

24号　昭和3年8月27日，65-66頁，昭和3年6月29日付マニラ報告，紹介
　　　製本業者（マニラ）

26号　昭和3年9月10日，電2頁，昭和3年8月29日着マニラ報告，電報
　　　比島排日貨と日比貿易の近況

26号　昭和3年9月10日，69頁，昭和3年7月17日付マニラ報告，紹介
　　　商工業者人名録（マニラ）

27号　昭和3年9月17日，12-13頁，昭和3年7月28日付ダヴァオ報告，経済
　　　マニラ麻及椰子の分布と所有者国籍別（ダヴァオ州）

31号　昭和3年10月8日，12-15頁，昭和3年8月28日付マニラ報告，経済
　　　比律賓に於ける排日貨状況

31号　昭和3年10月8日，15-16頁，昭和3年8月10日付ダヴァオ報告，貿易
　　　ダヴァオ港外国貿易概況（上半期）

32号　昭和3年10月15日，70頁，昭和3年6月30日付マニラ報告，紹介
　　　屑鉄輸出取扱商（マニラ）

32号　昭和3年10月15日，70頁，昭和3年6月30日付マニラ報告，紹介
　　　運動具及釣具取扱商（マニラ）

35号　昭和3年11月5日，電1頁，昭和3年10月26日着マニラ報告，電報
　　　玉葱及馬鈴薯関税賦課法案下院通過（比島）

35号　昭和3年11月5日，電1頁，昭和3年10月29日着ダヴァオ報告，電報
　　　ダヴァオ暴風襲来

38号　昭和3年11月26日，56頁，昭和3年10月2日付ダヴァオ報告，商品
　　　ダヴァオ州麻産出並輸出量（一〜八月）

40号　昭和3年12月3日，12-13頁，昭和3年10月11日付マニラ報告，経済
　　　ミンダナオ島経済調査委員任命（比島）

40号　昭和3年12月3日，13-14頁，昭和3年10月1日付マニラ報告，商品
　　　除虫菊及殺虫粉需給状況（比島）

『週刊海外経済事情』［1929年（昭和4年）］

46号　昭和4年1月21日，7-9頁，昭和3年11月2日付ダヴァオ報告，経済
　　　邦人麻耕地暴風雨被害状況（ダヴァオ）

51号　昭和4年2月18日，53頁，通商局報告，経済
　　　フキリッピン輸入玉葱及馬鈴薯税設定案

54号　昭和4年3月11日，56-57頁，昭和3年12月20日付ダヴァオ報告，経済
　　　マニラ麻副産物と製紙及パルプ事業（フイリッピン）

55号 昭和4年3月18日,20-21頁,昭和4年2月2日着ダヴァオ報告,経済
　　　ダヴァオ港状況(一九二八年)

57号 昭和4年3月25日,電3頁,昭和4年3月17日着ホノルル報告,電報
　　　馬尼刺発ホノルル入港船に脳脊髄膜炎発生

2号 昭和4年4月8日,74-75頁,昭和4年2月16日付マニラ報告,商品
　　　コプラ粕輸出状況(フイリツピン)

3号 昭和4年4月15日,60頁,昭和4年2月27日付マニラ報告,経済
　　　比島カーニバル商工共進会と本邦商

4号 昭和4年4月22日,13-14頁,昭和4年2月15日付ダヴァオ報告,商品
　　　マニラ・ヘンプ産出状況(ダヴァオ州)

5号 昭和4年4月30日,77頁,昭和4年3月13日付マニラ報告,紹介
　　　歯科器械材料商(マニラ)

5号 昭和4年4月30日,78頁,昭和4年3月11日付マニラ報告,紹介
　　　薬種取扱商(マニラ)

7号 昭和4年5月13日,66頁,昭和4年3月16日付ダヴァオ報告,商品
　　　麦酒並清涼飲料売行状況(ダヴァオ)

11号 昭和4年6月3日,58-59頁,昭和4年2月23日付マニラ報告,経済
　　　銀行法案比島議会通過

11号 昭和4年6月3日,59-60頁,昭和4年4月9日付マニラ報告,商品
　　　珈琲生産状況(フイリツピン)

11号 昭和4年6月3日,75頁,昭和4年3月18日付ダヴァオ報告,紹介
　　　地下足袋輸入希望者(ダヴァオ)

14号 昭和4年6月24日,10-13頁,昭和4年5月14日付マニラ報告,貿易
　　　フキリッピン対本邦貿易状況(一九二八年)

15号 昭和4年7月1日,11-17頁,昭和4年5月14日付マニラ報告,貿易
　　　フイリツピン外国貿易状況(一九二八年)

17号 昭和4年7月15日,23-24頁,昭和4年6月5日付マニラ報告,商品
　　　石炭需給状況(比島)『一九二八年』

17号 昭和4年7月15日,53-54頁,昭和4年5月9日付サンフランシスコ報告,商品
　　　フイリツピン島輸入生果実

18号 昭和4年7月22日,54-55頁,昭和4年6月12日付マニラ報告,経済
　　　輸出本邦品に日本製明記方注意

22号 昭和4年8月19日,45頁,昭和4年6月28日付サンフランシスコ報告,経済
　　　サンフランシスコ及フキリッピン航路汽船に冷蔵庫設備

22号 昭和4年8月19日,46頁,昭和4年6月25日付サンフランシスコ報告,経済
　　　サンフランシスコ―フキリッピン間貨物船直航開始

25号　昭和4年9月9日，電1頁，昭和4年9月3日着マニラ報告，電報
　　　未検疫船のマニラ入港禁止

27号　昭和4年9月24日，76頁，昭和4年7月23日付マニラ報告，紹介
　　　邦人医師名（マニラ）

27号　昭和4年9月24日，76-80頁，昭和4年7月12日付マニラ報告，紹介
　　　印刷用インク及印刷用材料，印刷業者，ラヂオ，文具，容器栓，洋服地，綿帆布，漆器，玉葱，馬，鈴薯，ラケット，護謨製品，セメント及金属製品，葉煙草，木材，自動車付属品，電気器具取扱商，（マニラ）

28号　昭和4年9月30日，電1頁，昭和4年9月23日着マニラ報告，電報
　　　香港積出比島入港米及落花生消毒所指定

32号　昭和4年10月28日，64-65頁，昭和4年9月20日付マニラ報告，商品
　　　石炭輸入状況（フイリッピン）『上半期』

32号　昭和4年10月28日，73-74頁，昭和4年9月17日付ダヴァオ報告，貿易
　　　ダヴァオ港貿易統計（一九二八年）

34号　昭和4年11月11日，17-20頁，昭和4年10月8日付マニラ報告，貿易
　　　フイリッピン対外貿易（上半期）

34号　昭和4年11月11日，73頁，昭和4年9月13日付マニラ報告，紹介
　　　葉煙草輸出業者（マニラ）

34号　昭和4年11月11日，74頁，昭和4年10月1日付マニラ報告，紹介
　　　自転車及同付属品取扱商（マニラ）

39号　昭和4年12月16日，21-26頁，通商局報告，商品
　　　フイリッピンの重要缶詰食料品市場

『週刊海外経済事情』［1930年（昭和5年）］

1号　昭和5年1月6日，79-80頁，昭和4年11月1日付マニラ報告，紹介
　　　陶磁器，洋傘材料及耐火煉瓦並朝鮮産品取扱商（フイリッピン）

2号　昭和5年1月13日，電2頁，昭和4年12月27日着マニラ報告，電報
　　　香港発比島入港船客種痘実施

2号　昭和5年1月13日，1-2頁，昭和4年10月29日及11月3日付ニューヨーク報告，経済
　　　米国比島間太平洋横断定期航空路開設計画

3号　昭和5年1月20日，71頁，昭和4年11月1日付マニラ報告，紹介
　　　一般雑貨，絹製品及釣道具取扱商（マニラ）

4号　昭和5年1月27日，39-40頁，昭和4年12月19日付マニラ報告，商品
　　　燐寸需給状況（比島）

7号　昭和5年2月17日，51-52頁，昭和5年1月13日付マニラ報告，商品
　　　石炭輸入状況（フイリッピン）『一九二九年』

8号　昭和5年2月24日，61頁，昭和5年1月16日付マニラ報告，経済

比島輸入本邦品原産地名明記方取締

9号　昭和5年3月3日，32-33頁，昭和5年1月13日付マニラ報告，経済
　　　製帽用バンタル繊維工業（フイリツピン）

9号　昭和5年3月3日，58頁，昭和5年1月24日付マニラ報告，商品
　　　麻近況（マニラ）

10号　昭和5年3月10日，56頁，昭和5年1月30日付マニラ報告，経済
　　　顔剃用刷毛輸入に関する注意（フイリツピン）

10号　昭和5年3月10日，56-57頁，昭和5年1月30日付マニラ報告，商品
　　　貝鈕釦需給状況（フイリツピン）

11号　昭和5年3月17日，51-53頁，昭和5年2月12日付マニラ報告，経済
　　　比島産業発展に関する投資概況

11号　昭和5年3月17日，71頁，昭和5年1月27日付マニラ報告，紹介
　　　薬種及医療器並洋紙取扱商（マニラ）

12号　昭和5年3月24日，49-50頁，昭和5年2月20日付マニラ報告，経済
　　　ヒリッピン島商況（一九二九年）

13号　昭和5年3月31日，46-47頁，昭和5年2月24日付マニラ報告，商品
　　　木材産出輸出状況（フイリッピン島）

14号　昭和5年4月7日，54-55頁，昭和5年1月27日付ダヴァオ報告，貿易
　　　ダヴァオ港貿易状況（一九二九年）

15号　昭和5年4月14日，37-39頁，昭和5年3月17日付マニラ報告，貿易
　　　フィリッピン島産品及輸出貿易上より観たる本島の独立

17号　昭和5年4月28日，17-20頁，昭和5年3月23日付マニラ報告，鉱業
　　　フイリッピン群島のグアノ業

17号　昭和5年4月28日，69頁，昭和5年3月6日付スペイン報告，交通，保険，倉庫及港湾
　　　スペイン，フイリッピン間航路廃止

18号　昭和5年5月5日，24-25頁，昭和5年3月22日付マニラ報告，財経及経済
　　　フイリッピン島の産業投資状況

18号　昭和5年5月5日，66-67頁，昭和5年3月31日付マニラ報告，財経及経済
　　　マニラ市観光客来遊状況

18号　昭和5年5月5日，77頁，昭和5年3月5日付マニラ報告，紹介
　　　食糧品取扱商（マニラ）

19号　昭和5年5月12日，47-49頁，昭和5年4月5日付マニラ報告，財経及経済
　　　フイリッピン群島の食料問題

19号　昭和5年5月12日，66-67頁，昭和5年4月7日付マニラ報告，財経及経済
　　　フイリッピン貨幣流通高（三月末）

19号　昭和5年5月12日，67頁，昭和5年3月31日付マニラ報告，鉱業
　　　金産出状況（フイリッピン群島）

19号　昭和5年5月12日，67頁，昭和5年4月1日付ダヴァオ報告，商品
　　　植物繊維産出状況（フイリッピン群島）

20号　昭和5年5月19日，46-47頁，昭和5年3月21日付ダヴァオ報告，商品
　　　マニラ・ヘンプ産出状況（一九二九年）

21号　昭和5年5月26日，48-49頁，昭和5年4月22日付マニラ報告，農業
　　　フイリッピン群島の養蚕計画

23号　昭和5年6月9日，53-58頁，昭和5年4月1日付マニラ報告，貿易
　　　フィリッピン外国貿易年報（一九二九年）

24号　昭和5年6月16日，70-71頁，昭和5年2月8日付マニラ報告，貿易
　　　ザンボアンガ港貿易状況（一九二九年）

25号　昭和5年6月23日，21-25頁，昭和5年5月21日付マニラ報告，財経及経済
　　　フイリッピンに於ける産業の近況

28号　昭和5年7月14日，71頁，昭和5年6月6日付マニラ報告，貿易
　　　本邦に於けるフイリッピン産品の地位

30号　昭和5年7月28日，48-49頁，昭和5年6月12日付マニラ報告，鉱業
　　　フイリッピンの二大鉱業会社の産金状況（一九二九年）

33号　昭和5年8月18日，61頁，昭和5年6月23日付ダヴァオ報告，紹介
　　　雑貨及化粧品並売薬取扱商（ダヴァオ）

34号　昭和5年8月25日，50-52頁，昭和5年7月11日付マニラ報告，移民，労働及社会
　　　在フィリッピン華僑商人成功の原由

35号　昭和5年9月1日，電2頁，昭和5年8月22日着マニラ報告，検疫
　　　セブー港地方コレラ終熄

35号　昭和5年9月1日，42-43頁，昭和5年7月17日付マニラ報告，商品
　　　石炭需給状況（フィリッピン）『一九三〇年上半期』

37号　昭和5年9月15日，電2頁，昭和5年9月8日着マニラ報告，検疫
　　　マニラ港コレラ流行

37号　昭和5年9月15日，61頁，昭和5年8月8日付マニラ報告，商品
　　　フイリッピン島の製材限産計画

37号　昭和5年9月15日，61-62頁，昭和5年7月23日付マニラ報告，関税及条約
　　　米国新関税法とフイリッピン産品

41号　昭和5年10月13日，66頁，昭和5年8月27日付マニラ報告，商品
　　　フィリッピン製材限産計画

41号　昭和5年10月13日，73-74頁，昭和5年8月26日付マニラ報告，商品
　　　人造絹糸布輸入統計（フイリッピン）『一九二九年』

42号　昭和5年10月20日，電1頁，昭和5年10月13日着マニラ報告，関税及条約
　　　セメント輸入税引上（フィリッピン）

42号　昭和5年10月20日，電1頁，昭和5年10月14日着汕頭報告，検疫
　　　マニラを虎疫流行地と指定

42号　昭和5年10月20日，6-7頁，昭和5年8月29日付マニラ報告，商品
　　　本邦製人絹織物の販路拡張方法（フイリッピン）

42号　昭和5年10月20日，70-71頁，昭和5年9月5日付マニラ報告，雑録
　　　フィリッピン陸軍経理部の本邦鶏卵購買入札

43号　昭和5年10月27日，電1頁，昭和5年10月20日着マニラ報告，関税及条約
　　　セメント関税引上案下院通過（フィリッピン）

45号　昭和5年11月10日，電1頁，昭和5年11月4日着マニラ報告，関税及条約
　　　セメント関税引上法案修正上院通過（フィリッピン）

45号　昭和5年11月10日，電2頁，昭和5年10月31日着マニラ報告，関税及条約
　　　フィリッピン輸入税引上法案下院提出

48号　昭和5年12月1日，電1頁，昭和5年11月21日着マニラ報告，関税及条約
　　　フイリッピン輸入税引上法案両院通過

48号　昭和5年12月1日，14-16頁，昭和5年10月21日付マニラ報告，商品
　　　本邦産莫大小取引状況（フィリッピン）

48号　昭和5年12月1日，68頁，昭和5年10月28日付マニラ報告，関税及条約
　　　古新聞紙等フィリッピン輸入に関する税関令

48号　昭和5年12月1日，68-69頁，昭和5年10月17日付ダヴァオ報告，商品
　　　麻市価及採収量と生産費（ダヴァオ）

51号　昭和5年12月22日，電1-2頁，昭和5年12月10日着マニラ報告，関税及条約
　　　セメント輸入税改正案裁可（フイリッピン）

51号　昭和5年12月22日，1-8頁，通商局報告，商品
　　　有望なる輸出商品（中華民国，フイリッピン，イタリー）

『週刊海外經濟事情』［1931年（昭和6年）］

3号　昭和6年1月19日，21-24頁，昭和5年9月29日付マニラ報告，貿易
　　　フィリッピン対本邦貿易状況（一九二九年）

4号　昭和6年1月26日，63頁，昭和5年11月25日付マニラ報告，工業
　　　サムボアンガのカッチ製産業

5号　昭和6年2月2日，40-41頁，通商局報告，外国法規
　　　珈琲樹，枝茎，漿果及種子等輸入搬入取締規定公布（ノイリッピン島）

6号　昭和6年2月9日，62頁，昭和6年1月8日付マニラ報告，交通，保険，倉庫及港湾
　　　船舶積荷目録提出の要（フィリッピン）

6号　昭和6年2月9日，62-63頁，昭和5年12月15日付マニラ報告，商品

　　　　　亜鉛鍍板の輸入（フィリッピン）

7号　昭和6年2月16日，電2頁，昭和6年2月9日着マニラ報告，検疫
　　　虎疫蔓延及疫病流行地指定（フィリッピン）

7号　昭和6年2月16日，電2頁，昭和6年2月10日着マニラ報告，検疫
　　　イロイロ港虎疫流行地指定

7号　昭和6年2月16日，66-67頁，昭和5年12月20日付マニラ報告，商品
　　　売薬取扱業者，同輸入税及輸入額（フィリッピン）

8号　昭和6年2月23日，4-8頁，通商局報告，財経及経済
　　　フィリッピンに於けるドイツの経済的活動

9号　昭和6年3月2日，7-8頁，昭和6年1月16日付マニラ報告，商品
　　　アバカ産出状況（フィリッピン）

10号　昭和6年3月9日，電4頁，昭和6年3月5日着マニラ報告，関税及条約
　　　フィリッピン島セメント輸入税低減

10号　昭和6年3月9日，67頁，昭和6年1月21日付マニラ報告，農業
　　　フィリッピン主要農作物作柄予想（一九三一年度）

10号　昭和6年3月9日，67-68頁，昭和6年1月22日付ダヴァオ報告，商品
　　　マニラ・ヘンプ生産状況（一九三〇年）

10号　昭和6年3月9日，68-69頁，昭和6年1月20日付マニラ報告，交通，保険，倉庫
　　　及港湾
　　　フィリッピンの航空輸送会社計画

11号　昭和6年3月16日，62-65頁，昭和6年2月4日付ダヴァオ報告，貿易
　　　ダヴァオ港外国貿易状況（一九三〇年度）

12号　昭和6年3月23日，30-32頁，昭和6年2月5日付ダヴァオ報告，商品
　　　ダヴァオの麻耕地状況と麻相場

13号　昭和6年3月30日，70-71頁，昭和6年2月18日付マニラ報告，関税及条約
　　　フィリッピン向輸出品の原産地証明書及領事送状記載事項

15号　昭和6年4月13日，66-67頁，昭和6年3月6日付マニラ報告，関税及条約
　　　フィリッピン島セメント輸入税低減法総督布告

17号　昭和6年4月27日，56-60頁，昭和6年4月8日着マニラ報告，工業
　　　フィリッピン島イロコス地方紡織業状況

18号　昭和6年5月4日，73頁，昭和6年4月14日着ダヴァオ報告，商品
　　　マニラ・ヘンプ生産激減

20号　昭和6年5月18日，40-42頁，昭和6年4月8日着マニラ報告，水産業
　　　フィリッピンの漁業と同島向鮮魚輸出

21号　昭和6年5月25日，10頁，昭和6年5月6日着マニラ報告，貿易
　　　フィリッピン島対日貿易年報（一九三〇年）

22号　昭和6年6月1日，69-72頁，昭和6年5月14日付マニラ報告，商品
　　　自動車数及名稱並部分品輸入状況と取扱商（フイリッピン）

24号　昭和6年6月15日，24-28頁，昭和6年5月6日付マニラ報告，貿易
　　　フィリッピン島貿易年報（一九三〇年）

30号　昭和6年7月27日，61-62頁，昭和6年6月17日付マニラ報告，外国法規
　　　フィリッピン島の特許並商標出願代理人と出願方法

30号　昭和6年7月27日，69頁，昭和6年5月26日付（同6月17日着）ダヴァオ報告，紹介
　　　釦輸入業者（ダヴァオ）

30号　昭和6年7月27日，69頁，昭和6年4月27日付（同5月14日着）マニラ報告，紹介
　　　万年筆，鉛筆，文具雑具取扱商（マニラ）

31号　昭和6年8月3日，65-66頁，昭和6年7月1日付（同15日着）マニラ報告，商品
　　　服地用毛織物輸入状況及同輸入業者（フィリッピン島）

32号　昭和6年8月10日，56-57頁，昭和6年6月25日付（同7月15日着）マニラ報告，商品
　　　水量及瓦斯メートル需要状況（マニラ）

32号　昭和6年8月10日，65頁，昭和6年5月27日付（同6月11日着）マニラ報告，紹介
　　　煙草製造会社名（マニラ）

33号　昭和6年8月17日，78-79頁，昭和6年6月24日付（同7月15日着）ダヴァオ報告，紹介
　　　主要輸入業者（ダヴァオ）

34号　昭和6年8月24日，59-60頁，昭和6年7月2日付サンフランシスコ報告，交通，保険，倉庫及港湾
　　　ダラー汽船の新造船ニユヨーク，マニラ間定航開始

36号　昭和6年9月7日，29-30頁，昭和6年7月15日付リヨン報告，商品
　　　マニラ麻織物需給状況（フランス）

37号　昭和6年9月14日，47-48頁，昭和6年8月15日付マニラ報告，貿易
　　　フィリッピン島商況（一九三一年前半期）

38号　昭和6年9月21日，電2頁，昭和6年9月12日着マニラ報告，関税及条約
　　　フィリッピン島関税改正審議と本邦関係商品

38号　昭和6年9月21日，64頁，昭和6年8月4日付マニラ報告，関税及条約
　　　フィリッピン島輸入自動車用電球関税引上

39号　昭和6年9月28日，電3頁，昭和6年9月22日着マニラ報告，関税及条約
　　　マニラ輸入品用包装藁取締励行

39号　昭和6年9月28日，64頁，昭和6年8月3日付マニラ報告，商品
　　　火薬輸入額及同取扱商（フィリッピン島）

39号　昭和6年9月28日，64-65頁，昭和6年8月20日付マニラ報告，貿易
　　　フィリッピン島外国貿易概況（一九三一年半期）

41号　昭和6年10月12日，37-38頁，昭和6年8月27日付マニラ報告，関税及条約・商品
　　　フィリッピン島輸入米及米粉関税改正案提出付米輸入額国別

41号　昭和6年10月12日，60-61頁，昭和6年8月2日付ダヴァオ報告，各地事情
　　　ダヴァオ近況

41号　昭和6年10月12日，78-80頁，昭和6年7月25日付マニラ報告，紹介
　　　本邦品輸入業者（フィリッピン島）

43号　昭和6年10月26日，電2頁，昭和6年10月17日着マニラ報告，関税及条約
　　　フィリッピン島輸入玉葱及馬鈴薯関税賦課法案下院提出

43号　昭和6年10月26日，8-13頁，昭和6年9月16日付マニラ報告，商品
　　　本邦産ゴム製品需要状況（フィリッピン）

45号　昭和6年11月9日，62-63頁，昭和6年9月24日付マニラ報告，商品
　　　石鹸需給状況並取扱業者（フイリッピン島）

46号　昭和6年11月16日，58頁，昭和6年10月21日付マニラ報告，商品
　　　除虫菊需要状況（フィリッピン島）

47号　昭和6年11月24日，8-9頁，昭和6年10月6日付マニラ報告，商品
　　　絹布及同加工品の輸入税，輸入高並同取扱商（フィリッピン島）

47号　昭和6年11月24日，59頁，昭和6年10月21日付マニラ報告，商品
　　　本邦産蜜柑の消費状態（フイリッピン）

48号　昭和6年11月30日，59頁，昭和6年10月19日付マニラ報告，関税及条約
　　　フィリッピン島輸入玉葱及馬鈴薯関税改正案

48号　昭和6年11月30日，59頁，昭和6年10月27日付マニラ報告，外国法規
　　　フィリッピン島輸入品用包装藁類使用取締

48号　昭和6年11月30日，76頁，昭和6年10月20日付マニラ報告，鉱業
　　　鉱産物産額統計（フィリッピン島）『一九三〇年度』

48号　昭和6年11月30日，83頁，昭和6年8月24日付ダヴァオ報告，紹介
　　　輸入商名（ダヴァオ）

49号　昭和6年12月7日，55頁，昭和6年10月20日付マニラ報告，関税及条約
　　　靴類関税改正法案下院提出（フィリッピン島）

52号　昭和6年12月28日，電7頁，昭和6年12月22日着マニラ報告，関税及条約
　　　フィリッピン税関輸入品脱税防止

『週刊海外経済事情』［1932年（昭和7年）］
2号　昭和7年1月18日，70頁，昭和6年11月11日付ダヴァオ報告，紹介
　　　綿帆布取扱商（ダヴァオ）

4号　昭和7年2月1日，55-56頁，昭和6年12月22日付ダヴァオ報告，商品
　　　マニラ麻挽屑需給状況

5号　昭和7年2月8日，55-56頁，昭和6年12月19日付マニラ報告，関税及条約
　　　フィリッピンの輸入品包装の通番号記載規定

8号　昭和7年2月29日，37-38頁，昭和7年1月12日付ダヴァオ報告，農業
　　　ダヴァオ麻耕地状況（一九三一年十二月）

9号　昭和7年3月7日，1-3頁，昭和7年1月27日付マニラ報告，畜産業
　　　フィリッピン島に於ける養鶏業の現状

11号　昭和7年3月21日，12-13頁，昭和7年1月14日付マニラ報告，外国法規
　　　フィリッピン議会通過の重要経済法案

13号　昭和7年4月4日，40-42頁，昭和7年2月4日付ダヴァオ報告，貿易
　　　ダヴァオ港外国貿易概況（一九三一年）

13号　昭和7年4月4日，73-74頁，昭和7年3月1日付マニラ報告，紹介
　　　電球，電気器具及雑貨輸入商（マニラ）

17号　昭和7年5月2日，47-49頁，昭和7年2月12日及3月16日付ダヴァオ報告，農業
　　　ダヴァオ麻耕地状況（一九三二年一月—二月）

19号　昭和7年5月16日，55頁，昭和7年4月2日付ダヴァオ報告，農業
　　　グッド・イーヤ会社の護謨園経営（フィリッピン島）

20号　昭和7年5月23日，9-10頁，昭和7年4月12日付マニラ報告，関税及条約
　　　フィリッピン島輸入陶磁器税中変更

20号　昭和7年5月23日，27-28頁，昭和7年4月14日付ダヴァオ報告，工業
　　　フィリッピン島の小規模商工業勃興

20号　昭和7年5月23日，57頁，昭和7年4月8日付ダヴァオ報告，外国法規
　　　輸入品の稲藁包装禁止（フィリッピン）

28号　昭和7年7月18日，72-73頁，昭和7年4月23日及5月18日付ダヴァオ報告，農業・商品
　　　マニラ麻市況並ダヴァオ麻耕地状況（一九三二年三月及四月）

31号　昭和7年8月8日，3頁，昭和7年6月13日及同20日付マニラ報告，関税及条約
　　　フィリッピン政府使用品輸入関税賦課並関税定率法中改正

31号　昭和7年8月8日，33-34頁，昭和7年6月23日付ダヴァオ報告，農業
　　　マニラ麻不況対策と同格付委員会の撤廃運動

31号　昭和7年8月8日，57-58頁，昭和7年6月20日付ダヴァオ報告，農業
　　　ダヴァオ麻耕地状況（一九三二年五月）

37号　昭和7年9月19日，41-46頁，昭和7年7月14日付マニラ報告，貿易
　　　本邦対フィリッピン貿易

38号　昭和7年9月26日，36-38頁，昭和7年8月17日付ダヴァオ報告，農業・商品
　　　マニラ麻相場とダヴァオ耕地状況（一九三二年七月）

38号　昭和7年9月26日，53頁，昭和7年8月8日付ダヴァオ報告，外国法規
　　　フィリッピン島薬剤法違反の本邦製売薬の輸入（フィリッピン）

39号　昭和7年10月3日，41-42頁，昭和7年7月25日付ダヴァオ報告，貿易
　　　ダヴァオ港外国貿易概況（一九三二年上半期）

40号　昭和7年10月10日，38-41頁，通商局報告，貿易
　　　フィリッピン貿易上より見た米国の地位

40号　昭和7年10月10日，66頁，昭和7年9月5日付ダヴァオ報告，商品
　　　マニラ麻下級品の格付改正（マニラ）

41号　昭和7年10月17日，29-30頁，昭和7年8月22日付マニラ報告，関税及条約
　　　フィリッピン島輸入靴類関税率改正法案及靴輸入状況

41号　昭和7年10月17日，30頁，昭和7年9月1日付マニラ報告，関税及条約
　　　フィリッピン輸入玉葱及馬鈴薯関税改正案

41号　昭和7年10月17日，55-56頁，昭和7年7月22日付マニラ報告，財経及経済
　　　一九三二年フィリッピン議会に対する総督の教書概要

42号　昭和7年10月24日，電6頁，昭和7年10月19日着マニラ報告，関税及条約
　　　フィリッピン総督の関税法案通過方力説

43号　昭和7年10月31日，36-42頁，昭和7年8月18日付ロスアンゼルス報告，貿易
　　　フィリッピン独立により米国，フィリッピン貿易の蒙る影響

44号　昭和7年11月7日，28-29頁，昭和7年9月19日付ダヴァオ報告，農業・商品
　　　マニラ麻相場並ダヴァオ耕地状況（一九三二年八月）

44号　昭和7年11月7日，35-37頁，昭和7年8月18日付ダヴァオ報告，林業
　　　フィリッピン島製材業の沿革及現状

45号　昭和7年11月14日，電1頁，昭和7年11月7日着マニラ報告，関税及条約
　　　フィリッピン関税率引上案提出と本邦関係品

46号　昭和7年11月21日，1-6頁，通商局報告，貿易
　　　本邦対南洋貿易概況（一九三二年上半期）『其一』

47号　昭和7年11月28日，5-15頁，通商局報告，貿易
　　　本邦対南洋貿易概況（一九三二年上半期）『其二』

48号　昭和7年12月5日，電1頁，昭和7年11月29日着マニラ報告，外国法規
　　　不開港場寄港許可権限撤廃法案不認可（フィリッピン）

50号　昭和7年12月19日，電1頁，昭和7年12月9日着マニラ報告，関税及条約
　　　フィリッピン関税改正法案裁可と総督の声明要領

50号　昭和7年12月19日，63-64頁，昭和7年11月5日付ダヴァオ報告，農業・商品
　　　マニラ麻相場及ダヴァオ麻耕地情況（一九三二年九月）

51号　昭和7年12月26日，電4頁，昭和7年12月21日着マニラ報告，関税及条約
　　　フィリッピン関税関係保護法公布

『週刊海外経済事情』［1933年（昭和8年）］
1号　昭和8年1月9日，電8頁，昭和7年12月31日着米国報告，外国法規
　　　フィリッピン独立に関する法案の要点（米国）

2号　昭和8年1月16日，電4-5頁，昭和8年1月13日着ポートランド報告，商品
　　　オレゴン産玉葱のマニラ向引合急増（ポートランド）

4号　昭和8年1月30日，51-52頁，昭和7年12月23日付マニラ報告，雑録・紹介
　　　フォード自動車特約店並部分品税率及同取扱商（マニラ）

6号　昭和8年2月13日，47-49頁，昭和7年11月26日及12月30日付ダヴァオ報告，農業・商品
　　　マニラ麻市況とダヴァオ耕地状況（一九三二年十月及十一月）

6号　昭和8年2月13日，51頁，昭和7年12月13日付マニラ報告，雑録
　　　フィリッピン島向蜜柑輸出上注意

6号　昭和8年2月13日，51頁，昭和8年1月4日付マニラ報告，雑録
　　　フィリッピン島向輸出品の領事送状に就て

8号　昭和8年2月27日，42頁，昭和8年1月7日付マニラ報告，商品
　　　燐寸需給状況（フイリッピン）

9号　昭和8年3月6日，電2頁，昭和8年2月28日着マニラ報告，関税及条約
　　　フィリッピン一般関税改正法実施

9号　昭和8年3月6日，41-42頁，昭和8年1月26日付マニラ報告，商品
　　　牛乳需給状況（マニラ）

10号　昭和8年3月13日，電9-10頁，昭和8年3月6日及7日着マニラ報告，財経及経済
　　　米国銀行休業と其影響（フィリッピン）

10号　昭和8年3月13日，69頁，昭和8年2月3日付マニラ報告，紹介
　　　ラジオ電機商（マニラ）

20号　昭和8年5月22日，51-53頁，昭和8年3月10日付ダヴァオ報告，農業・商品
　　　マニラ麻市況とダヴァオ麻耕地状況（一九三二年十二月及一九三三年一月）

20号　昭和8年5月22日，60-61頁，昭和8年3月30日付スペイン報告，交通，保険，倉庫及港湾
　　　スペイン，フィリッピン間無線電話開通

20号　昭和8年5月22日，62-63頁，昭和8年3月30日付ロスアンゼルス報告，水産業
　　　フィリッピンに於ける鮪缶詰試業計画（米国）

21号　昭和8年5月29日，33-34頁，昭和8年4月8日付ダヴァオ報告，農業
　　　ミンダナオ島方面開拓及麻産業

22号　昭和8年6月5日，22-24頁，昭和8年3月27日付ダヴァオ報告，貿易
　　　ダヴァオ港外国貿易概況（一九三二年）

23号　昭和8年6月12日，62頁，昭和8年5月2日付マニラ報告，外国法規
　　　包装用稲藁使用禁止（比島）

24号　昭和8年6月19日，45頁，昭和8年3月26日付ダヴァオ報告，農業
　　　ダヴァオ麻概況（一九三二年）

25号　昭和8年6月26日，27-28頁，昭和8年5月2日付ダヴァオ報告，農業・商品
　　　マニラ麻市況とダヴァオ麻耕地状況（一九三三年三月）

27号　昭和8年7月10日，12-18頁，昭和8年5月24日付マニラ報告，貿易
　　　比律賓外国貿易状況（一九三二年）

27号　昭和8年7月10日，78頁，昭和8年2月20日付マニラ報告，紹介
　　　木材輸出業者（マニラ）

28号　昭和8年7月17日，30-31頁，昭和8年6月6日付ダヴァオ報告，商品
　　　マニラ麻市況とダヴァオ麻耕地状況（一九三三年四月）

28号　昭和8年7月17日，39-40頁，昭和8年6月8日付マニラ報告，商品
　　　ラヂオ器械及部分品需給状況（比律賓）

28号　昭和8年7月17日，53-54頁，昭和8年6月9日付マニラ報告，財経及経済
　　　比島米国投資額

30号　昭和8年7月31日，42頁，昭和8年6月19日付マニラ報告，交通，保険，倉庫及港湾
　　　マニラ港船舶出入状況（一九三二年）

34号　昭和8年8月28日，31-33頁，昭和8年7月6日付ダヴァオ報告，商品
　　　麻状況（ダヴァオ）『一九三三年五月』

34号　昭和8年8月28日，56頁，昭和8年7月14日付マニラ報告，商品
　　　フイッシュ・ボール需要状況（比島）

35号　昭和8年9月4日，64-65頁，昭和8年7月15日付ダヴァオ報告，商品
　　　マニラ麻輸出額消長

35号　昭和8年9月4日，68頁，昭和8年7月15日付ダヴァオ報告，農業
　　　比島政府の麻及椰子生産制限対策

37号　昭和8年9月18日，26-27頁，昭和8年8月8日付ダヴァオ報告，商品
　　　マニラ麻市況（六月）

40号　昭和8年10月9日，18-19頁，昭和8年8月10日及25日付ダヴァオ報告，農業
　　　比島麻産業の政府保護施設と統制問題

40号　昭和8年10月9日，51-52頁，昭和8年8月21日付ダヴァオ報告，農業
　　　比島農耕地及農産高（一九三二年度）

41号　昭和8年10月23日，32-33頁，昭和8年7月5日付ダヴァオ報告，移民，労働及社会
　　　比島国勢一班

44号　昭和8年11月6日，4-5頁，昭和8年9月20日付ダヴァオ報告，商品
　　　マニラ麻市況及ダヴァオ産地相場（七月）

45号　昭和8年11月13日，18-19頁，昭和8年9月20日付ダヴァオ報告，雑録
　　　比島小売商の営業振

45号　昭和8年11月13日，55頁，昭和8年9月19日付ダヴァオ報告，商品
　　　玩具輸入と比島商務当局の談

45号　昭和8年11月13日，56頁，昭和8年9月20日付ダヴァオ報告，交通，保険，倉庫及

　　　　港湾
　　　　馬尼剌とサンボアンガ間定期空輸開始

46号　昭和8年11月20日，24-26頁，昭和8年10月13日付ダヴァオ報告，商品
　　　マニラ麻市況及ダヴァオ産地相場（八月）

47号　昭和8年11月27日，31-33頁，昭和8年10月17日付ダヴァオ報告，商品
　　　麻市況とダヴァオ産地相場（九月）

51号　昭和8年12月25日，20-21頁，昭和8年11月14日付ダヴァオ報告，商品
　　　マニラ麻市況及ダヴァオ産地相場（十月）

51号　昭和8年12月25日，36頁，昭和8年11月15日付マニラ報告，外国法規
　　　包装用藁使用禁止厳行（比島）

『週刊海外経済事情』［1934年（昭和9年）］

1号　昭和9年1月8日，164-166頁，通商局報告，貿易
　　　比律賓（最近貿易額）

2号　昭和9年1月15日，63頁，貿易
　　　比律賓，過去三箇年間日比貿易額

9号　昭和9年3月5日，29頁，昭和9年1月27日付マニラ報告，産業機関
　　　比島に魚類缶詰会社新設計画

9号　昭和9年3月5日，29-30頁，昭和9年1月17日付ダヴァオ報告，商品
　　　マニラ麻市況及ダヴァオ産地状況（一九三三年十一月）

9号　昭和9年3月5日，18頁，通商局報告，貿易
　　　本邦産業，貿易に関する外国新聞の論調（昭和八年），▲亜細亜，日本品の比島進出

10号　昭和9年3月12日，7頁，貿易
　　　比律賓，最近貿易額

15号　昭和9年4月16日，35-40頁，昭和9年2月28日付ダヴァオ報告，貿易
　　　ダヴァオ及サンボアンガ並ホロ各港貿易状況（一九三三年）

17号　昭和9年4月30日，電1頁，昭和9年4月6日着マニラ報告，外国法規
　　　稲藁包装品輸入厳禁規定緩和

17号　昭和9年4月30日，31-34頁，昭和9年3月20日付ダヴァオ報告，商品
　　　マニラ麻状況（一九三三年度）

17号　昭和9年4月30日，34-36頁，昭和9年2月20日及3月26日付ダヴァオ報告，商品
　　　マニラ麻市況とダヴァオ産地状況（一九三三年十二月及一九三四年一月）

18号　昭和9年5月7日，63-64頁，昭和9年3月28日付マニラ報告，紹介
　　　自転車取扱商社（マニラ）

21号　昭和9年5月28日，35-36頁，昭和9年3月10日付ダヴァオ報告，農業
　　　ダヴァオ麻耕地一般状況（一九三三年）

21号　昭和9年5月28日，36頁，昭和9年4月10日付マニラ報告，商品

　　　　　自動車概数（比律賓）『一九二四—三三年』

23号　昭和9年6月11日，33-35頁，昭和9年5月4日付ダヴァオ報告，工業
　　　比島の椰子油事業

23号　昭和9年6月11日，35-36頁，昭和9年4月24日付ダヴァオ報告，商品
　　　マニラ麻市況とダヴァオ産地状況（二月）

27号　昭和9年7月9日，27-28頁，昭和9年5月11日及同28日付ダヴァオ報告，商品
　　　マニラ麻市況とダヴァオ産地状況（三月及四月）

30号　昭和9年7月23日，電8頁，昭和9年7月17日着マニラ報告，雑録
　　　米比貿易並関税等に関する比島総督教書

30号　昭和9年7月23日，電9頁，昭和9年7月18日着マニラ報告，雑録
　　　比島議会開会式に於けるケソン上院議長演説要旨

31号　昭和9年7月30日，15-16頁，昭和9年6月22日付ダヴァオ報告，商品
　　　日米綿布輸入高比較（比律賓）

31号　昭和9年7月30日，16頁，昭和9年6月26日付ダヴァオ報告，商品
　　　マニラ麻袋の新用途発見

33号　昭和9年8月13日，15-16頁，昭和9年7月1日付ダヴァオ報告，商品
　　　マニラ麻の生産並対ダヴァオ日本人の生産及販売振批判

33号　昭和9年8月13日，16頁，昭和9年6月11日付ダヴァオ報告，雑録
　　　米国品保護の為関税引上に関する比島上院議員の声明

36号　昭和9年9月3日，29頁，昭和9年6月6日付ダヴァオ報告，商品
　　　ダヴァオ麻出廻及輸出状況（上半期）

36号　昭和9年9月3日，30-32頁，昭和9年7月6日及24日付ダヴァオ報告，商品
　　　マニラ麻市況とダヴァオ産地状況（五月及六月）

36号　昭和9年9月3日，32頁，昭和9年7月5日付ダヴァオ報告，商品
　　　比島の麻靴大量生産計画

38号　昭和9年9月17日，電6頁，昭和9年9月12日着マニラ報告，外国法規
　　　比島輸出品に対する桟橋税廃止法案

38号　昭和9年9月17日，33-38頁，昭和9年7月26日付マニラ報告，貿易
　　　比律賓外国貿易状況（一九三三年度）

38号　昭和9年9月17日，38頁，昭和9年8月10日付マニラ報告，外国法規
　　　比島輸入禁止の包装植物

40号　昭和9年9月12日，84頁，昭和9年7月3日付マニラ報告，紹介
　　　電燈照明器具輸入兼卸商・主なる小売商（マニラ）

41号　昭和9年10月1日，電5頁，昭和9年9月26日着マニラ報告，外国法規
　　　比島植物繊維輸出制限法案

41号　昭和9年10月1日，電5頁，昭和9年9月27日着マニラ報告，関税及条約

比島為替関税法修正案

41号　昭和9年10月1日，21-23頁，昭和9年9月3日付マニラ報告，貿易
　　　比島外国貿易概況（上半期）

41号　昭和9年10月1日，23頁，昭和9年7月26日付ダヴァオ報告，商品
　　　日本酒の比島輸入状況

41号　昭和9年10月1日，24頁，昭和9年8月9日付マニラ報告，商品
　　　アルミニユウム並同製品需要状況（比島）

41号　昭和9年10月1日，24頁，昭和9年7月21日付ダヴァオ報告，商品
　　　運動用具取扱商其他（ダヴァオ）

42号　昭和9年10月8日，31-32頁，昭和9年8月22日付ダヴァオ報告，商品
　　　マニラ麻市況とダヴァオ産地状況（七月）

42号　昭和9年10月8日，32-34頁，昭和9年7月25日付マニラ報告，商品
　　　豚肉及同加工品事情（マニラ）

42号　昭和9年10月8日，34頁，昭和9年8月30日付マニラ報告，商品
　　　虱目魚，魚苗概観（マニラ）

42号　昭和9年10月8日，75頁，昭和9年8月10日付マニラ報告，紹介
　　　陶磁器及土器並歯科用陶製義歯等取扱商（マニラ）

43号　昭和9年10月15日，電1頁，昭和9年10月9日着マニラ報告，関税及条約
　　　比島関税引上案の目的考慮

45号　昭和9年10月29日，78-79頁，紹介
　　　綱索類輸入取扱商（未蘭，ルクセンブルク，諾威，ホノルル，マサトラン）

46号　昭和9年11月5日，電2頁，昭和9年10月26日着マニラ報告，関税及条約
　　　比島関税引上法案

46号　昭和9年11月5日，電2頁，昭和9年10月27日着マニラ報告，関税及条約
　　　比島税関法改正法案

47号　昭和9年11月12日，電3頁，昭和9年11月7日着マニラ報告，関税及条約
　　　比島関税引上法案撤回

50号　昭和9年11月26日，35頁，昭和9年10月8日付マニラ報告，商品
　　　馬尼刺麻生産制限委員会組織

50号　昭和9年11月26日，35-36頁，昭和9年9月29日付ダヴァオ報告，商品
　　　マニラ麻市況とダヴァオ産地状況（八月）

53号　昭和9年12月17日，79-80頁，紹介
　　　マニラロープ，綱索類取扱業者（独逸，西国，聖州及埃及）

8．『海外経済事情』1935—43年

『海外経済事情』［1935年（昭和10年）］

5号　昭和10年3月10日，51頁，昭和9年12月28日付ダヴァオ報告，農業
　　　ダヴァオ州農業概況（一九三三年度）

5号　昭和10年3月10日，51-52頁，昭和10年1月15日付ダヴァオ報告，農業
　　　マニラ麻生産状況（一九三四年）

5号　昭和10年3月10日，52頁，昭和10年1月23日付ダヴァオ報告，商品
　　　ダヴァオ麻輸出統計（一九三四年）

10号　昭和10年5月25日，67-70頁，昭和10年4月3日付マニラ報告，貿易
　　　比島対本邦貿易年報（一九三四年）

10号　昭和10年5月25日，70-74頁，昭和10年4月3日付マニラ報告，貿易
　　　比島外国貿易年報（一九三四年）

10号　昭和10年5月25日，74-76頁，昭和10年3月19日及同4月1日付ダヴァオ報告，商品
　　　マニラ麻市況とダヴァオ産地状況（一九三四年十一月——一九三五年一月）

13号　昭和10年7月10日，61-63頁，昭和10年3月21日付ダヴァオ報告，貿易
　　　ダヴァオ，ホロ及サムボアンガ各港貿易年報（一九三四年）

13号　昭和10年7月10日，63-66頁，通商局報告，商品
　　　綿布国別輸入統計（比律賓）『一九三二―三四年』

21号　昭和10年11月10日，37-44頁，昭和10年9月30日付マニラ報告，商品
　　　果実蔬菜並同加工品輸入状況（比律賓）

『海外経済事情』［1936年（昭和11年）］

11号　昭和11年6月10日，25-27頁，昭和11年4月23日付ダヴァオ報告，貿易
　　　ダヴァオ，ザンボアンガ並ホロ港貿易年報（一九三五年）

11号　昭和11年6月10日，28頁，昭和10年10月14日付ダヴァオ報告，商品
　　　マニラ麻出廻高（ダヴァオ）『一九三五年上半期』

19号　昭和11年10月10日，57-66頁，昭和11年9月5日付マニラ報告，貿易
　　　比律賓対外並対日貿易年報（一九三五年）

『海外経済事情』［1937年（昭和12年）］

11号　昭和12年6月10日，21-23頁，昭和12年3月20日付マニラ報告，財経及経済及経済
　　　比律賓最近の糖業問題

11号　昭和12年6月10日，23-24頁，昭和12年4月27日付マニラ報告，商品
　　　マニラ麻生産及輸出状況（一九三六年）

17号　昭和12年9月10日，31-32頁，昭和12年7月28日付マニラ報告，鉱業

　　　　　　比島ウリング炭坑事情
17号　昭和12年9月10日，32頁，昭和12年5月20日付ダヴァオ報告，商品
　　　マニラ麻輸出状況（ダヴァオ）『一九三六年』

20号　昭和12年10月25日，15-22頁，昭和12年8月10日付ダヴァオ報告，貿易
　　　ミンダナオ島貿易年報（一九三六年）

20号　昭和12年10月25日，22-26頁，昭和12年6月28日付ダヴァオ報告，商品
　　　マニラ麻状況（一九三六年度）

22号　昭和12年11月25日，17-20頁，通商局報告，貿易
　　　比島外国貿易品別統計（一九三七年上半期）

24号　昭和12年12月25日，5-6頁，昭和12年10月28日付マニラ報告，商品
　　　糖蜜生産需給統計（比島）

24号　昭和12年12月25日，6頁，昭和12年10月14日付マニラ報告，商品
　　　木材輸出高及林業投資状況（比島）『一九三四―三六年』

『海外経済事情』［1938年（昭和13年）］

13号　昭和13年7月10日，72-74頁，昭和13年5月26日付マニラ報告，商品
　　　比島木材業概況

23号　昭和13年12月10日，76-85頁，昭和13年10月14日付マニラ報告，貿易
　　　比島主要港船舶出入状況及外国貿易（一九三八年上半期）

『海外経済事情』［1939年（昭和14年）］

6号　昭和14年3月25日，33-37頁，昭和14年2月15日付マニラ報告，貿易
　　　比律賓に於ける農産物輸入額

12号　昭和14年6月25日，19-33頁，昭和14年3月28日付マニラ報告，貿易
　　　比島外国貿易及主要港船舶出入状況（一九三八年）

12号　昭和14年6月25日，34-42頁，昭和14年4月4日付ダヴァオ報告，貿易
　　　ミンダナオ貿易年報（一九三八年）

15号　昭和14年8月10日，31-33頁，昭和14年6月9日付マニラ報告，貿易
　　　比島外国貿易週間

19号　昭和14年10月10日，59-64頁，昭和14年8月18日付マニラ報告，商品
　　　マニラ市場に於ける本邦製綿布の状況

24号　昭和14年12月25日，38-52頁，昭和14年8月19日付ダヴァオ報告，商品
　　　マニラ麻市況（一九三八年）

『海外経済事情』［1940年（昭和15年）］

1号　昭和15年1月10日，58-62頁，昭和14年11月25日付マニラ報告，貿易
　　　比律賓貿易概況（一九三九年八月）

7号　昭和15年4月10日，58-61頁，昭和15年2月8日付マニラ報告，外国法規
　　　比律賓の小売業制限関係法案

10号　昭和15年5月25日，32-39頁，昭和15年4月4日付マニラ報告，商品
　　　比島の輸入農産物市況（一九三八年及び一九三九年）

14号　昭和15年7月25日，97-115頁，昭和15年5月23日付マニラ報告，農業
　　　比律賓の米作概要

15号　昭和15年8月10日，29-53頁，昭和15年5月6日付マニラ報告，貿易
　　　比島外国貿易概況（一九三九年下半期）

15号　昭和15年8月10日，54-58頁，昭和15年5月25日付マニラ報告，貿易
　　　比島外国貿易概況（一九四〇年一月）

15号　昭和15年8月10日，59-68頁，昭和15年5月21日付マニラ報告，財経及経済
　　　比島経済事情（一九四〇年一月）

15号　昭和15年8月10日，69-80頁，昭和15年5月25日付マニラ報告，財経及経済
　　　比島経済事情（一九四〇年二月）

16号　昭和15年8月25日，58-63頁，昭和15年6月21日付マニラ報告，貿易
　　　比島外国貿易概況（一九四〇年二月）

16号　昭和15年8月25日，64-79頁，昭和15年6月5日付マニラ報告，財経及経済
　　　比島経済概況（一九四〇年三月）

16号　昭和15年8月25日，80-85頁，昭和15年6月13日付マニラ報告，鉱業
　　　比島鉱産概況（一九四〇年第一四半期）

18号　昭和15年9月25日，56-73頁，昭和15年7月12日付マニラ報告，貿易
　　　比律賓外国貿易概況（一九四〇年三月）

18号　昭和15年9月25日，74-89頁，昭和15年7月8日付マニラ報告，財経及経済
　　　比律賓経済概況（一九四〇年四月）

22号　昭和15年11月25日，28-46頁，昭和15年9月5日付マニラ報告，貿易
　　　比律賓外国貿易概況（一九四〇年四月）

23号　昭和15年12月10日，44-54頁，昭和15年9月18日付マニラ報告，貿易
　　　比律賓貿易概況（一九四〇年五月）

23号　昭和15年12月10日，55-67頁，昭和15年9月20日付マニラ報告，貿易
　　　比律賓貿易概況（一九四〇年六月）

23号　昭和15年12月10日，68-83頁，昭和15年9月30日付マニラ報告，財経及経済
　　　比律賓経済概況（一九四〇年五月）

23号　昭和15年12月10日，84-101頁，昭和15年9月7日付マニラ報告，財経及経済
　　　比律賓経済概況（一九四〇年六月）

23号　昭和15年12月10日，102-107頁，昭和15年9月20日付ダヴァオ報告，商品
　　　マニラ麻市況（一九四〇年上半期）

24号　昭和15年12月25日，13-44頁，昭和15年9月5日付マニラ報告，貿易
　　　比律賓貿易概況（一九三九年度）

『海外経済事情』［1941年（昭和16年）］

2号　昭和16年1月25日，35-53頁，昭和15年10月14日付マニラ報告，貿易
　　　比律賓貿易概況（一九四〇年上半期）

2号　昭和16年1月25日，54-65頁，昭和15年11月6日付マニラ報告，財経及経済
　　　比律賓経済概況（一九四〇年七月）

2号　昭和16年1月25日，66-74頁，昭和15年10月30日付マニラ報告，商品
　　　比律賓卑金属鉱輸出状況（一九三九年度）

2号　昭和16年1月25日，75-77頁，昭和15年10月30日付マニラ報告，商品
　　　比律賓卑金属鉱輸出状況（一九四〇年上半期）

2号　昭和16年1月25日，78-79頁，昭和15年11月12日付マニラ報告，商品
　　　比律賓卑金属鉱輸出状況（一九四〇年七月）

2号　昭和16年1月25日，80-82頁，昭和15年11月16日付マニラ報告，商品
　　　比律賓卑金属鉱輸出状況（一九四〇年八月）

5号　昭和16年3月10日，1-19頁，昭和15年12月28日付マニラ報告，貿易
　　　比律賓貿易概況（一九四〇年七月）

5号　昭和16年3月10日，20-32頁，昭和16年1月8日付マニラ報告，貿易
　　　比律賓貿易概況（一九四〇年八月）

5号　昭和16年3月10日，33-44頁，昭和16年1月8日付マニラ報告，貿易
　　　比律賓貿易概況（一九四〇年九月）

5号　昭和16年3月10日，45-46頁，昭和15年12月26日付マニラ報告，商品
　　　比律賓卑金属鉱及屑金属輸出概況（一九四〇年九月）

6号　昭和16年3月25日，25-37頁，昭和16年1月8日付マニラ報告，貿易
　　　比律賓貿易概況（一九四〇年十月）

6号　昭和16年3月25日，38頁，昭和16年1月30日付マニラ報告，商品
　　　比律賓卑金属鉱輸出概況（一九四〇年十月）

6号　昭和16年3月25日，39頁，昭和16年1月31日付マニラ報告，商品
　　　比律賓卑金属鉱輸出概況（一九四〇年十一月）

6号　昭和16年3月25日，40頁，昭和16年2月1日付マニラ報告，商品
　　　比律賓卑金属鉱輸出概況（一九四〇年十二月）

7号　昭和16年4月10日，16-17頁，昭和16年2月13日付マニラ報告，商品
　　　比律賓卑金属鉱輸出概況（一九四〇年下半期）

7号　昭和16年4月10日，18-22頁，昭和16年2月15日付マニラ報告，商品
　　　比律賓の輸入農産物市況

8号　昭和16年4月25日，85-86頁，昭和16年2月1日付マニラ報告，商品
　　　比律賓卑金属鉱輸出概況（一九四〇年）

9号　昭和16年5月10日，33-34頁，昭和16年1月28日付マニラ報告，貿易
　　　比律賓貿易概況（一九四〇年十一月）

9号　昭和16年5月10日，35-38頁，昭和16年2月8日付マニラ報告，貿易
　　　比律賓貿易概況（一九四〇年十二月）

9号　昭和16年5月10日，39-49頁，昭和16年2月24日付マニラ報告，貿易
　　　比律賓貿易概況（一九四〇年度）

9号　昭和16年5月10日，50-74頁，昭和16年1月23日付マニラ報告，財経及経済
　　　比律賓経済概況（一九四〇年八月）

10号　昭和16年5月25日，30-33頁，昭和16年3月11日付マニラ報告，貿易
　　　比律賓貿易概況（一九四一年一月）

11号　昭和16年6月10日，5-13頁，昭和16年4月9日付マニラ報告，貿易
　　　比律賓貿易概況（一九四一年二月）

11号　昭和16年6月10日，14-16頁，昭和12年3月20日付マニラ報告，林業
　　　比律賓材輸出概況（一九四〇年度）

11号　昭和16年6月10日，17-19頁，昭和16年3月20日付マニラ報告，財経及経済
　　　比律賓金融市況（一九四一年一月）

11号　昭和16年6月10日，20-24頁，昭和16年2月28日付マニラ報告，財経及経済
　　　比律賓産業投資概況（一九四〇年度）

11号　昭和16年6月10日，25-26頁，昭和16年3月20日付マニラ報告，商品
　　　比律賓卑金属鉱輸出概況（一九四一年一月）

12号　昭和16年6月25日，32-39頁，昭和16年4月7日付マニラ報告，貿易
　　　比律賓の食糧品輸入状況（一九四〇年度）

12号　昭和16年6月25日，40-41頁，昭和16年4月17日付マニラ報告，商品
　　　比律賓卑金属鉱輸出概況（一九四一年二月）

12号　昭和16年6月25日，42-43頁，昭和16年4月30日付マニラ報告，商品
　　　比律賓卑金属鉱輸出概況（一九四一年三月）

13号　昭和16年7月10日，36-40頁，昭和16年4月21日付マニラ報告，財経及経済
　　　フィリッピン連邦経済状況（最近の比島市況概観）

13号　昭和16年7月10日，41-45頁，昭和16年5月13日付マニラ報告，財経及経済
　　　フィリッピン連邦経済状況（自転車及其部分品市況）

20号　昭和16年10月25日，18-20頁，昭和16年8月27日付マニラ報告，貿易
　　　フィリッピン連邦卑金属鉱輸出概況（一九四一年上半期）

22号　昭和16年11月25日，9-10頁，昭和16年9月26日付マニラ報告，農業
　　　フィリッピン連邦中部ルソン洪水の米作に及ぼせる影響

22号　昭和16年11月25日，11-13頁，昭和16年10月1日付マニラ報告，鉱業
　　　フィリッピン連邦産金概況（一九四一年八月）

24号　昭和16年12月25日，55-63頁，昭和16年10月4日付マニラ報告，貿易
　　　フィリッピン連邦貿易概況（一九四一年七月）

24号　昭和16年12月25日，64頁，昭和16年10月1日付マニラ報告，農業
　　　フィリッピン連邦中部ルソン洪水の米作に及ぼせる影響

『海外経済事情』[1942年（昭和17年）]
1号　昭和17年1月10日，1-9頁，昭和16年10月14日付マニラ報告，貿易
　　　フィリッピン連邦貿易概況（一九四一年八月）

1号　昭和17年1月10日，10-45頁，昭和16年9月22日付マニラ報告，財経及経済
　　　フィリッピン連邦経済概況（一九四〇年度）

1号　昭和17年1月25日，1-47頁，昭和16年5月12日付マニラ報告，貿易
　　　フィリッピン連邦貿易概況（一九四〇年度）

『海外経済事情』[1943年（昭和18年）]
　　　な　し

付録1:『通商月報』『通商彙報』『南方院時報』(大阪発行) 掲載 フィリピン関係記事目録, 1894—1945年

1.『通商月報』1894—1915年
(＊表・裏表紙が製本にさいしカットされたため発行月日未確認)

『通商月報』[1894年 (明治27年)] (1号は1月25日発行)
2号　明治27年3月25日, 28-29頁
　　　西班牙領「ヒリッピン」群島棉花耕作の景況

3号　明治27年4月25日＊, 19-21頁
　　　「ヒリッピヌ」群嶋の景況並に其貿易　其一

4号　明治27年5月25日＊, 7頁, 内国商工彙報
　　　本邦木材マニラ輸出

5号　明治27年6月25＊, 11-12頁, 海外商工彙報
　　　マニラ貿易調査の報告

5号　明治27年6月25＊, 31-33頁, 海外商工彙報
　　　「ヒリッピヌ」群島の景況並に其貿易 (通商月報第三号の続) 高橋如水誌

『通商月報』[1895年 (明治28年)]
12号　明治28年1月25日＊, 41-42頁, 海外商工彙報
　　　太洋州フ井リッピン群嶋鉱業一班

『通商月報』[1899年 (明治32年)]
33号　明治32年11月25日, 26-27頁, 台湾新報に依る
　　　マニラ関税の変更と其台湾貿易に及はす影響

『通商月報』[1900年 (明治33年)]
35号　明治33年1月25日, 33-34頁
　　　マニラ及ひ瓜哇の製糖業

43号　明治33年9月25日, 31-33頁
　　　比利賓政庁ゼフ [セブ] 嶋の炭鉱を公売せんとす

『通商月報』[1901年 (明治34年)]
51号　明治34年5月25日, 1-2頁
　　　比利賓群島の通貨事情

54号　明治34年8月25日, 16-17頁, 外国商工業
　　　比律賓群島の商業

62号　明治34年4月25日, 9-11頁, 外国商工業

馬尼拉麻

65号　明治34年7月25日，17-22頁
　　　比律賓島重要土産輸出額

68号　明治34年10月25日，46-47頁，関税
　　　比律賓の改正関税

70号　明治34年12月25日，18-19頁，領事報告
　　　比律賓島マニラ市事情一班

『通商月報』［1902年（明治35年）］
73号　明治35年3月25日，12-15頁，外国彙報
　　　馬尼剌市商況

73号　明治35年3月25日，22-28頁
　　　日比貿易

74号　明治35年4月25日，25-26頁
　　　比律賓島椰子実商況

77号　明治35年7月25日，10-12頁，在馬尼剌帝国領事館報告
　　　馬尼剌市酒類商況

78号　明治35年8月25日，19-20頁，明治35年5月20日付在マニラ国領事館報告
　　　マニラ麻商況

78号　明治35年8月25日，31-32頁
　　　マニラ税関輸入貨物通関簡便手続

80号　明治35年10月25日，40-42頁，関税，明治35年8月18日付在マニラ帝国領事館報告
　　　マニラ港官有倉庫倉敷料に関する税関告示

81号　明治35年11月25日，9-14頁
　　　比律賓島の木材

『通商月報』［1903年（明治36年）］
89号　明治36年7月25日，25-30頁，明治36年5月14日マニラ領事館報告
　　　マニラ輸入本邦雑貨需要の状況並に市価

89号　明治36年7月25日，34-35頁
　　　比律賓の商標条例

90号　明治36年8月25日，26-27頁，雑報，マニア帝国領事報告
　　　マニラ及倫敦に於ける本邦製擬革紙の販路

92号　明治36年10月25日，22-23頁，雑報
　　　マニラ麻に就て

93号　明治36年11月25日，22頁，マニラ帝国領事報告
　　　各地領事報告，比律賓島の「コプラ」

『通商月報』［1904年（明治37年）］
102号　明治37年8月25日，23-24頁，マニラ駐在仏国領事報告

各国領事報告抜粋，楽器，比律賓

106号　明治37年12月25日，27-28頁
　　　費律賓商業の前途

『通商月報』[1906年（明治39年）]
130号　明治39年12月25日，37頁
　　　南洋向雑貨の欠点

『通商月報』[1907年（明治40年）]
141号　明治40年11月25日，27-29頁
　　　比律賓煙草

142号　明治40年12月25日，26-27頁
　　　マニラと本邦食料品

『通商月報』[1908年（明治41年）]
145号　明治41年3月25日，16-24頁
　　　馬尼刺に於ける紙及び紙製品

146号　明治41年4月25日，20-24頁
　　　比律賓群島に於ける雑貨の需要

150号　明治41年8月25日，11-12頁
　　　比律賓の外国貿易

150号　明治41年8月25日，55頁
　　　ダバオ港の開港

152号　明治41年10月25日，18-20頁，
　　　比律賓島に於ける真珠業

『通商月報』[1909年（明治42年）]
163号　明治42年9月25日，8-9頁
　　　マニラに於ける刷子市況

164号　明治42年10月25日，32頁
　　　馬尼刺輸出の注意

『通商月報』[1910年（明治43年）]
170号　明治43年4月25日，24頁
　　　比島と本邦綿布

172号　明治43年6月25日，11-12頁
　　　日比貿易の好望

176号　明治43年10月25日，19-20頁，在マニラ帝国領事館報告
　　　馬尼羅に於ける船舶桟橋税の改止

『通商月報』[1911年（明治44年）]
181号　明治44年3月25日，13-16頁
　　　比律賓群島に於ける林檎

181号　明治44年3月25日，23頁

「マニラ」税関布令改正

184号　明治44年6月25日, 12-21頁
　　　比律賓群島に於ける本邦野菜及び果実

『通商月報』［1912年（明治45年/大正元年）］
191号　明治45年1月25日, 38-39頁
　　　比律賓と売薬令改正

196号　明治45年6月25日, 22-23頁
　　　比律賓に於ける莫大小商況

197号　明治45年7月25日, 8-11頁
　　　馬尼剌に於ける原料麻に就て

200号　大正元年10月25日, 18-22頁
　　　マニラに於けるマニラ麻市況

『通商月報』［1914年（大正3年）］
215号　大正3年1月25日?, 7-11頁, 在マニラ帝国領事館報告
　　　本邦製品と競争せる欧米製品の需要状況「比律賓」

2.『通商彙報』1915—44年

『通商彙報』［1915年（大正4年）］
1号　大正4年8月10日, 1-50頁
　　　南洋の事情

『通商彙報』［1919年（大正8年）］
26号　大正8年4月1日, 9-10頁, 南洋市場
　　　比律賓, 最近二年間に於ける外国貿易比較

26号　大正8年4月1日, 18-19頁, 大正8年2月13日付マニラ領事報告
　　　比島外国貿易概況

『通商彙報』［1921年（大正10年）］
52号　大正10年6月1日, 17頁
　　　在比島支那商人の痛手

53号　大正10年7月1日, 15頁
　　　比島のグリセリン輸出

54号　大正10年8月1日, 21頁
　　　マニラ市況

54号　大正10年8月1日, 21-22頁
　　　昨年度に於ける比律賓群島の海外貿易

54号　大正10年8月1日, 22頁

馬尼剌市場に於ける欧州品の復活

56号　大正10年10月1日，6-10頁
　　　刺繍は比島最大の工芸，年輸出額実に七百万円

56号　大正10年10月1日，19頁
　　　比島へ輸入の米国雑貨

56号　大正10年10月1日，19-20頁
　　　米国人の比島に半官社設立

58号　大正10年12月1日，15-17頁
　　　比島の烟草

『通商彙報』[1922年（大正11年）]
67号　大正11年9月1日，18頁
　　　マニラの商品，大阪府立商品陳列所新着見本

70号　大正11年10月21日，16-17頁
　　　本年の日比貿易概観

76号　大正11年12月21日，7-10頁，水曜談話会11月29日開催
　　　大阪と南洋貿易

76号　大正11年12月21日，10頁
　　　米国北大西洋岸と比島間直通航路開始

『通商彙報』[1923年（大正12年）]
83号　大正12年3月21日，23-24頁
　　　比島臨時議会可決重要法案

85号　大正12年4月11日，19頁，海外彙報
　　　比島砂糖実収予想並相場

91号　大正12年6月11日，7-8頁，海外彙報
　　　比律賓大蝗群北進

97号　大正12年8月11日，17頁
　　　比島に於ける小倉服地売行状況

103号　大正12年12月11日，23-25頁，海外彙報
　　　最近の比島貿易

『通商彙報』[1924年（大正13年）]
116号　大正13年7月1日，16-17頁，海外時報
　　　比律賓の織物需要状況

117号　大正13年7月11日，13-14頁，海外時報
　　　比律賓のマニラ麻（Abaca）生産

119号　大正13年8月1日，21-22頁，在外公館報告抄
　　　比島重要都市の市況

126号　大正13年10月21日，15-16頁，マニラ領事館

コプラ生産輸出状況（比島）

『通商彙報』［1925年（大正14年）］
135号　大正14年2月11日，14頁
　　　比島セメント工業保護政策

137号　大正14年3月1日，13-16頁
　　　化学製品市場としての比律賓群島

144号　大正14年5月11日，3-5頁
　　　比律賓産の木材に就て㈠

145号　大正14年5月21日，7-8頁
　　　比律賓産の木材に就て㈡

146号　大正14年6月1日，3-4頁
　　　比律賓産の木材に就て㈢

146号　大正14年6月1日，5頁
　　　比律賓近情

147号　大正14年6月11日，5-6頁
　　　比律賓産の木材に就て㈣

148号　大正14年6月21日，7-9頁
　　　比律賓産の木材に就て㈤

149号　大正14年7月1日，5-7頁
　　　比律賓産の植物に就て㈠

150号　大正14年7月11日，5-7頁
　　　比律賓産の植物に就て㈡

153号　大正14年8月21日，7-8頁
　　　比律賓産の植物に就て㈢

155号　大正14年9月11日，8-9頁
　　　比律賓産の植物に就て㈣

『通商彙報』［1926年（大正15年）］
183号　大正15年7月11日，8-9頁
　　　高いもの栄えて安いもの亡ぶ，マニラの莫大小

183号　大正15年7月11日，9頁
　　　もとは日本品であつた，マニラのガラスコツプ

185号　大正15年8月1日，10-12頁，於水曜談話会，出原秋三郎
　　　馬尼刺のみやげ話

『通商彙報』［1927年（昭和2年）］
192号　昭和2年1月1日，2-3頁
　　　比島貿易の現況と本邦製品，本邦品は米国の次位

195号　昭和2年4月1日，12-13頁

比島木材輸出状況

196号　昭和2年5月1日，2-3頁
　　　本邦刷子の海外に於ける需要状況に就て，比律賓

198号　昭和2年6月11日，15頁
　　　比律賓に於ける刷子，需要状況

212号　昭和2年11月11日，11頁
　　　比律賓に於ける本邦製琺瑯鉄器の排斥に就て

『通商彙報』［1928年（昭和3年）］
221号　昭和3年5月1日，2-5頁
　　　市場としての比律賓

222号　昭和3年5月21日，4-7頁，実吉本所員報
　　　ヒリッピンの雑貨商売

223号　昭和3年6月1日，3　6頁，実吉本所員報
　　　比律賓人の日用品を見る

224号　昭和3年6月15日，6-9頁，実吉所員報
　　　比律賓各地方経済状態

230号　昭和3年10月1日，2-3頁
　　　最近の比律賓経済状況

『通商彙報』［1929年（昭和4年）］
238号　昭和4年3月1日，10-11頁
　　　比律賓に於ける玉葱及馬鈴薯の輸入税設定

245号　昭和4年6月15日，2-4頁
　　　比律賓に於ける米国産果実類の売行について

『通商彙報』［1930年（昭和5年）］
258号　昭和5年1月15日，2-4頁
　　　比律賓に於ける綿布の売行に就て

266号　昭和5年5月15日，25-27頁
　　　邦人活躍の天地比律賓ダバオ州

270号　昭和5年7月15日，1-2頁
　　　ダヴァオ港閉鎖問題

270号　昭和5年7月15日，4-5頁，6月5日付通信員西野正男報告
　　　比島貿易近況，

271号　昭和5年8月1日，5-7頁
　　　比島織物情況

272号　昭和5年9月1日，6-8頁，7月12日付通信員西野正男報告
　　　比島に於けるレーヨン及び絹織物輸入状況（脱税品ありとて当局重視す）

273号　昭和5年9月15日，1-3頁，8月15日付通信員西野正男報告

　　　　　　一九二九年に於ける比島綿布及び綿製品輸入状況

277号　昭和5年11月15日，14-15頁
　　　　比律賓に於ける本邦人絹輸出増加

279号　昭和5年12月15日，21-22頁，本月13日着電通信員西野正男発
　　　　比島における洋灰輸入関税率引上

『通商彙報』[1931年（昭和6年）]
280号　昭和6年1月1日，23-24頁
　　　　比律賓政府中華民国売薬発売禁止

284号　昭和6年3月15日，8-13頁
　　　　フィリッピンに於けるドイツの経済的活動

284号　昭和6年3月15日，17-18頁
　　　　フイリッピン主要農作物作柄予想（一九三一年度）

286号　昭和6年5月，11-15頁，通信員西野正男
　　　　電球の市場マニラ

287号　昭和6年6月，8-10頁，海外経済事情
　　　　フイリッピンの漁業と同島向鮮魚輸出

287号　昭和6年6月，11-12頁
　　　　一九三〇年比島対外貿易

291号　昭和6年10月，1頁，豊田喜三次来電
　　　　比律賓に於ける華商の日貨排斥

291号　昭和6年10月，1-5頁，通信員西野正男
　　　　比島に於ける本邦護謨製品需要状況

292号　昭和6年11月，7-10頁，通信員西野正男
　　　　本年前半期比律賓貿易

293号　昭和6年12月，6-7頁
　　　　比律賓に於ける織物類輸入激減

『通商彙報』[1932年（昭和7年）]
299号　昭和7年6月7-10頁，マニラ通信員西野正男報告
　　　　比島に於ける醤油需要状況

300号　昭和7年7月，13-14頁，マニラ通信員西野正男報告
　　　　比島に於ける日本政府の南洋材関税改正案に対する反響に就て

300号　昭和7月7月，14-17頁
　　　　比律賓貿易に於ける日本及米国の地位

302号　昭和7年9月，1-10頁，マニラ通信員西野正男報告
　　　　マニラ市場の缶詰食料品需要状況

302号　昭和7年9月，10-11頁，マニラ通信員西野正男報告
　　　　マニラ市場の味之素及其類似品

302号　昭和7年9月，15-17頁
　　　比律賓に於ける華商の動態

305号　昭和7年12月，1-2頁，マニラ通信員西野正男報告
　　　比島今議会提出の邦品圧迫の関税引上法案

『通商彙報』[1933年（昭和8年）]
313号　昭和8年8月，4-6頁
　　　比島に於ける国産品運動に就て

『通商彙報』[1936年（昭和11年）]
342号　昭和11年1月，10-18頁，在マニラ英国総領事報告
　　　比律賓経済事情（一九三三―三四）

『通商彙報』[1939年（昭和14年）]
378号　昭和14年1月，16-18頁，馬尼剌通信員原繁治報告
　　　米比共同専門家準備委員会報告書の勧奨事項要点

381号　昭和14年4月，3-4頁，マニラ通信員原繁治報告
　　　比島群小産業の発達

381号　昭和14年4月，14-17頁，マニラ通信員原繁治報告
　　　一九三八年の比島貿易

382号　昭和14年5月，6-7頁，マニラ通信員原繁治報告
　　　マニラ市食料品小売相場

383号　昭和14年6月，3-8頁，馬尼剌通信員原繁治報告
　　　比島の市場情勢と邦品の地位

384号　昭和14年7月，9-10頁，マニラ通信員原繁治報告
　　　比島に於ける輸入写真機市況

389号　昭和14年12月，19-23頁
　　　比島の景気相と暴利取締令

『通商彙報』[1940年（昭和15年）]
390号　昭和15年1月，46-47頁
　　　欧乱は米比貿易好個の拍車

390号　昭和15年1月，64-65頁，マニラ通信員原繁治報告
　　　比島の最高価格決定と我が輸出貿易

392号　昭和15年3月，30-32頁，マニラ通信員原繁治報告
　　　比島綿布魚缶及無糖練乳の関税引上沙汰

393号　昭和15年4月，85-90頁，マニラ通信員原繁治報告
　　　マニラ通信
　　　工業奨励策への応召セルロイド会社の創立
　　　国立商事会社の設立
　　　戦時下二月の貿易情勢
　　　一九三九年内四大国比島市場綿布月別供給量比較

395号　昭和15年6月，25-27頁，マニラ通信員原繁治報告
　　　初めて見る本邦対比貿易の入超

397号　昭和15年8月，78-82頁，マニラ通信員原繁治報告
　　　比律賓に於ける化粧品類

399号　昭和15年10月，19-21頁，マニラ通信員原繁治報告
　　　比島市場と綿布情勢，付人絹輸入

401号　昭和15年12月，16-19頁，マニラ通信員原繁治報告
　　　最近の比島経済事情

『通商彙報』[1941年（昭和16年）]
403号　昭和16年2月，10-15頁，マニラ通信員原繁治報告
　　　比律賓の小売業国民化道程

404号　昭和16年3月，23-25頁，マニラ通信員原繁治報告
　　　比島市場に於ける邦品と上海との対照

404号　昭和16年3月，26-29頁，マニラ通信員原繁治報告
　　　比律賓の華僑動静

407号　昭和16年6月，22-25頁，マニラ通信員原繁治報告
　　　最近の比島市況概観

407号　昭和16年6月，26-27頁，マニラ通信員原繁治報告
　　　比律賓に於ける自転車及其部分品の市況

407号　昭和16年6月，28頁，紐育出張所報告
　　　時局と米国，比島物資の輸出制限計画

408号　昭和16年7月，2-6頁，東駿一
　　　独立の十字路に立つ，比島の経済的背景

408号　昭和16年7月，7-10頁，マニラ通信員原繁治報告
　　　最近の比島経済情勢

408号　昭和16年7月，83頁，3月10日付在マニラ新納総領事報告
　　　比島米の輸出禁止経過（通日）

408号　昭和16年7月，83頁，3月26日付在マニラ新納総領事報告
　　　比律賓汽船協会，島内航路運賃引上許可方申請（通日）

411号　昭和16年11月，55頁，8月27日付在マニラ新納総領事報告
　　　フイリッピンに於ける米国輸出統制法実施以後のマニラ麻市況

411号　昭和16年11月，56頁，9月9日付在マニラ新納総領事報告
　　　比島輸出制限令適用の比島対外貿易に及ぼせる影響（通日）

412号　昭和16年12月，74-75頁，11月17日着在マニラ新納総領事電報
　　　包括許可一部改正され日・比貿易にも資産凍結令適用（通日）

412号　昭和16年12月，75-76頁，7月3日付在マニラ新納総領事報告
　　　フイリッピンに於ける自動車及同部分品の対支再輸出（通日）

『通商彙報』［1942年（昭和17年）］
419号　昭和17年8月，38-41頁
　　　　『大東亜共栄圏』建設方策成る，皇国の重点・高度工業，南方・鉱業，石油業の振興―鉱業・工業，電力基本方策―（一七，七，二四）

420号　昭和17年9月，2-7頁，南洋経済研究所，三吉朋十
　　　　南方の文化と生活（一）

421号　昭和17年10月，14-27頁，南洋経済研究所，三吉朋十
　　　　南方の文化と生活（二）

422号　昭和17年11月，22-26頁
　　　　南方共栄圏の度量衡，比律賓

『通商彙報』［1943年（昭和18年）］
430号　昭和18年7月，37-41頁，同盟
　　　　日用品を提供する，南方軽工業の現状

432号　昭和18年9月，2-13頁，同盟
　　　　南方諸地域の工業建設

433号　昭和18年10月，6-7頁，酒東生
　　　　南方占領地進出者，大東亜省で銓衡推薦―（手続一部改正）―

433号　昭和18年10月，36-43頁，大阪南方院興亜館事務長，片山弥六
　　　　興亜館の開設と近況

434号　昭和18年11月，28-29頁，南洋第一部第一課
　　　　南方渡航相談所開設に就て

435号　昭和18年12月，11-13頁
　　　　南方要員短期錬成

3．『南方院時報』（『東洋貿易研究』と統合）1944―45年

『南方院時報』［1944年（昭和19年）］
438号　昭和19年3月1日，35-41頁
　　　　大阪南方院便り，南方向文化映画座談会

440号　昭和19年4月15日，60-62頁
　　　　比島中央銀行設立決定
　　　　比島金融界戦前状態に復帰
　　　　大東亜学者大会比島代表決定
　　　　比島棉花増産新方策

442号　昭和19年5月15日，69-70頁
　　　　比島『東洋文化講座』開く
　　　　日比一体化の勤労奉仕
　　　　カリバピ政党へ改組

443号　昭和19年6月1日，65-66頁
　　　マニラ市民に農耕令を発動
　　　マニラ麻等を軍委託経営
　　　比島に日本志士記念碑建立

444号　昭和19年6月15日，58-59頁
　　　比島の官紀粛正
　　　カリバピ人事異動

『南方院時報』[1945年（昭和20年）]
　　　な　し

付録2：『日本外交文書』「外務省外交史料館文書」(戦前・戦中)掲載フィリピン関係記事目録

　外務省外交史料館文書は，明治・大正，昭和戦前・戦中，昭和戦後の3期に分けて分類されている。これらの一部は，昭和11年以来『日本外交文書』として年毎に編集され，刊行を続けている。

1．刊行文書

第23巻（明治23年）
　　12．貿易関係雑件
　　　　（161.）「マニラ」ヨリ日本迄航路開通ニ関スル件（354-57頁）

第24巻（明治24年）
　　16．移民関係雑件
　　　　1．菲島移民ニ関スル「マニラ」領事館報告（435-41頁）

第29巻（明治29年）
　　17．雑件
　　　　1．マニラ反徒動静ノ件（969-76頁）

第31巻（明治31年）
　　30．米西戦争一件，附比島革命（271-381頁）

第32巻（明治32年）
　　30．米比合併一件（817-76頁）
　　31．布引丸一件（877-89頁）

第34巻（明治34年）
　　23．比島反乱関係雑件（975-81頁）

第36巻（明治36年）
　　22．比島移民雑纂（408-82頁）
　　30．比島沿岸貿易一件（584-611頁）

第37巻（明治37年）
　　27．比島沿岸貿易一件（326-44頁）
　　28．比島移民雑纂（345-78頁）

第38巻（明治38年）
　　34．比島移民雑纂（429-47頁）
　　35．比島沿岸貿易一件（448-65頁）

第39巻（明治39年）
　　32．比島移民雑纂，附「グワム」島邦人消息（320-41頁）

第40巻（明治40年）
  47．比島移民雑纂（761-70頁）

第41巻（明治41年）
  43．比島移民雑纂（722-32頁）

第42巻（明治42年）
  32．比島移民雑纂（828-36頁）

第43巻（明治43年）
  31．比島移民雑纂（343-49頁）

第44巻（明治44年）
  26．比島移民雑纂（586-93頁）

第45巻（明治45年）
  10．比島移民雑纂（320-26頁）

2．未刊行文書（明治・大正）

1門1類3項3号1—1，自明治38年4月，至
  帝国諸外国外交関係雑纂，日米間，別冊，比律賓問題，1冊

1門2類3項1号145，自大正13年1月，至
  諸外国外交関係雑纂，蘭，比律賓間，1冊

1門3類1項35号2—4，自大正8年6月，至
  宣伝関係雑件，ホノルル・マニラノ部，1冊

1門6類2項1号6，自明治26年5月，至
  各国内政関係雑纂，米領比律賓，4冊

1門6類2項1号6—1，自明治31年10月，至
  各国内政関係雑纂，米領比律賓，別冊，独立及永久中立問題，2冊

1門6類2項3号4，自大正2年3月，至
  各国事情関係雑纂，比律賓，1冊

1門6類2項3号13，自大正11年3月，至
  各国事情関係雑纂，ダヴァオ，1冊

1門6類2項4号，自明治33年7月，至明治35年4月
  米領比律賓ニ於ケル諸令規則，1冊

2門7類1項3号4，自明治34年7月，至
  帝国諸外国間郵便条約締結一件，日比，日秘，日墨間之部，1冊

2門9類9項25号，自明治40年1月，至
  比島医学会議年次会一件，1冊

3門1類1項27号，自明治33年6月，至明治34年8月

比律賓群島市制並馬尼剌市制制定一件，1冊

3門1類6項7号1，自大正7年1月，至大正14年10月
　　　各国輸出入禁止関係雑件，別冊，比律賓之部，1冊

3門2類2項5号，自明治33年6月，至明治41年7月
　　　比律賓島沿岸貿易一件，1冊

3門2類4項45号5，自大正11年1月，至大正15年12月
　　　各国貿易状況報告雑纂，別冊，比律賓之部，3冊

3門3類6項6号，自明治21年5月，至明治21年8月
　　　西班牙国領「ヒリッピン」島前知事「テレロ」氏ヨリ見本トシテ同島ノ産物寄贈一
　　　件，附，貿易商会ヘ見本貸渡一件，1冊

3門3類6項9号，自明治21年12月，至明治26年5月
　　　外務農商務両省ヨリ在「マニラ」帝国領事館ヘ商品見本試送及同所政庁ヘ寄贈一件，
　　　附，残品，処分ノ件，1冊

3門3類6項20号，自明治35年9月，至明治37年11月
　　　比律賓島商業館設立竝陳列品関係一件，1冊

3門3類7項25号，自明治36年10月，至大正9年12月
　　　農工商漁業等ニ従事スル在外本邦人ノ営業状態取調一件，16冊

3門3類7項40号
　　　取引事故雑件，14冊

3門3類8項10号12，自大正12年4月，至大正12年7月
　　　大正十二年日貨排斥一件，南洋地方，1冊

3門3類9項14号1，自大正11年，至大正15年
　　　商況報告雑纂，亜細亜南洋之部，2冊

3門4類2項12号3，自大正11年1月
　　　各国経済関係雑件，別冊，比律賓ノ部，1冊

3門4類4項8号8，自明治38年3月，至
　　　各国内外債関係雑件，別冊，比律賓之部，1冊

3門5類2項48号，自明治20年7月，至明治20年7月
　　　西班牙国領「マニラ」ニ於テ煙草栽培及製造方法取調書借用方高知県ヨリ依頼一
　　　件，1冊

3門5類2項89号，自明治28年8月，至明治30年5月
　　　墨西哥産珈琲種子及「マニラ」産煙草種子購送方台湾総督府民政局長ヨリ依頼一
　　　件，1冊

3門5類2項115号22　1，自大正10年1月，至
　　　農産物関係雑件，別冊，麻之部，別冊，「マニラ」麻市況，2冊

3門5類3項4号，自明治20年6月，至明治21年1月
　　　西班牙国山林局ヨリヒリッピン島木材ノ見本寄贈一件，1冊

3門5類4項9号，自明治19年9月，至明治21年6月
　　徳島県産織物類見本トシテ西班牙国領「ヒリッピン」島ヘ廻送方同県ヨリ依頼一件，1冊

3門5類4項41号，自明治25年6月，至明治26年10月
　　英領印度及比律賓群島ニ於ケル藍作ニ関シ取調方徳島県知事ヨリ依頼一件，1冊

3門5類7項16号，自明治21年2月，至明治22年2月
　　西班牙国領マニラニ於ケル本邦産石炭商況及分析成績ニ関スル報告書西班牙国公使ヨリ送致一，件，1冊

3門5類8項109号，自明治39年11月，至大正4年11月
　　呂宋島ニ於ケル地曳網漁業及真珠貝採収業ニ関シ取調一件，1冊

3門5類8項133号，自明治43年12月，至大正8年6月
　　比律賓沿海漁業関係雑件，1冊

3門6類3項54号，自明治33年8月，至明治35年2月
　　本邦帆船快送丸比律賓島ダグパン港ニ寄港ノ際同港港務局ヨリ船体ニ修繕ヲ要スルト称シ出港，差止一件，1冊

3門6類3項97号，自大正9年3月，至
　　米国船舶法一件，別冊，比律賓島ニ合衆国沿岸航路法適用ノ件，1冊

3門6類4項36号
　　各国航運業関係雑件，別冊，比律賓ノ部，1冊

3門6類13項1号，自明治42年9月，至明治42年9月
　　英領香港新嘉坡蘭領瓜哇暹羅盤谷佛領西貢米領馬尼刺等ニ於ケル交通状態取調（鉄道院調査部調），1冊

3門8類2項14号，自明治21年11月，至明治21年12月
　　比律賓島ヘ日本人民移住方ノ義ニ付在本邦西国公使ト交渉一件（未決），1冊

3門8類2項38号，自明治26年12月，至大正9年11月
　　移民取扱人ヲ経由セル海外渡航者名簿，54冊

3門8類2項90号，自明治30年10月，至大正4年7月
　　移民取扱人ニ依ラサル移民ニ対シ渡航許可ヲ与ヘタル者ノ姓名月表警視庁府県ヨリ報告一件，22冊

3門8類2項184号，自明治35年，至大正10年8月
　　米国比律賓群島ヘ本邦人出稼一件，4冊

3門8類2項187号，自明治36年2月，至大正9年5月
　　移民取扱人ヨリ米領比律賓群島行移民取扱方許可願出雑件，8冊

3門8類2項191号，自明治36年7月，至明治37年3月
　　海外渡航株式会社及帝国殖民合資会社ニ於テ米領呂宋島ベンゲート州道路改築工事用本邦移民，（千名）取扱一件，1冊

3門8類2項192号，自明治36年7月，至明治38年2月
　　大陸殖民合資会社比律賓群島「バタン」炭坑行本邦移民取扱一件，1冊

3門8類2項241号，自明治40年11月，至明治41年5月
　　明治34年4月以降濠洲，墨西哥，「ニウカレドニヤ」太洋島，秘露及比律賓群島等ニ　渡航シタ、ル移民数月表警視庁外五県へ照会一件，1冊

3門8類2項283号7，自明治45年5月，至
　　旅券下附出願ニ要スル在外公館発給各種証明書公附人名表一件，別冊，馬尼刺之部，2冊

3門8類2項283号12，自大正9年5月，至
　　旅券下附出願ニ要スル在外公館発給各種証明書公附人名表一件，別冊，ダヴァオ之部，1冊

3門8類2項285号12，自大正12年5月，至
　　本邦移民関係雑件，別冊，比律賓之部，1冊

3門8類2項300号2－3，自大正6年12月，至
　　移民取扱人関係雑件，別冊，比律賓之部，2冊

3門8類2項368号，自大正9年12月，至大正13年11月
　　米領比律賓ニ於ケル排日雑件，1冊

3門8類2項380号，自明治38年，至
　　米領呂宋島ベンケート及ナギリアン道路開鑿工事用本邦移民取扱一件，1冊

3門8類6項19号，自明治42年6月，至明治42年6月
　　代議士竹越與三郎印度支那海峡殖民地比律賓蘭領印度等視察一件，1冊

3門9類1項17号，自明治33年，至
　　米国比律賓群島ニ於テ支那人上陸規定発布一件，1冊

3門9類2項12号，自明治43年1月，至
　　外国移民関係雑件，別冊，比島人移民布哇来着数報告一件，1冊

3門9類4項73号，自明治36年4月，至明治44年8月
　　米領比律賓島ニ於テ支那人上陸ニ関スル法令発布ノ都度台湾総督府へ通知一件，1冊

3門10類2項10号，自大正12年7月，至
　　在外本邦学校関係雑件，別冊，「ダヴァオ」小学校，1冊

3門10類2項10号，自大正6年3月，至
　　在外本邦学校関係雑件，別冊，馬尼刺小学校，1冊

3門10類3項39号，自明治32年10月，至明治33年11月
　　台湾総督府所管各地測候所ト比律賓馬尼刺気象台長トノ間ニ気象観測通信一件，1冊

3門11類4項66号，自明治37年7月，至大正6年9月
　　亜細亜各地及馬尼刺ニ於テ伝染病状況電報方内務省ヨリ依頼一件，1冊

3門11類4項67号，自明治37年8年，至明治38年4月
　　西暦一千六百三十二年癩病患者搭載本邦船舶比律賓島へ派遣ノ有無該島衛生局長ヨリ照会ニ付，在同地帝国領事ヨリ取調方稟申一件，1冊

3門12類1項186号，自大正6年12月，至
　　各国ニ於ケル外国人ノ土地所有権関係雑件，別冊，比律賓之部，2冊

3門14類3項13号，自明治7年8月，至明治31年10月
　　西班牙国領馬尼剌島関税関係雑件，冊数記載なし

3門14類3項18号，自明治32年7月，至
　　各国関税関係雑件，別冊，比律賓ノ部，1冊

3門14類3項62号，自明治31年7月，至明治40年6月
　　比律賓島関税法制定並修正一件，2冊

3門14類3項96号，自明治42年4月，至大正2年12月
　　米国関税改正ニ関連シテ比律賓島関税改正一件，1冊

4門2類5項250号，自明治31年2月，至明治44年3月
　　爆発物隠匿ノ嫌疑ヲ以テ米国官憲在「マニラ」本邦人ノ家宅捜索一件，1冊

4門2類6項11号，自明治40年5月，至明治40年6月
　　在「マニラ」本邦無頼漢追放一件，1冊

4門3類1項18号，自明治42年
　　元比律賓人石川保等ノ行動取調一件，1冊

5門1類1項21号4，自明治41年7月，至
　　各国一般軍事軍備及軍費関係雑纂，別冊，馬尼剌軍備調査，1冊

5門1類5項22号，自明治32年7月，至明治32年8月
　　比律賓島ヘ輸送中ノ軍馬ヲ横浜長崎及神戸ニ陸揚牧飼ノ許可ヲ得度旨米国公使ヨリ
　　　照会一件，1冊

5門1類7項32号，自明治43年6月，至明治43年12月
　　「オロンガポー」軍港ニ於テ浮船渠沈没一件，1冊

5門2類1項9号，自明治29年9月，至大正3年11月
　　米西戦争一件，4冊

5門2類1項9号，自明治31年4月，至明治31年12月
　　米西戦争一件，別冊，米西戦争ニ附局外中立施行ニ関スル件，米西戦争中「ジュネ
　　　バ」赤十字，条約追加条款実施ニ関スル件，1冊

5門2類1項9号，自明治31年4月，至明治36年11月
　　米西戦争一件，別冊，雑，2冊

5門2類4項1号，自明治37年2月，至
　　日露戦役関係露国艦船中立港ヘ竄入関係雑件，「マニラ」，「バタヴィア」，柴棍，桑
　　　港ノ部，1冊

5門3類2項16号，自明治32年2月，至明治32年7月
　　在馬尼剌米国軍士人間衝突交戦ニ関スル報告一件，附，軍艦須磨比律賓諸島ヘ派遣
　　　ノ件，1冊

6門1類5項6号27，自明治21年11月，至
　　各国駐在帝国領事任免雑件，マニラ之部，1冊

6門1類5項24号5，自明治29年4月，至明治43年7月
　　償金取扱上「国資運用上」参考ニ資スヘキ経済事項取調方大蔵省ヨリ在外帝国領事ニ嘱託一件，第五，芝罘，重慶，マニラ，1冊

6門1類6項2号5—11，自大正12年8月
　　帝国官吏出張及巡廻雑件，復命書之部，在マニラ木原書記生「ビリヤ」諸島出張ニ対スル復命，書，1冊

6門1類6項59号，自明治38年2月，至明治42年4月
　　マニラ領事館報告書，1冊

6門3類1項8号17—5，自大正12年9月
　　變災及救済関係雑件，別冊，関東地方震災ノ件，別冊，金品其ノ他寄贈ニ関スル事実問題，別，冊，比島ノ部，1冊

6門3類1項8号17—20
　　變災及救済関係雑件，別冊，関東地方震災ノ件，別冊，金品其ノ他寄贈ニ関スル事実問題，別，冊，米比病院及同愛記念病院関係，0冊

6門4類6項21号，自明治40年12月，至大正2年2月
　　馬尼剌市ニ於テ開催セラルヘキ「カーニヴァル」祭ニ関スル件，1冊

7門1類5項4号，自明治19年1月，至
　　海外在留本邦人職業別人口調査一件，32冊

7門1類6項1号，自大正2年3月
　　本省謄写物関係雑件，別冊，海外日本実業者調査，1冊

7門1類6項1号，自大正2年7月
　　本省謄写物関係雑件，別冊，海外各地在留本邦人職業別表，1冊

3．未刊行文書（昭和戦前・戦中）

A門1類3項1目2号
　　日本，比律賓間外交関係雑纂（帝国対比政策ヲ含ム），1冊
　　（注）Grant K. Goodman, "General Artemio Ricarte & Japan," "Four Aspects of Philippine–Japanese Relations 1930-40" の2冊が収納されているのみ，外務省記録なし

A門3類5項0目2号30
　　外国新聞記者ノ通信員関係雑件，比律賓人ノ部，1冊

A門3類5項0目6号11
　　外国ニ於ケル新聞，雑誌取締関係雑件，比律賓ノ部1冊

A門6類0項0目1号33
　　諸外国内政関係雑纂，比律賓ノ部，3冊

A門6類0項0目1号33—1
　　諸外国内政関係雑纂，比律賓ノ部，議会関係，2冊

A門6類0項0目1号33―2
　　諸外国内政関係雑纂，比律賓ノ部，予算関係，1冊

A門6類0項0目1号33―3
　　諸外国内政関係雑纂，比律賓ノ部，法令関係，1冊

A門6類3項0目1号5
　　米国内政関係雑纂，比律賓関係（昭和十年十一月迄），1冊
　　分ハA.6.0.0.1-33

A門6類3項0目1号5―2
　　米国内政関係雑纂，比律賓関係（昭和十年十一月迄），議会関係，1冊

A門7類0項0目9号46，昭和18年5月
　　大東亜戦争関係一件，比島独立ト日比同盟条約締結関係，1冊

E門1類2項0目，X1―U2
　　各国財政，経済及金融関係雑纂，比島ノ部，1冊

E門2類6項0目1号23，昭和8年12月～昭和16年6月
　　在外邦人商業（商工）会議所関係雑件，「マニラ」商業会議所，1冊

E門2類8項0目2号12，昭和元年12月～昭和5年11月
　　外国見本市関係雑件，「マニラ」（「カーニバル」祭）ノ部，1冊

E門2類9項0目1号5
　　商取引事故関係雑件，亜細亜南洋ノ部（中国ヲ除ク），11冊

E門3類1項2目，X1―U2，昭和2年6月18日～昭和12年10月20日
　　各国関税並法規関係雑件，比島ノ部，3冊

E門3類2項0目，X1―U2，昭和2年2月～昭和16年12月4日
　　各国貿易状況関係雑纂，比島ノ部，2冊

E門3類7項0目，X1―U2
　　各国ニ於ケル輸出入禁止及制限関係雑件，比島ノ部，1冊

E門4類4項0目1号5―1
　　各国ニ於ケル木材及製材関係雑件，比島ノ部，1冊

E門4類5項0目24号2，昭和10年8月
　　外国ニ於ケル本邦輸出綿絲布取引関係雑件，日比綿布協定関係，5冊

E門4類8項0目，X4―PH1
　　外国鉱山及鉱業関係雑件，比島ノ部，1冊

E門4類9項0目7号5
　　比島沿岸漁業関係，1冊

E門4類9項0目7号8
　　海外ニ於ケル本邦人漁業状況調査，5冊

F門1類1項0目3号14
　　各国海運政策関係一件，比律賓ノ部，1冊

F門1類3項0目4号,昭和4年8月
　　比島政府船舶入札関係一件,1冊

F門1類9項3目32号
　　比律賓鉄道関係雑件,1冊

F門1類10項0目6号24
　　各国航空運輸関係雑件,比律賓ノ部,1冊

F門2類2項2目3号15
　　本邦各国間無線電信連絡利用雑件,日,比島間ノ部,1冊

I門1類4項0目6号2
　　国際学生大会関係雑件,日,比学生会議関係,4冊

I門1類5項2目7号1,大正12年1月
　　在外日本人各学校関係雑件,在亜南ノ部,「タ［ダ］ヴァオ」日本国民学校,2冊

I門1類5項0目2号7－12,大正13年5月
　　在外日本人各学校関係雑件在亜南ノ部「マニラ」日本国民学校2冊

I門1類5項0目2号7－15,昭和11年3月
　　在外日本人各学校関係雑件在亜南ノ部,「セブ」日本国民学校,1冊

I門1類5項0目2号7－16,昭和9年2月
　　在外日本人各学校関係雑件在亜南ノ部,「イロイロ」日本国民学校,1冊

I門1類5項0目2号7－22,昭和12年10月
　　在外日本人各学校関係雑件在亜南ノ部,「ミンタル」女学院,1冊

I門1類5項0目2号7－23,昭和10年4月
　　在外日本人各学校関係雑件在亜南ノ部,「ラサン」日本国民学校,1冊

I門1類5項0目2号7－24,昭和11年3月
　　在外日本人各学校関係雑件在亜南ノ部,「ア［デ］ィコス」日本国民学校,1冊

I門1類5項0目2号7－25,昭和10年4月
　　在外日本人各学校関係雑件在亜南ノ部,「バヤバス」日本国民学校,1冊

I門1類5項0目2号7－29,大正12年3月
　　在外日本人各学校関係雑件在亜南ノ部,「バギオ」日本国民学校,1冊

I門1類5項0目2号7－33,大正13年7月
　　在外日本人各学校関係雑件在亜南ノ部,「ミンタル」日本国民学校,1冊

I門1類5項0目2号7－34
　　在外日本人各学校関係雑件在亜南ノ部,「カリナン」日本国民学校,1冊

I門1類10項0目2号4,昭和3年5月
　　本邦ニ於ケル協会及文化団体関係雑件,南洋協会関係,1冊

I門3類2項0目2号5
　　伝染病報告雑纂,亜細亜ノ南洋ノ部（中国ヲ除ク）,3冊

I門4類5項2目1号9
　　各国共産党関係雑件，米国ノ部（属領地ヲ含ム），3冊

I門5類0項0目1号
　　廃娼問題関係雑件，1冊

J門1類1項0目，J/X1—U2，昭和3年8月
　　外国ニ於ケル排日関係雑件，2冊

J門1類1項0目，J/X1—U2—1，大正15年6月
　　外国ニ於ケル排日関係雑件，比島ノ部，「ダヴァオ」土地問題，2冊

J門1類2項0目，J2—5
　　本邦移民関係雑件，比島ノ部，2冊

J門1類2項0目，J6—7
　　移民情報雑纂，比島ノ部，1冊

J門2類2項0目，J3—5
　　外国旅券下付出願ニ要スル在外公館発給各種証明書交付人名表報告雑纂，「ダヴァオ」ノ部，1冊

J門2類2項0目，J3—9
　　外国旅券下付出願ニ要スル在外公館発給各種証明書交付人名表報告雑纂，「マニラ」ノ部，2冊

J門2類2項0目，J21
　　大東亜戦争ニ際シ南方地域渡航制限並取締関係雑件，1冊

J門2類3項0目，J/X1—U2
　　外国人ニ対スル帝国ノ旅券査証関係雑件，比島人ノ部，1冊

K門3類3項0目2号
　　在外本邦売笑婦取締並送還関係，1冊

L門1類1項0目1号36
　　諸外国大統領退職，選挙並就職関係雑件，比律賓国ノ部，1冊

L門1類3項0目2号9
　　外国元首並皇族本邦訪問関係雑件，比律賓国ノ部，1冊

L門1類4項2目1号38
　　帝国皇室ニ対スル献納雑件，比律賓国人，1冊

L門2類2項2目1号44
　　外国人叙勲雑件，比律賓国人ノ部，1冊

L門3類2項1目3号8
　　外国人謁見関係雑件，比律賓国人ノ部，1冊

L門3類3項0目8号7
　　各国名士ノ本邦訪問関係雑件，比島人ノ部，1冊

L門3類3項0目12号4

各国特派使節本邦ヘ派遣関係雑件,「フィリピン」国ノ部, 1冊

L門3類5項0目2号52
　　外国ニ於ケル国慶祝賀関係雑件, 比律賓国, 1冊

M門1類3項0目1号1―30
　　在外帝国公館関係雑件, 比律賓国ノ部, 1冊

M門2類1項0目10号19
　　各国駐在帝国領事任免関係雑件,「マニラ」ノ部, 1冊

M門2類1項0目13号62
　　各国駐剳大公使任免関係雑纂, 比律賓国ノ部, 1冊

M門2類5項0目1号45
　　外国駐在各国外交官, 領事官異動関係雑件, 在比律賓国ノ部, 1冊

M門2類5項0目3号55
　　在本邦各国外交官, 領事官及館員動静関係雑件, 比律賓国ノ部, 1冊

M門2類5項0目4号60
　　在本邦各国外交官, 領事官及館員異動関係雑件, 比律賓国ノ部, 1冊

M門2類6項0目2号3―49
　　公用品及自用品簡易通関々係, 比律賓国ノ部, 1冊

O門4類3項0目1号76
　　借地借家料関係雑纂, 在「マニラ」総領事館, 1冊

O門4類3項0目1号91
　　借地借家料関係雑纂, 在「ダヴァオ」分館, 1冊

索 引

1.「領事報告」地名索引

2.「領事報告」事項索引

1．「領事報告」地名索引

数字は発行年月日；「大」は大阪発行誌

あ行

アメリカ（米国・合衆国・北米合衆国） 18980528, 19020310, 19030408, 19030413, 19080713, 19080918, 19090520, 19090605, 19090720, 19091005, 19100420, 19100820, 19110805, 19160824, 19170528, 19181007, 19200805, 19210523, 19250827, 19280514, 19300113, 19300915, 19321010, 19321031, 19330717, 大19320700, 大19410600

アメリカ（米国）北大西洋岸　大19221221

アモイ（厦門）　19230813

イギリス（英国）　19031008

イロイロ　19151104, 19200729, 19310216

イロコス地方　19310427

インド（印度）　19000725

インドシナ（印度支那）　19140108

大阪　大19221221

オーストラリア（豪州）　19060818, 19081108

オレゴン　19330116

オンダグア　19221030

か行

海峡植民地　19030312

カナダ（加奈陀）　19140514

カビテ　19030513, 19040323

カロリン島　18921122

広東　19100520

近東　19130721

神戸　19251010

さ行

サマール島（サマル島）　19020625

サンボアンガ（ザムボアンガ・サムボアンガ・ザンボアンガ）　19141012, 19141207, 19150128, 19310126, 19331113, 19340416, 19350710, 19360610

サンボアンガ港（ザムボアンガ港）　19300616

サンボアンガ半島（ザムボアンガ半島）　19140925, 19140928

サンフランシスコ（桑港）　19020525, 19021106, 19030803, 19030918, 19151021, 19290819, 19290819

シカゴ（市俄古）　19110920

シナ（支那）　19161109

ジャワ（瓜哇）　19160207

上海　19060523，19210919，19220112，19240303，19260220，大19410300
シンガポール（新嘉坡）　19040623，19141207
スービック湾　19170416
スペイン（西班牙）　18950615，18980528，19300428，19330522
スルー諸島中ラパク島　19110620
セブ　19300901，大19000925

た行

台湾　大18991125
ダバオ（ダヴアオ・ダヴァオ）　19081203，19230705，19240227，19240227，19240331，19250806，19251228，19260506，19260526，19260906，19270607，19270919，19271028，19271115，19280202，19280206，19280312，19281105，19290121，19290513，19290603，19301201，19310323，19310727，19311012，19311130，19320118，19320229，19320502，19320718，19320808，19320926，19321107，19321219，19330213，19330522，19330619，19330626，19330717，19330828，19331106，19331120，19331127，19331225，19340305，19340416，19340430，19340528，19340611，19340709，19340813，19340903，19340903，19341001，19341008，19341126，19350310，19350525，19350710，19360610，19360610，19370910
ダバオ港（ダヴアオ）　19080803，19221218，19240619，19270317，19281008，19290318，19291028，19300407，19310316，19320404，19321003，19330605，大19080825，大19300715
ダバオ（ダヴアオ・ダヴァオ）州　19280917，19281126，19290422，19350310
タバコ港　19221130
中華民国　大19310101
中部ルソン　19411125，19411225
チンタオ（青島）　19160207
天津　19040603，19100520
ドイツ　19111105，19310223，大19310315

な行

日本　18930811，大19320700　→本邦
ニューヨーク（紐育）　19030312，19310824
ネグロス島　19001110，19230104

は行

バタン島（バターン島）　19071218
バタビヤ　19151021
ハノイ（河内）　19030226
バラバック港　19221207
ハワイ（布哇）　19100625

パンパンガ州（パムパンガ州）　19030428
ビサヤ諸島　19240329，19240329
フランス（仏国）　19060218
プルパンダン　19230215
ベンゲット州（ベンゲツト州）　19050623
北部呂宋　19220522
ホノルル　19290325
ホロ　19340416，19350710，19360610
香港　19020210，19020225，19020225，19020325，19020425，19020525，19100810，
　　19140115，19230813，19290930，19300113
ボントク半島（ボントック半島）　19210530，19220206，19220508
本邦（日本）　19000725，19090113，19091110，19110705　→日本

ま行

マニラ（馬尼剌市・マニラ市）［主なもの］　19011110，19011110，19011225，19020125，
　　19020425，19020510，19020525，19020625，19020710，19020807，19020828，19040323，
　　19050708，19060508，19090605，19120705，19121001，19130929，19131020，19140209，
　　19140820，19140907，19140917，19150617，19190113，19190602，19220109，19300505，
　　大19011225，大19020325，大19020725，大19220901，大19390500
マニラ［すべて］　18911014，18940300，18960615，19000218，19010125，19010310，
　　19010410，19011010，19011110，19011110，19011225，19020125，19020225，19020310，
　　19020425，19020510，19020525，19020525，19020610，19020625，19020710，19020717，
　　19020807，19020807，19020828，19020925，19021204，19030219，19030226，19030403，
　　19030513，19030523，19030703，19030703，19030703，19030913，19031008，19040323，
　　19040603，19041218，19050318，19050513，19050628，19050708，19050818，19051013，
　　19051118，19060113，19060323，19060408，19060508，19060723，19060918，19061113，
　　19070123，19070203，19070328，19080803，19080908，19081027，19090123，19090605，
　　19090825，19100325，19101005，19101120，19110715，19110905，19120505，19120515，
　　19120520，19120705，19120705，19120725，19120725，19120901，19121001，19121110，
　　19121110，19130414，19130417，19130515，19130515，19130612，19130929，19131020，
　　19140209，19140813，19140820，19140827，19140827，19140901，19140903，19030907，
　　19140907，19140917，19140917，19140917，19140921，19141008，19141026，19141105，
　　19141124，19150114，19150125，19150212，19150304，19150318，19150323，19150415，
　　19150426，19150426，19150610，19150617，19150624，19150715，19150726，19150906，
　　19150916，19151007，19151011，19151104，19160113，19160207，19160306，19160330，
　　19160612，19160615，19160619，19160626，19160629，19170322，19170702，19170830，
　　19180325，19180919，19181014，19190113，19190116，19190123，19190217，19190220，
　　19190327，19190327，19190327，19190331，19190501，19190508，19190526，19190529，
　　19190602，19190717，19190724，19190804，19190901，19190901，19190904，19190908，
　　19190915，19190915，19190915，19191218，19200202，19200202，19200212，19200216，

19200223, 19200415, 19200419, 19200621, 19200624, 19200701, 19200729, 19200812,
19200816, 19200819, 19200819, 19200823, 19200823, 19200823, 19200823, 19200826,
19200909, 19200927, 19201004, 19201014, 19201021, 19201101, 19201115, 19201115,
19201118, 19201122, 19201202, 19201202, 19201209, 19201213, 19210117, 19210210,
19210214, 19210214, 19210224, 19210310, 19210602, 19210606, 19210609, 19210704,
19210704, 19210718, 19210721, 19210815, 19210822, 19210908, 19210908, 19210915,
19210922, 19210926, 19211020, 19211101, 19211124, 19211205, 19220109, 19220112,
19220112, 19220116, 19220116, 19220119, 19220123, 19220126, 19220130, 19220202,
19220206, 19220206, 19220220, 19220223, 19220302, 19220302, 19220306, 19220313,
19220313, 19220316, 19220320, 19220404, 19220413, 19220424, 19220424, 19220518,
19220525, 19220601, 19220601, 19220601, 19220615, 19220703, 19220720, 19220724,
19220824, 19220828, 19220901, 19220911, 19220925, 19221009, 19221030, 19221106,
19221116, 19221127, 19221127, 19221214, 19230115, 19230125, 19230215, 19230219,
19230226, 19230402, 19230402, 19230419, 19230423, 19230426, 19230507, 19230507,
19230521, 19230521, 19230521, 19230531, 19230625, 19230625, 19230705, 19230802,
19200806, 19230806, 19230809, 19230820, 19230820, 19231001, 19231011, 19231101,
19231101, 19231105, 19231105, 19231129, 19231129, 19231129, 19231210, 19240110,
19240110, 19240124, 19240124, 19240131, 19240225, 19240225, 19240225, 19240225,
19240228, 19240303, 19240317, 19240320, 19240320, 19240331, 19240421, 19240421,
19240421, 19240424, 19240522, 19240612, 19240612, 19240616, 19240623, 19240710,
19240714, 19240714, 19230714, 19240724, 19240724, 19240818, 19240818, 19240825,
19240915, 19240915, 19240922, 19240922, 19240929, 19241023, 19231027, 19241027,
19241204, 19241204, 19241218, 19250110, 19250121, 19250128, 19250128, 19250309,
19250310, 19250316, 19250316, 19250317, 19250324, 19250408, 19250410, 19250420,
19250422, 19250422, 19250423, 19250520, 19250523, 19250628, 19250629, 19250629,
19250701, 19250714, 19250716, 19250717, 19250717, 19250721, 19250806, 19250806,
19250807, 19250807, 19250808, 19250812, 19250818, 19250827, 19250827, 19250828,
19250926, 19250926, 19250928, 19250929, 19250929, 19250930, 19251001, 19251002,
19251003, 19251003, 19251005, 19251006, 19251009, 19251010, 19251015, 19251021,
19251021, 19251024, 19251030, 19251102, 19251109, 19251110, 19251111, 19251116,
19251204, 19251205, 19251208, 19251208, 19251217, 19251218, 19260115, 19260119,
19260121, 19260206, 19260208, 19260210, 19260216, 19260216, 19260220, 19260222,
19290301, 19260317, 19260319, 19260320, 19260402, 19260405, 19260419, 19260423,
19260426, 19260503, 19260506, 19260506, 19260506, 19260507, 19260507, 19260507,
19260528, 19260528, 19260531, 19260602, 19260603, 19260604, 19260608, 19260617,
19260618, 19260705, 19260707, 19260724, 19260728, 19260818, 19260914, 19260915,
19260927, 19261006, 19261007, 19261014, 19261117, 19261210, 19261211, 19261214,
19261215, 19261215, 19261218, 19261218, 19261218, 19261220, 19261220, 19261220,
19261223, 19270121, 19270203, 19270218, 19270226, 19270318, 19270329, 19270405,
19270418, 19270420, 19270511, 19270523, 19270607, 19270618, 19270719, 19270805,

「領事報告」地名索引　197

　　　19270913,　19270914,　19270917,　19271029,　19271119,　19271128,　19271205,　19271222,
　　　19271226,　19280114,　19280202,　19280204,　19280213,　19280820,　19280827,　19280827,
　　　19280910,　19281015,　19281015,　19290430,　19290430,　19290924,　19290924,　19291111,
　　　19291111,　19300120,　19300303,　19300317,　19300505,　19300505,　19301020,　19310727,
　　　19310810,　19310810,　19310928,　19320404,　19321010,　19330116,　19330130,　19330306,
　　　19330313,　19330710,　19340507,　19340912,　19341008,　19341008,　19341008,　19391010,
　　　大19000125,　大19011225,　大19020325,　大19020725,　大19030825,　大19071225,
　　　大19080325,　大19090925,　大19120725,　大19121025,　大19210801,　大19210801,
　　　大19220901,　大19260711,　大19260711,　大19260801,　大19310500,　大19320900,
　　　大19320900,　大19390500,　大19400400,　大19440601
マニラ港［主なもの］　19031108,　19031108,　19031203,　19040518,　19101010,　19101010,
　　　19200219,　19200223,　19200729,　19200802,　19221023,　19221026,　19221116,　19221207,
　　　19230723,　19290325,　19290909,　19300915,　19330731
マニラ港［すべて］　18900325,　18900625,　18920120,　18921122,　18930811,　18930812,
　　　18961015,　18980528,　18981118,　19000725,　19000810,　19001025,　19001125,　19001210,
　　　19010510,　19010810,　19011110,　19020210,　19020225,　19020225,　19020325,　19020325,
　　　19020410,　19020425,　19020525,　19020525,　19020610,　19020703,　19020807,　19020821,
　　　19020918,　19021106,　19030212,　19030226,　19030428,　19030623,　19030703,　19030703,
　　　19030803,　19030918,　19031108,　19031108,　19031108,　19031203,　19040308,　19040428,
　　　19040518,　19040623,　19041015,　19050328,　19060218,　19060523,　19060818,　19101010,
　　　19101010,　19110225,　19110615,　19110705,　19110925,　19120710,　19121225,　19130105,
　　　19130519,　19130721,　19130814,　19131009,　19131106,　19131127,　19140126,　19140202,
　　　19140212,　19140226,　19140305,　19140901,　19141001,　19141029,　19141102,　19141210,
　　　19141217,　19141217,　19150111,　19150308,　19150603,　19160207,　19160817,　19170125,
　　　19180708,　19180725,　19200219,　19200223,　19200223,　19200708,　19200729,　19200802,
　　　19220202,　19220406,　19220424,　19220501,　19220724,　19221023,　19221026,　19221116,
　　　19221207,　19230723,　19231105,　19240131,　19240131,　19250416,　19271117,　19290325,
　　　19290909,　19300915,　19310824,　19330731,　19331113,　大18940525,　大18940625,
　　　大18991125,　大19020825,　大19021025,　大19030725,　大19091025,　大19101025,
　　　大19110325
マニラ湾　19121225,　19130105,　19131009,　19141210,　19141217,　19150111,　19160605,
　　　19160817,　19170125,　19170705,　19180708,　19181226,　19220724,　19250416
マラボン　19070403
マリアナ島　18921122
マルセーユ　19060218
ミンダナオ　19141124,　19230524,　19390625
ミンダナオ，スル道　19140921
ミンダナオ島（キヤンプ・ヴイカース）　19100725,　19110520,　19200819,　19230125,
　　　19281203,　19330529,　19371025

や行
横浜　19240303，19251010

ら行
リパ　19040323
ルソン（呂宋）　18950615，19001110，19001125，19060413
レガスピ　19251228
ロス・アンジェルス（羅府）　19230301，19240131
ロンドン（倫敦）　19111101

2.「領事報告」事項索引

あ行

藍　19150520

亜鉛鍍板　19310209

亜鉛引鉄板　19271128, 19280204

麻　18950411, 19120705, 19150208, 19221130, 19240228, 19250422, 19250520, 19250828, 19251030, 19251218, 19260208, 19260216, 19260320, 19260402, 19260507, 19260602, 19260618, 19260707, 19260818, 19260914, 19261014, 19261117, 19261220, 19270121, 19270218, 19270318, 19270420, 19270607, 19270618, 19270719, 19270809, 19270909, 19281126, 19290121, 19300303, 19301201, 19330619, 19330828, 19330904, 19331127, 19340903, 19350310, 大19120725　→マニラ麻, アバカ, 苧麻(ラミー), 長麻(サイザル)

麻糸　19200223

麻格付審査委員会　19221228, 19230226　→マニラ麻格付委員会の撤廃運動

麻価騰貴　19230426

麻靴　19340903

麻耕地　19310323, 19320229, 19320502, 19320718, 19320808, 19320926, 19321107, 19321219, 19330213, 19330522, 19330626, 19330717, 19340528

麻栽培地害虫　19200415

麻真田　19130225, 19140702, 19140813, 19140903, 19141008, 19150111, 19260914

麻産額　19130205

麻産業　19330529, 19331009

麻相場　19310323

麻綱　19081108

麻輸出　19180919, 19230305

麻輸出取締　19180819

麻類輸出商　19120705

味之素　大19320900

アセトン　19150125

アバカ　18910523, 19310302　→麻, マニラ麻

油　19260830

脂　19260830

阿片　18981118, 19060428, 19140205

編物　19260914

アメリカ　→米国

アメリカ(合衆国)移民法　19030803

アメリカ人(米人)の観察　19021204

アルミニユウム　19341001

硫黄　19260121，19260123
為換相場　18900625，18911005
イギリス　→英国
いぐさ（藺）製品　19241030
医術　19030403
板紙　19000218
イタリア（伊国）汽船　19230423
一般商況　19210217
糸物　19120725
蝗群　19230607，大19230611
蝗虫　19160928
蝗虫害　19150517
蝗虫被害　19150923
蝗虫撲滅策　19150923
稲藁包装　19320523，19340430
移民（移住民）　18991008，19030219，19030708，19031013，19041015，19051103，
　19080718，19131218，19200913　→外国移民
移民法　19060308
イランイラン香油　19260914
医療器　19300317
医療器械　19180325，19190217，19190526，19200212
医療理化学器械　19210606
イロイロ糖　19150329，19150701，19150729，19150923，19160529，19161214，19170330
印刷業者　19190901，19260531，19290924
印刷用インク（インキ）　19190901，19290924
印刷用品　19190901
インディゴ　18890508
飲食品　19071203，19080113，19110425，19120710
インター・ナショナル及エシア両銀行合併　19240221
インボイス作成方注意　19280207
飲料品　19230507

腕輪　19251217
ウリング炭坑　19370910
運送　19030408
運賃　19020225，19141102，19150323，19150603，19160306，19160619，19160703，
　19200708
運動界　19250511
運動具商　19260903，19281015
運動用器具　19190904

運動用具　19341001

営業比率税　19260204
英国汽船　19200708
衛生　19011110，19020425，19020807，19021002，19050518
沿海貿易　19000825
円為替　19250628
塩乾魚　19260119，19260120
沿岸航行船舶　19180725
沿岸航路　19060918，19231203
沿岸航路法　19230226，19230301，19250319
沿岸就航船　19240918
沿岸貿易　19030312，19050823，19200920
沿岸貿易港　19010210，19010210，19010310，19010510，19010525，19010725，
　19010810，19010910，19020225，19020410，19020625，19030319，19030418，19030603，
　19050213
沿岸貿易港名　19030603，19050213
沿岸貿易船　19031018，19051208
園芸農産物　19080513
塩酸　19100520
演習用標的筏繋留　19280118
鉛筆　19200927，19251111，19251112，19260528，19310727

欧州時局　19140813
欧州商品　19141105，19210704
欧州戦乱　19140907，19141116，19150125，19150212，19150408
欧米製品　19131222，大19140125，大19210801
欧乱　大19400100
大阪府立商品陳列所新着見本　大19220901
太田興業会社　19160720，19160720，19160724，19160727
小倉服地　19230820，19231203，大19230811
オーバシューズ　19261215
オランダ（和蘭）汽船　19151021
織物（本邦）　18960615，大19240701，大19300801
織物類輸入　大19311200
卸小売商　19190904
オルタンガ製材所　19140925，19140928

か行

海運　19220615，19220814，19220901，19220925，19221109，19230125，19230129，

19230308, 19230412, 19230524, 19230628, 19230806, 19231203, 19240204, 19240303, 19240904, 19241030

海運界　19240929

海運会社　19030403

海運業　19020225, 19221211

絵画　19260907

海外在留本邦人数　18990628, 19001110, 19020828, 19140209, 19260501　→本邦人職業別

海外貿易　大19210801　→外国貿易, 貿易, 対外貿易

貝殻　19220629, 19220703, 19240714

貝釦　19220313

開港場　19000825

外国移民　19110805, 19121110　→移民

外国貨物　19041015

外国銀行　19221124

外国商賈数並其投資額　19131201

外国人の法律上の地位　19240717

外国新聞　19340305

外国船舶　19131127

外国通信　19271203

外国貿易　19021204, 19081203, 19130828, 19141116, 19150125, 19150212, 19150408, 19150419, 19150603, 19150715, 19150802, 19150913, 19151018, 19151129, 19151227, 19160120, 19160217, 19160306, 19160404, 19160417, 19160504, 19160601, 19160706, 19160717, 19160914, 19161002, 19161106, 19161218, 19170125, 19170301, 19170514, 19170618, 19170625, 19170802, 19171029, 19180124, 19180314, 19180610, 19190310, 19201209, 19250114, 19250303, 19250324, 19250405, 19260601, 19261018, 19261024, 19261207, 19261213, 19270114, 19270222, 19270304, 19270315, 19270706, 19270827, 19271001, 19271028, 19271030, 19271209, 19271223, 19280130, 19280430, 19281008, 19290701, 19310316, 19310928, 19320404, 19321003, 19330605, 19330710, 19340917, 19341001, 19371125, 19381210, 19390625, 19390810, 19400810, 19400810, 19400825, 19400925, 19401125, 大19080825, 大19190401, 大19190401　→対外貿易, 貿易, 海外貿易

外国貿易港　19020717, 19030319, 19050213

外国貿易年報　19300609, 19350525

外国保険会社　19221124

外国米　19150401, 19150603　→外米, 輸入米

外国米輸入　19160217

海産物　19240128

会社　19060408

快走船新造計画　19060903

開拓　19330529
貝鈕製造所　19110715
貝鈕釦　19230614，19300310
懐中電燈　19150624，19150624
海底事業　19030513
海底電信線　19060523
海底電線　19021106，19030803，19030918
海防　19211103
外米　19250207，19280514，19280521　→外国米，輸入米
外米輸出　19250207
外米輸入　19240904，19240929，19280514，19280521
カカオ　19260915
化学品（製品）　19260731，19260915，大19250301
華僑商人（華商）　19300825，大19311000，大19320900，大19410300
家具　19201101，19261223
殻果　19260914
学術及外科器械　19260804
額縁　19260907
火災報知器　19030913
果実　19221030，19240605，19260810，19351110
瓦斯　19150923，19201122，19310810
瓦斯木綿縮　19140917
カセイソーダ（苛性曹達）　19100520
家畜　19140115，19160207
楽器　19150628，19150628，19201115，19260830，大19040825
学校　19250509，19260903
活写フイルム　19260731
カッチ製産業　19310126
蚊取線香　19210822，19210822，19250627，19250629，19251009，19251010
金物　19200624，19201101，19260210，19270228
蟹缶詰　19260206
カーニバル祭商工共進会　19260724
カーニバル祭商工展覧会　19260503
カーニバル祭典　19121001
カーニバル商工共進会　19290415
カーバイト　19261215
株式　19010125，19010310，19011010，19020717，19021204，19220306
貨幣　19020310，19030513，19030728，19030908，19051123，19200930，19210627，
　19220130，19250214，19250821，19300512
貨幣（贋）　19030312

カポック　19240225，19240714，19240714，19260113，19260721，19260915
紙　19220518，19260907，大19080325
紙巻煙草　19260925
貨物　18930811，19010425，19020731，19100810，19101010，19110615，19111025，19180926
貨物揚卸取扱会社　19220724
貨物記号　19030226
貨物船　19290819
鎌倉「ハム」　19090123
火薬　19310928
ガラス（硝子）　19260810
硝子器　19200812，19210210
ガラスコップ　大19260711
硝子職工　19030708
硝子製品　19190217，19251102，19260506
硝子壜　19260531，19270523
カリバピ　大19440515，大19440615
カルシューム　19261215
革　19260813
皮　19260914
革及革製品　19201209
革及擬革製品　19130417
為替　19341001
革製品　19130417
革布　19261220
灌漑工事　19250207
官紀粛正　大19440615
勧業共進会　19140129
乾魚類　19190331
玩具　19160615，19260619，19260904，19331113
観光客　19300505
甘蔗　19110601
関税　18920506，18920513，18920516，18920519，18920521，18920523，18920527，18981118，18990708，19000208，19031118，19060923，19250116，19280514，19281105，19290218，19301027，19301110，19310921，19310921，19311012，19311026，19311130，19311207，19320523，19320808，19321017，19321017，19321219，19330306，19340723，19340813，19341001，19341015，19341105，19341112，大18991125，大19011025，大19400300
関税関係保護法　19321226
関税手数料　19050823

関税法　19050418, 19060503, 19280229, 19300915
関税法案　19321024
関税率　19050413, 19091110, 19120120, 19150204, 19160217, 19321114
缶詰　19190331, 19220911, 19250629, 19250629, 19260423, 19260618, 19280820,
　　19291216, 大19320900
寒天　19101110, 19261007
乾電池　19150624, 19150624
カントン　19260915
旱魃　19190602
漢堡亜米利加汽船会社　19060818
顔料　19260830

機械　19260604
議会　19230222, 19230305, 19240724, 19241117, 19290603, 19320321, 19321017,
　　19340723, 大19230321, 大19321200
擬革紙　19030703
企業投資　19240707
貴金属　19260810
器材　19260731
貴石　19260810
汽船　19020210, 19020225, 19020325, 19020325, 19020425, 19020525, 19130519,
　　19231105, 19290819
汽船会社　18950615, 19000825
汽船会社（ノース，ヂヤアマン，ロイド）　19040623
亀甲　19260914
絹　19260624
絹織物　19230226, 19230709, 19260301, 大19300901
絹工業　19260624
絹製品　19260301, 19300120
絹紬　19260601
絹紬レース　19201014
絹布　19070328, 19311124
絹物　19260913, 19270812
キャベツ（甘藍）　19070503
牛疫　19150517, 19150729, 19160515, 19160522, 19160605, 19160629, 19160824,
　　19161023, 19161102, 19161221, 19170122, 19170402, 19170416, 19170419, 19170503,
　　19170611, 19170719, 19170927, 19171011, 19171108, 19180307, 19180408, 19221009
　　→リンダーペスト
牛畜　19100810
牛畜炭疽病　19220717　→炭疽病

牛畜輸入　19220703，19220914，19250407
牛畜輸入禁止法　19240526
牛肉　19201021
牛乳　19330306
行政組織　19011110
魚介缶詰（魚缶）　19170201，大19400300
漁業　19030703，19050423，19070513，19070523，19091125，19240121，19310518，
　　大19310600
漁業会社　19050318，19120125
漁業学校　19070403
漁具　19091125
極東米国商業会議所　19240825
魚苗　19341008
漁網　19120810，19280117
漁簗　19131009
魚類　19260810
魚類缶詰　19260119，19260120
魚類缶詰会社　19340305
魚類輸入　19110620
切地　19120725
金　18900325，19090825，19150318，19210901，19300512，19300728，19411125
銀　18900325，19090825
銀貨　18940300，19040213，19040328
銀塊買収停止（政府）　19031223
銀貨輸出禁止　19060208
銀貨輸入禁止法　19040308
金銀鍍金品　19260907
銀行帳簿検査手数料規定　19250114
銀行法案　19290603
金属製品　19290924
金融　19410610
金融界　大19449415
金融機関　19130414
勤労奉仕　大19440515

グアノ業　19300428
櫛　19251217，19260729
屑　19260728
屑金属　19410310
屑鉄　19281015

果物　19130110，19270725
靴　19260913，19311207，19321017
靴下　19250827
グッド・イーヤ会社　19320516
倉敷料　19020918，19031108，19040308，19050328，19250426，大19021025
倶楽部　19220320
グリセリン輸出　大19210701
軍委託経営　大19440601
軍需品　19030413
群小産業　大19390400
軍隊　19030413，19150701
軍部長官兼副太守　18930216

軽工業　大19430700
繁麻　19130320
経済　19271210，19400810，19400810，19400825，19400925，19401210，19401210，
　19410125，19410510，19410710，19410710，19420110，大19280615，大19281001，
　大19310315，大19360100，大19401200，大19410700，大19410700
経済界　19150520
経済調査委員　19281203
経済法案　19320321
警察　19030913
繋船　19210127
鶏卵　19201021，19250323，19260803，19271224，19301020
毛織物　19200823，19200823，19250827，19250902，19310803
化粧品　19300818，大19400800
ケソン上院議長　19340723
クゾン派　19221023
下駄　19220828
決算　19020911
検疫　19020610，19100810，19141026，19160210，19160320，19160824，19230723，
　19231001，19240317，19240331，19240424，19241218，19251010，19251030
健康証明　19230820
健康診断　19030708
検事総長　19050818

興亜館開設　大19431000
航運業　19060818
航海　19080713
航海者　19141217

鉱業　19160605，19210322，大18950125
工業　19260619，大19430900
工業意匠　19201216
鉱業会社　19300728
工業原料　19101105
工業奨励策　大19400400
工業薬品　19250426，19251205
航空輸送会社　19310309
工芸　大19211001
公債　19050528，19060503，19221225，19230122
綱索　19260914
綱索類　19341029，19341217
鉱産　19400825
鉱山業　19240707
鉱産物　19311130
公衆電報　19141210，19150114
洪水　19140907，19411125，19411225
交戦国商船　19150415，19160518
交戦国船舶　19160406
蝗虫　→イナゴ
交通経路　19210922
珈琲　19150607，19200729，19260729，19260915，19290603，19310202
香味　19260904
鉱油　19201122，19261218
公有地法　19200426
小売業　19400410
小売業国民化道程　大19410200
小売商　19331113
小売相場　大19390500
小売値段　19201021
香料　19260914
香料化粧料　19260907
航路　19000725，19010310，19010410，19020210，19020325，19020410，19020525，
　　19030312，19040623，19110925，19131106，19131127，19140108，19141008，19141124，
　　19141207，19150128，19151021，19200729，19220501，19221106，19290819，19300428
　　→定期航路
航路（加奈陀比律賓間）　19140514
航路（サンボアンガ新嘉坡間）　19141207
航路（瓜哇太平洋）　19160207
航路（本邦比律賓間）　19010306

航路（ロ府マニラ間） 19240131
黄楊材　19250718
コーク　19250812
コークス　19260731
国産品運動　大19330800
国立商事会社設立　大19400400
国勢　19331023
穀類　19210214
ココア　19260729
小作人　19221005
国旗　19201216
コパル　19260914
コプラ　19031018, 19051028, 19110705, 19131103, 19160928, 19161023, 19161102,
　19161127, 19170118, 19170201, 19170402, 19170531, 19170702, 19170802, 19170903,
　19171004, 19181007, 19230321, 19240929, 19240929, 19260915, 19270206, 19270809,
　大19031125，大19241021
コプラ粕　19260915，19290408
コプラ油　19200823
胡麻油　19260914
ゴム（護謨）　19060713, 19100725, 19100825, 19110620, 19110630, 19130515,
　19130515, 19200819, 19230205, 19230719, 19240214, 19250827, 19251106,
　大19311000
護謨園　19320516
ゴム靴　19261210, 19261215, 19270908
護謨樹脂　19220112
小麦　19220615
小麦粉　19170405, 19260727
護謨製品　19120725, 19170322, 19200212, 19210606, 19260804, 19290924
米　19030428, 19100905, 19111110, 19130320, 19160501, 19160626, 19160928,
　19170409, 19190224, 19190703, 19200819, 19210407, 19210728, 19220109, 19220213,
　19220216, 19220302, 19220518, 19220703, 19220810, 19220907, 19220918, 19220928,
　19221116, 19221221, 19230125, 19230215, 19230301, 19230326, 19230405, 19230507,
　19230604, 19230802, 19230903, 19231129, 19240218, 19240317, 19240331, 19240414,
　19240904, 19241113, 19250221, 19250317, 19250407, 19250423, 19250623, 19250715,
　19250818, 19250912, 19251009, 19251110, 19251218, 19260206, 19260220, 19260405,
　19260419, 19260529, 19260617, 19260707, 19260803, 19260820, 19260913, 19260922,
　19261019, 19261116, 19261218, 19270204, 19270219, 19270402, 19270426, 19270629,
　19270716, 19270729, 19270908, 19270913, 19271003, 19271105, 19271118, 19271223,
　19280221, 19280307, 19290930, 19400725
米輸出　19271022, 19271031

米輸出禁止　大19410700

米輸入　19220216，19220302，19220424，19220605，19241208，19250120，19250418，
　　19270322　→輸入米

米輸入税　19070123，19170409，19181107，19220126，19220626

コルク　19260805

コールタール染料　19170115

コレラ（虎列刺，虎疫）　19131020，19160810，19160821，19160824，19160901，
　　19190717，19190804，19220109，19220112，19220116，19220116，19220123，19220126，
　　19220206，19220220，19220223，19220302，19220313，19230402，19230809，19240225，
　　19240707，19250929，19251001，19251005，19251006，19251009，19251015，19251021，
　　19251024，19251109，19251116，19300901，19300915，19301020，19310216，19310216

さ行

財界　19210127，19230122

最高価格決定　大19400100

サイゴン米（西貢米）　19000710

長麻（サイザル）　19271005，19271029，19271205，19271226，19280213，19280307

サイザル麻（メキシコ産）　19120820

財政状態　19110125，19130828

栽培企業　19270705

裁判所　19060118

再輸出米国品　19180722

在留邦人職業別　→本邦人職業別

醋酸塩類　19150125

酒　19020610，19190327，19190327，19260913，大19020725

雑貨　19200826，19220824，19260906，19300120，19300818，19320404，大19061225，
　　大19080425，大19280521

雑貨商　19250714，19260603

雑貨店　19260506

雑穀　19170319

雑誌　19201213，19210915，19220601

殺虫粉　19281203

砂糖（糖）　18910523，18950411，19020703，19060413，19130807，19131103，
　　19141026，19141203，19150204，19150304，19150304，19150323，19150422，19150506，
　　19150603，19150610，19150624，19150628，19150809，19151104，19151209，19160110，
　　19160217，19160228，19160313，19160323，19160406，19160508，19160511，19160522，
　　19160529，19160703，19160717，19160817，19161127，19161204，19161214，19161225，
　　19170118，19170201，19170226，19170305，19170402，19170507，19170517，19170611，
　　19170712，19170806，19170903，19171008，19171105，19171119，19171220，19180117，
　　19180603，19181024，19181114，19190113，19200419，19200819，19201021，19210523，

「領事報告」事項索引　211

　　19210912, 19220720, 19220807, 19220828, 19221221, 19221228, 19230104, 19230319,
　　19230412, 19231122, 19260415, 19260913, 19270620, 19280514, 大19230411
砂糖耕地　19100625
真田　19150208, 19150506, 19150603, 19150705, 19150705, 19150805, 19160803,
　　19160904, 19161204, 19170115, 19251204
真田用麻　19230423, 19230521, 19230625, 19230806, 19230820, 19231101, 19231105,
　　19231129, 19240110, 19240124, 19240225, 19240320, 19240421, 19240612, 19240616,
　　19240714, 19240818, 19240922, 19241023, 19241204, 19250110, 19250128, 19250309,
　　19250317, 19250717, 19250807, 19250926
真田用マニラ麻　19160404, 19160504, 19160601, 19160703, 19161023, 19161113,
　　19170222, 19170308, 19170405, 19170507, 19170604, 19170705, 19170806, 19170910,
　　19171008, 19171105, 19171217, 19180117, 19180225, 19180328, 19180422, 19180603,
　　19180718, 19180826, 19180919, 19181021, 19181219, 19190120, 19190203, 19190303,
　　19190327, 19190526, 19190605, 19190721, 19190724, 19190818, 19190915, 19191013,
　　19191225, 19200202, 19200412, 19200422, 19200621, 19200708, 19200729, 19200902,
　　19201025, 19201111, 19201209, 19210210, 19210303, 19210421, 19210509, 19210602,
　　19210613, 19210804, 19210905, 19210929, 19211020, 19211201, 19211219, 19220119,
　　19220202, 19220417, 19220424, 19220525, 19220612, 19220807, 19220828, 19221002,
　　19221023, 19221127, 19230111, 19230125, 19230305
サラシコ（晒粉）　19100520
産業　19140416, 19140416, 19140420, 19140420, 19140423, 19140427, 19140430,
　　19300317, 19300505, 19300623
珊瑚　19260915
蚕糸業　19220824　→養蚕業
桟橋工事　19221207
桟橋税　19340917
山林　19021030

塩漬鯡　19250808
歯科器械材料　19290430
歯科器械商　19240724
地下足袋　19290603
シガレット・ペーパー　19260617, 19260618
歯科用陶製義歯　19341008
事業緊縮　19140903
磁器類　19260506
市債　19050708
シザル麻　19260915
資産凍結令　大19411200
刺繍　19181028, 19260914

市場　大19280501，大19310500，大19320900，大19320900，大19390600，大19400400，大19401000，大19410300
市制　19011210，19011225
施政費　19110125
施政方針　19221023
漆器　19290924
実業界　19100420
虱目魚　19341008
自転車　19170322，19190526，19250701，19250706，19250930，19251217，19260507，19260702，19260705，19280114，19280827，19291111，19340507，大19410600
自動車　19020310，19280827，19290924，19310601，19340528，大19411200
自動車タイヤ　19260804
自動車用電球　19310921
支那移民　19181021
支那航業会社　19060903
支那商業銀行　19200202，19200823
支那商人　大19210601
支那人　18981118，19020310，19060918，19230628
支那素麺　19201014
シナメイ粗布　19260915
シナメイ細布　19260921
紙幣　19200729
縞木綿　19230621
射撃演習　19150111
写真館　19250926
写真機　19250926，19260907，大19390700
射的演習　19160605
車両　19260727
上海非売同盟　19250806
収税法　19141228
州庁　19021204
収入法　19020610
自由港　19200219
重曹　19230215
自由貿易　19090520，19090605，19090720，19091005，19100420，19100820
重要商品　19240804
重要都市市況　大19240801
重要品　19240212
重要品相場　18911014
樹脂　19060713

出国旅客数　19220703
出入国者数　19210908
種痘　19220112，19231011，19300113
錠　19260625
小規模商工業　19320523
商業　大19010825，大19041225
商業会議所　19260426，19260506
商業館　19021023，19030226
商業記帳法　19270314
商業帳簿用語制限法　19211201，19220109，19230205，19230315，19250212，19260709
上下水道（上下水）　19060508
商号　19030618
商工業者　19220413，19280910
商工局　19180516，19221009
商工展覧会　19270914
商工人名録　19181014
樟樹　19150701
商人帳簿規則　19230329
樟脳樹　19200216
商標　19030618，19310727，大19030725
商標登録法　19221102
商品陳列所　19260426
商品輸出額　19180304
錠前　19101120
醬油　大19320600
植物　大19250701，大19250711，人19250821，大19250911
植物検査　19141221
植物性油　19061113
植物繊維　19260803，19300512，19341001
植物繊維会議　19110725
食料　19190224
食料品　19040313，19160113，19211020，19250714，19291216，大19320900，大19390500
食糧品　19220824，19300505，19410625
食料品商　19250714
食料品店　19211101
食料問題　19300512
書籍　19201213，19260727
職工賃銀　19210721，19220206
除虫菊　19251010，19281203，19311116
除虫粉　19210822，19250627

人絹　大19401000
人口　19060313，19060718
信号旗　19210117
真珠　19141012，19141012
真珠貝　19260914
真珠採取業　19271018，大19081025
人造絹糸布　19301013
真鍮　19151011，19151011，19260727
新聞　19201213，19210915
新聞紙　19151011
新聞社　19260531
人力車　19020225，19020807
森林伐採業者　19240526

水牛輸入取締規則　19160413
水雷演習区域　19260111
水利工事　19080908，19240929
ズック（ヅック）靴　19261215
スペイン語（西班牙語）　19060403
スマトラ麻　19271210，19271221

製革　19251208
生果実　19290715
税関　18990708，18990808，19000208，19000208，19000725，19001210，19010510，
　　19020918，19030226，19030518，19030703，19030703，19030708，19031108，19031108，
　　19040308，19040428，19041015，19050328，19060118，19060213，19060308，19081213，
　　19101010，19110225，19181007，19201025，19221012，19250426，19301201，19311228，
　　大19020825，大19021025
税関運輸部新設　19040428
税関行政法　19020731，19050128
税関収入　19250422
税関法　19341105
税関保管料　19200223
税関保証人　19030212
税関令　19110825，19120710，19140115，19170416，19170517，大19110325
税金　19051208
製絹業　19110630
製綱用麻　19230419，19230521，19230625，19230806，19230820，19231101，19231105，
　　19231129，19240110，19240124，19240225，19240320，19240421，19240612，19240710，
　　19240724，19240818，19240922，19241027，19241204，19250128，19250310，19250316，

19250716, 19250806, 19251003
製綱用マニラ麻　19160404, 19160406, 19160427, 19160501, 19160515, 19160522,
19160605, 19160629, 19160703, 19160720, 19160814, 19160821, 19160907, 19160921,
19161002, 19161023, 19161102, 19161127, 19170111, 19170118, 19170222, 19170301,
19170308, 19170402, 19170419, 19170507, 19170604, 19170628, 19170705, 19170716,
19170719, 19170813, 19170913, 19171008, 19171101, 19171217, 19180117, 19180225,
19180328, 19180418, 19180530, 19180902, 19180919, 19181021, 19181216, 19190123,
19190203, 19190303, 19190327, 19190526, 19190605, 19190721, 19190814, 19190915,
19191013, 19191106, 19191215, 19200205, 19200412, 19200422, 19200621, 19200705,
19200726, 19200906, 19200930, 19201025, 19201111, 19201209, 19210210, 19210303,
19210425, 19210512, 19210602, 19210609, 19210804, 19210905, 19210929, 19211020,
19211201, 19211219, 19220119, 19220202, 19220417, 19220424, 19220522, 19220615,
19220807, 19220828, 19221002, 19221026, 19221127, 19230111, 19230125
製材業　19321107
製材限産　19300915, 19301013
製材工場　19230326
製紙　19110601, 19290311
製紙会社　19230723, 19240214
製造者（業）　19151007, 19181018, 19190915, 19200819, 19200823, 19230219,
19260618, 大19000125
製糖　19240428, 19250107, 19250406
製糖会社　19230524
青銅器　19250423
製糖業　19030428, 19060213, 19071123, 19230125, 19271122, 19280514, 大19000125
製氷　19251208
製氷機　19201101
政府　19020911, 19031118, 19031223　→比島政府, マニラ政府
政府歳出　19061013
製本業者　19280827
製麻　19201118
税率　19000208, 19000725, 19001210, 19330130
清涼飲料　19211117, 19211205, 19211205, 19260317, 19290513
清涼飲料水　19230215, 19230219
石炭　19010125, 19010410, 19020724, 19060818, 19061023, 19071218, 19081027,
19091110, 19111220, 19140827, 19140827, 19150114, 19150212, 19150311, 19160323,
19160724, 19160904, 19160914, 19161002, 19161106, 19161218, 19170122, 19170226,
19170226, 19170322, 19170423, 19170503, 19170611, 19170719, 19171008, 19171220,
19180207, 19180318, 19180325, 19180408, 19180530, 19180617, 19180722, 19180909,
19181216, 19190113, 19190313, 19190501, 19190508, 19190626, 19190814, 19191002,
19191103, 19220119, 19220123, 19220202, 19220327, 19220404, 19220424, 19220525,

19220615, 19220622, 19220629, 19220720, 19220828, 19220925, 19221030, 19221214, 19230115, 19230125, 19230305, 19230305, 19230402, 19230426, 19230521, 19230802, 19231029, 19231129, 19231213, 19240131, 19240225, 19240313, 19240421, 19240512, 19240522, 19240915, 19241027, 19250121, 19250316, 19250324, 19250330, 19250408, 19250422, 19250523, 19250717, 19250806, 19251002, 19251003, 19251110, 19251208, 19260115, 19260222, 19260319, 19260506, 19260528, 19260615, 19260721, 19260731, 19260818, 19260915, 19261019, 19261116, 19261220, 19270203, 19270226, 19270405, 19270418, 19270511, 19270620, 19270810, 19270819, 19271011, 19271109, 19271220, 19280203, 19280223, 19280316, 19280317, 19280521, 19290715, 19291028, 19300217, 19300901

石炭購買同盟設立計画　19130612

石炭酸　19160316

石盤　19160221, 19160221

石油　19201122, 19210530, 19210901, 19220206, 19220508, 19221019

石油会社　19221124

石鹸　19260506, 19260913, 19311109

石鹸会社　19110710

セメント　19040603, 19150701, 19160417, 19180808, 19201202, 19201202, 19230719, 19241030, 19241222, 19241225, 19250117, 19260731, 19271119, 19290924, 19301020, 19301027, 19301110, 19301222, 19310309, 19310413

セメント会社　19210908, 19220302, 19221026, 19230115, 19230723

セメント工業保護政策　大19250211

セルロイド　19261214

セルロイド会社創立　大19400400

セルロイド玩具　19250423

セルロイド櫛　19251009

セルロイド製品　19260531, 19260608, 19260927, 19270329

繊維　19240212

繊維格付　19150408, 19260903

繊維検査格付包装　19140518, 19150311

繊維検査所　19260903

繊維輸出規則　19180725

鮮果　19260914

船客　19011110, 19110825, 19160824, 19220112, 19240317, 19240331, 19240424, 19251030, 19300113

鮮魚輸出　19310518, 大19310600

船具商　19260603

線香　19110615

戦時保険率　19140901, 19141001, 19141029, 19141217

銑鉄　19120520

船舶（船）　18990808，19000825，19020525，19020703，19050823，19060918，19080918，19130325，19131106，19140115，19140901，19150729，19170416，19181226，19220130，19220202，19220406，19220424，19221116，19230531，19230705，19230723，19230813，19241218，19251010，19260220，19280325，19330731，19381210，19390625
船舶業者　19170517
船舶駆鼠　19231220
船舶航路　19160817，19170125
船舶桟橋税　19101010，大19101025
船舶修繕　19060903
船舶消毒　19250325
船舶信号　19120710
船舶積荷　19310209
船舶冷蔵庫　19230205
扇風器（扇風機）　19151007，19151007，19210718
染料　19160316，19170115，19260731，19260915

双眼鏡　19110405
倉庫　19020918，19040308，19050328，大19021025
装身具　19101120
増税　18961015，19221207
造船　19040708
総督　19040423，19060608，19211201，19310413，19321024，19321219
総督の教書　19321017，19340723
総督府　19130717，19140122
蔬菜　19240623，19240623，19351110
蔬菜入札　19080408，19110615，19120505，19120901，19130115，19150701，19150920，19151223，19160330，19160724，19161026，19170118，19170528

た行

対外貿易　19131222，19260604，19260620，19260825，19260902，19270419，19270508，19270520，19270618，19270730，19280224，19291111，大19310600，大19411100　→海外貿易，外国貿易，貿易
対支再輸出　大19411200
大統領裁可　19250116
対日貿易年報　19251227，19310525，19361010　→本邦対比島貿易，比島対本邦貿易，日比貿易
対日本輸出　19270305
太平洋海底電線　19030518
太平洋汽船会社　19010310
太平洋船舶業　19250530

太平洋郵便汽船会社　19020410
代理店　19151007
台湾牛　19160320, 19160413, 19161102
台湾包種茶　19120110
台湾米　19150212, 19160501
タオル　19230514, 19230514
高瀬貝　19260216
兌換券　19210210
竹　19110601
竹細工　19210602
脱税　19311228
脱税品　大19300901
種物　19210908
ダバオ港閉鎖問題　大19300715
ダバオ（ダヴァオ）商業会議所　19240331
煙草（烟草）　19020807, 19060918, 19110825, 19131103, 19150426, 19150426, 19200415, 19200819, 19250420, 19260904, 大19071125, 大19211201
煙草職工　19220206
煙草製造会社　19310810
煙草製造業　19020525
タマネギ（玉葱）　19070503, 19080223, 19270621, 19281105, 19290218, 19290924, 19311026, 19311130, 19321017, 19330116, 大19290301
鱈（本邦産開）　19230705, 19230705
ダラー汽船　19310824
ダラー社　19250530
炭鉱　大19000925
炭酸加里（粗製）　19161225
炭疽病　19240124　→牛畜炭疽病

地租　19060503
茶　19230507, 19260904
中華商業銀行　19230604
鋳貨制度　19060908
中国人　→支那人
駐米比島商務官　19220824, 19230125
中立宣言　19140901
長距離無線電信局　19140514
朝鮮産品　19300106
調帯　19150624
蝶番　19260625

帳簿用語法　19230503
千代田簾　19051013
賃銭　19210922

通貨　19210905，19270216，大19010525，大19020825
通信　19181007
通信業　19280203
通信販売　19260529
積荷目録　19230809
釣糸　19201122
釣具　19281015
釣道具　19300120

定期空輸　19331113
定期航空路　19300113
定期航路　19060218，19230301，19310824　→航路
定期郵船　18921122
テグス漁具　19200212
鉄　19091110，19151011，19151011
鉄器　19210210
鉄鋼　19260813
鉄道　19050518，19050808，19060913，19060918，19060928
手荷物　19011110，19250426
手拭地（本邦産）　19121110，19121110
デリングハム会社　19100625
電気機　19201101
電気器械　19260804
電気器具　19290924，19320404
電気事業　19030523
電気鉄道　19030219，19030523，19050628
電球　19250807，19320404，大19310500
電信　19030913，19170423，19170528
電信料　19130721
電線　19151011
伝染病　19020525，19090605，19210912
電燈照明器具　19340912
天然痘　19230813，19240303
澱粉　19160330，19160330，19170319，19210214

ドイツ（独逸）汽船　19141001，19141026

ドイツ（独逸）商品　19140910
ドイツ（独逸）船舶　19170528, 19220501, 19240131
ドイツ（独逸）品　19140917
ドイツ（独逸）貿易　19221030
籐　19260921
銅　19091110, 19151011, 19151011, 19260805
糖菓　19260729, 19260915
陶器　19141019
陶器類　19160612
糖業　19130717, 19140122, 19140409, 19250406, 19370610
東西洋汽船会社　19020525
投資　19300317, 19300505, 19410610
陶磁器　19100120, 19160404, 19241120, 19260803, 19300106, 19320523, 19341008
島内航路運賃引上許可方申請　大19410700
糖蜜　19371225
同盟罷工　19020925
玉蜀黍（トウモロコシ）　19100320
東洋汽船会社　19020525, 19130814, 19170702
東洋文化講座　大19440515
土器　19341008
独立　19321031, 19330109, 大19410700
時計　19150715, 19251021, 19260507, 19260731
土産（どさん）　19010625, 大19010725
特許　19310727
特許登録　19130505
土木　19050518
富籤　19060923
取扱商（業者）　19120520, 19120725, 19120725, 19130417, 19140827, 19141012,
　19150318, 19150401, 19150412, 19150426, 19150624, 19150715, 19150726, 19150906,
　19151011, 19151104, 19160113, 19160221, 19160302, 19160330, 19160615, 19160619,
　19170322, 19170830, 19180325, 19190116, 19190217, 19190327, 19190331, 19190526,
　19190901, 19200419, 19200621, 19200701, 19200812, 19200816, 19200823, 19200826,
　19200927, 19201014, 19201101, 19201115, 19201122, 19201202, 19201209, 19210207,
　19210210, 19210214, 19210214, 19210718, 19210822, 19210908, 19210926, 19211020,
　19211205, 19220313, 19220320, 19220518, 19220601, 19220703, 19220824, 19220901,
　19220911, 19230507, 19230507, 19230514, 19240526, 19240714, 19240929, 19250629,
　19250701, 19250721, 19250807, 19250808, 19250812, 19250926, 19250930, 19251010,
　19251111, 19251205, 19251217, 19260119, 19260121, 19260206, 19260210, 19260317,
　19260423, 19260506, 19260506, 19260507, 19260507, 19260528, 19260608, 19260617,
　19260629, 19260705, 19260728, 19260906, 19261006, 19261211, 19261214, 19261215,

19261220, 19280114, 19280204, 19280820, 19280827, 19281015, 19290430, 19290924,
19291111, 19300106, 19300120, 19300317, 19300505, 19300818, 19310216, 19310601,
19310727, 19310928, 19311109, 19311124, 19320118, 19330130, 19340507, 19341001,
19341008, 19341029, 19341217　→輸入商
取引希望者　19200202
塗料　19260830
度量衡　大19421100
トロール漁業　19120710
トロカ貝　19260914
噸税　19160306
噸税法　19160406, 19160622
噸税法案　19151223

な行
内航船員罷業　19220901
内地航路　19160703
内地航路汽船員罷業　19220810
ナショナル・デベロプメント会社　19190925
南方渡航相談所開設　大19431100
南方要員短期錬成　大19431200

膠（にかわ）　19260810, 19260914
肉製品　19260830
日用品　大19280601, 大19430700
日貨排斥　大19311000
ニッケル鍍金業者　19251208
日比合同資本　19120125
日比貿易　19021204, 19130522, 19150419, 19241113, 19280910, 19290624, 19310119,
19320919, 19340115, 19350525, 19361010, 大19020325, 大19100625, 大19221021,
大19411200　→対日貿易年報, 本邦対比島貿易, 比島対本邦貿易
日比連絡汽船　19141008
ニパ・アルコホール　19211013
日米汽船提携協定　19230423
日本紙　18901128, 19150726
日本志士記念碑　大19440601
日本酒　19060923, 19100325, 19341001
日本人　19150412　→邦人, 本邦人
日本人メリヤス輸入商（莫大小）　19101005
日本政府の南洋材関税改正案　大19320700
日本石炭　19060818　→本邦石炭

日本船舶　19151004
日本造船業者　19060903
日本品　大19260711　→本邦品，邦品
日本品輸入高　18920120
日本麦酒　19170604
日本郵船　19150128
入国税　19170416
乳製品　19231210, 19231213
紐育（ニューヨーク）市場　19120820
紐育（ニューヨーク）比島間　19230301

熱帯植物繊維織物　19130110
ネル　19230621

農業　19150204, 19220522, 19350310
農業銀行　19080828, 19130828
農業銀行法　19070423
農業信用組合　19230614
農具　19260727
農工商業　18930703, 18930705, 18930706, 18930708, 18930713, 18930714
農耕地　19331009
農耕令　大19440601
農作　19240508
農作状況　19210808
農作物　19220828, 19310309
農作物の産額及耕地面積　19140323
農産高　19331009
農産物　19160410, 19160925, 19210210, 19220427, 19220504, 19271207, 19390325, 19400525, 19410410, 大19310315
農産物作柄予想　19120615
農事　19200729
脳脊髄膜炎　19290325
乗組員　19220112

は行
廃航　19150923
排日貨　19280709, 19280910, 19281008
売薬　19080113, 19190915, 19221102, 19300818, 19310216, 大19310101
売薬法　19140625, 19140713, 大19120125
鋼（はがね）　19151011, 19151011

馬具　19280114
博覧会　19030226
ハケ　→刷子，刷毛（ブラシ）
派遣旅商隊　19270701
パシフィック，メール会社　19150923
機織業者　19210815
葉煙草　19260925，19290924，19291111
ハッカ（薄荷）　19241013，19271216
ハッカ（薄荷）玉　19141119
花筵　19060323
パナマ帽　19131222
葉巻　19260925
葉巻煙草函　19200819，19200819
葉巻煙草容箱　19110905
ハム　19080908
刃物　19260624
パユル麻　19260915
玻璃器　19210606
パルプ　19290311
パルム葉　19120520
馬鈴薯　19060113，19070103，19100725，19110520，19140827，19140827，19160224，
　19160316，19160525，19281105，19290218，19290924，19311026，19311130，19321017，
　大19290301
布哇行比島民　19220629
ハワイ出稼ぎ（布哇出稼）　19060803
バンタル繊維工業　19300303
販売業者　19250928
反乱　18961015

ピーナー布　19260915
皮革貿易　19210303
卑金属鉱　19410125，19410125，19410125，19410125，19410310，19410325，19410325，
　19410325，19410410，19410425，19410610，19410625，19410625，19411025
美術骨董　19260805
非常税　19160113
比島国民銀行　19190414
比島国立銀行　19210210，19210324，19210919
比島国立石炭会社　19210407
比島市況　大19410600
比島商況　19230215

比島商務当局　19331113
比島人商務官　19211201
比島政府（政庁）　19220622，19221026，19221116，19221207，19320808，19330904，
　　19331009，大19000925，大19310101　→政府，マニラ政府
比島対本邦貿易　19230709，19261201　→対日貿易年報，本邦対比島貿易，日比貿易
比島中央銀行設立　大19440415
比島物資の輸出制限計画　大19410600
比島輸出制限令　大19411100
百貨店　19260426，19261214
氷醋酸　19150125
病院　19200816
屏風　19070328
肥料　19120725，19261218
麦酒（ビール）　19170604，19260826，19290513

ファー・イースタン無線電信会社　19250527
フイツシュ・ボール　19330828
フィリピン　→比島
比律賓汽船協会　大19410700
比律賓近情　大19250601
比律賓事情　19120120
風俗習慣人情及嗜好　19060108
フォード自動車　19330130
不開港場寄港許可　19321205
不況対策　19320808
豚肉　19341008
物価　18900625，19140820，19181021
物貨　19150729
仏国汽船　19051222
物品販売税　19230226
埠頭　19200223，19200802
船底塗料　19210214
船賃　19160619
船荷証券　19201025
浮標及信号標保護　19031108
古金物　19260728
古新聞紙　19301201
刷子・刷毛（ブラシ，ハケ）　19090825，19160612，19270419，19300310，大19090925，
　　大19270501，大19270611
フランス　→仏国

文具　19260913，19290924，19310727
文房具　19220320，19220518，19221106，19260506

米亜汽船会社　19030312
米貨　19010410
米国沿岸航海法　19220106，19220522
米国沿岸航路　19200415
米国沿岸航路法　19220713，19230412，19230430，19240117，19240121
米国海軍　19151206，19161204，19161225，19280118
米国貨物　19100810
米国関税改正　19130616
米国議会　19070423，19080918
米国極東商業会議所　19200909
米国銀行　19191218
米国銀行休業　19330313
米国軍隊　19120505
米穀耕作場（官立，米作田）　19030428，19130320
米穀公定相場令　19200729
米国航路船　19130814
米国雑貨　大19211001
米国産果実　大19290615
米国商業会議所　19220501
米穀商組合　19230628
米国新関税　19140302
米国新関税法　19131222
米国政府船　19010125
米国船舶局　19230201，19230205
米国投資　19330717
米国東洋艦隊　19170503
米国の外国船舶出港取締　19140903，19140921
米国比島間　19221106
米国比島間の沿岸貿易　19230226
米国比律賓師団経理部（比島駐屯軍）　19080408，19110615，19120901，19130115，
　19150920，19151223，19160221，19160224，19160316，19160323，19160330，19160417，
　19160417，19160525，19160724，19161026，19170118，19170226，19170503，19170528，
　19180318
米国品　19340813，大19270101
米国物価　19201115
米国輸出統制法　大19411100
米国輸入禁止　19210407，19210728

米国輸入制限令　19171227
米国陸軍　19130616，19220327，19240313，19260111
米国陸軍省　18990808
ベーコン　19080908
米作　19411125，19411225
平地羽二重　19260601
米比間航路　19080713，19080918，19170528
米比間配船　19230201
米比共同専門家準備委員会報告書　大19390100
米比航路　19221211
米比貿易　19100820，19140302，19191124，19340723，大19400100
米本国行比島人移民　19210704
ペスト　19130929，19230531
ペスト病　19141026
ベニヤ板　19240515，19261223
ヘンプ　19260421

貿易　18880925，18900625，18930703，18930705，18930706，18930708，18930713，
　18930714，18930812，18961015，18980528，19000810，19020425，19070108，19090113，
　19110805，19130818，19140604，19141221，19150923，19151004，19180919，19190922，
　19211006，19211027，19220327，19220420，19220703，19220928，19221102，19221113，
　19221207，19221225，19230111，19230118，19230122，19230212，19230222，19230514，
　19231029，19231105，19231108，19231210，19240128，19240204，19240410，19240922，
　19250207，19250224，19250422，19250519，19250819，19250906，19260424，19260531，
　19260618，19260726，19291028，19300407，19300616，19321010，19321031，19340108，
　19340305，19340312，19340416，19400110，19401210，19401210，19401225，19410125，
　19410310，19410310，19410310，19410325，19410510，19410510，19410510，19410525，
　19410610，19411225，19420110，19420125，大18940425，大18940625，大18991125，
　大19231211，大19270101，大19300714，大19311100，大19320700，大19390400，
　大19400400　→外国貿易，海外貿易，対外貿易
貿易額　19140423，19210407
貿易季報　19001210
貿易月報　19220904，19220921，19240901
貿易調査　大18940625
貿易年報　19001125，19020225，19020325，19030330，19031125，19040823，19060125，
　19061209，19071203，19090213，19091201，19101115，19111117，19130424，19130428，
　19151202，19200422，19211224，19230411，19230528，19240530，19251220，19251227，
　19310615，19350525，19350525，19350710，19360610，19361010，19371025，19390625
貿易品　19000710
芳香樹脂　19260914

帽子　19200826，19210207，19210207，19260810，19261006
邦字新聞　19211124
帽子製造　19280202
紡織業　19310427
邦人　19290121，大19300515　→日本人，本邦人
法人　19250323
邦人医師　19290924
邦人企業　19240227，19240227
邦人漁船　19121225
邦人経営書肆　19261218
邦人雑貨　19211020
包装　19050818，19140518，19150311
包装植物　19340917
包装用稲藁　19330612
包装用藁　19331225
包装藁　19310928，19311130
包帯　19210606
邦品　大19390600，大19410300　→日本品，本邦品
邦品圧迫の関税引上法案　大19321200
暴風　19281105
暴風雨被害　19290121
暴風警戒　19150617
暴利取締法　大19391200
峰蝋　19260915
琺瑯器　19260621
琺瑯鉄器　19220901，19260706，大19271111
ボストン汽船会社　19020821
保税期間延長　19230125
ボタン（釦）　19160612，19310727
ホテル　19220320
香港寄港船客　19231210
本邦　19010410，19020703，19030703，19030708，19300714　→日本人，邦人
本邦麻業者　19120515
本邦移民　19001125，19041114，19050623
本邦瓦斯業者　19120515
本邦関係商品　19310921
本邦関係品　19321114
本邦鶏卵　19301020
本邦雑貨　18960615，19030623，大19030725
本邦雑貨商（業者）　19040323，19120515

本邦雑貨輸入商　19101005，19210704
本邦産押絵　19110520
本邦産業　19340305
本邦産ゴム製品　19311026，大19311000
本邦産刺繡品　19110520
本邦産白蝋　19070123
本邦産造花品　19110520
本邦産摘細工　19110520
本邦産トロオンウオーク　19110520
本邦産蜜柑　19311124
本邦産莫大小　19301201
本邦産レース類　19110520
本邦重要輸出品　19110105
本邦主要品　19230219
本邦商　19140910，19290415
本邦商品　19140921，19141105，19150412
本邦商品輸出業者　19280514
本邦食料品　大19071225
本邦人漁業会社　19050318
本邦人絹輸出　大19301115
本邦人職業別（在留邦人職業別）　19030703，19050513，19051118，19060723，19070203，
　　19071018，19080803，19090620，19100620，19240417　→海外在留本邦人数
本邦人団体　19240421
本邦人労働者　19060828
本邦製擬草紙　大19030825
本邦製人絹織物　19301020
本邦製蓄音機　19200621
本邦製売薬　19320926
本邦製品　19131222，大19140125，大19270101
本邦製琺瑯鉄器　19271106
本邦製燐寸　19060713
本邦製マニラ麻真田　19111101
本邦製綿布　19391010
本邦石炭　19130616　→日本石炭
本邦船舶　19010810，19030428
本邦対南洋貿易　19321121，19321128
本邦対比島貿易　19271115，大19400600　→対日貿易年報，比島対本邦貿易，日比貿易
本邦駐在事務官　19120210
本邦品　19140917，19190908，19230507，19290722，19300224，19311012，大19270101
　　→日本品，邦品

本邦貿易品　19251109
本邦枕木業者　19060918
本邦綿布　大19100425
本邦木材　大18940525
本邦野菜及び果実　大19110625
本邦輸出貨物　19050818
本邦輸出貿易　大19400100
本邦輸出品　19091110
本邦輸入品　19060808

ま行

巻煙草用紙　19170830, 19170830, 19221106
巻煙草用パイプ　19251217
枕木　19060913, 19060918
鮪缶詰　19330522
マゲー（マゲイ）麻　19170308, 19260915
曲木椅子　19150318, 19150906
曲木製椅子　19150906
燐寸　19070618, 19101110, 19120925, 19151115, 19220724, 19260830, 19261001,
　19300127, 19330227
燐寸工場　19270810
燐寸消費税　19231029, 19241020
窓貝　19260914
窓硝子　19150628, 19150628
マニラ麻（馬尼剌麻）　19010125, 19010325, 19020710, 19051213, 19060613, 19060928,
　19081108, 19090905, 19120510, 19120805, 19120820, 19120910, 19121101, 19121115,
　19121220, 19130125, 19130301, 19130325, 19130505, 19130522, 19130721, 19131103,
　19141119, 19141124, 19141221, 19150318, 19150408, 19150726, 19150906, 19151014,
　19151115, 19151202, 19151206, 19151209, 19160120, 19160207, 19160217, 19160228,
　19160306, 19160309, 19160619, 19160629, 19160710, 19161204, 19161204, 19161225,
　19170115, 19170308, 19171011, 19200708, 19201007, 19210908, 19211006, 19220316,
　19220511, 19220608, 19220629, 19250418, 19260915, 19271210, 19271221, 19280917,
　19290311, 19320718, 19320808, 19321010, 19330213, 19330522, 19330626, 19330717,
　19330904, 19330918, 19331106, 19331120, 19331225, 19340305, 19340430, 19340430,
　19340611, 19340709, 19340813, 19340903, 19341008, 19341126, 19341126, 19350310,
　19350525, 19360610, 19370610, 19370910, 19371025, 19391225, 19401210,
　大19010425, 大19020825, 大19031025, 大19121025, 大19240711, 大19411100, 大
　19440601　→麻，アバカ
マニラ麻織物　19310907
マニラ麻格付　19321010

マニラ麻格付委員会の撤廃運動　19320808　→麻格付審査委員会
マニラ麻格付廃止法案　19221124
マニラ麻屑　19160619
マニラ麻真田　19110920，19111105，19230319
マニラ麻種根禁輸案　19230122
マニラ麻（製綱用）　19230315，19230329
マニラ麻相場　19320926，19321107，19321219
マニラ麻挽屑　19320201
マニラ麻袋　19340730
マニラ株式取引所　19270913
マニラ官営会社の製綱　19201004
馬尼剌（マニラ）寄港　19230315，19231105
マニラ港改良工事　19031203，19221026
マニラ港碇泊規則　19221023
マニラ最近市況　19190220
マニラ最近商況　19190113，19190123，19190501，19190529
マニラ市況　大19210801
マニラ市歳出入　19020510
マニラ市事情　19011110，大19011225
マニラ市市政　19011225，19020125
マニラ市商況　大19020325
マニラ市場　19201115，19210704，19391010，大19210801
マニラ商況　19190327，19190724，19190915
マニラ商工共進会　19250928
マニラ信号所　19210117
マニラ政府　18940300　→政府，比島政府
マニラ・ヘンプ　19280316，19290422，19300519，19310309，19310504
マニラ本邦間運賃　19141102
マニラ輸出　大19091025
マニラ旅行　19180919
マニラロープ　19341217
マニラ湾水道閉鎖　19170705
マニラ湾入港新規則発布　19180708
マホガニー材　19251009
万年筆　19310727
漫遊客　19220501

蜜柑　19330213
未検疫船　19290909
ミシン　19261211

水　19310810
水先案内規定　19250416
味噌　19220907
密輸入品　19221116
民政法　19021009
民事訴訟　19050818，19050818
民法制定　19201202

麦粉　18910523，19170531，19170712，19170903，19171004，19171213
麦稈　19251204
麦稈及経木真田　19140305
麦稈真田　19210224
無線電信　19140901，19140921，19141005，19150415，19160518，19200805，19220901
無線電信所　19141210，19150114
無線電話　19330522
無電　19271203
無糖練乳　大19400300

眼鏡　19200816
メキシコ銀（墨銀）　19011110，19031203
メリヤス（莫大小）　19101005，19120605，19151104，19160612，19190116，19190116，
　19200826，19210203，19220814，大19120625，大19260711
綿織物　19210404
綿貨　19260805
棉花　18890126，大18940325，大19440415
綿糸布　19220601，19220601，19220601
綿製品　19230709，19260621，大19300915
綿ネル　19250919
綿帆布　19290924，19320118
綿布　19070328，19100610，19120220，19210210，19340730，19350710，大19300115，
　大19300915，大19400300，大19400400，大19401000
綿莫大小（綿メリヤス）　19170913
綿縮　19080218

木材　19161109，19240225，19240508，19240526，19250410，19250525，19250718，
　19251105，19260629，19260904，19260906，19260921，19260925，19270401，19270805，
　19280111，19290924，19300331，19330710，19371225，19410610，大18940525，
　大19021125，大19250511，大19250521，大19250601，大19250611，大19250621，
　大19270401
木材業　19021030，19380710

木材商　19230326
木材工芸品　19111101
木材の米国輸入　19230621
木炭　19120520
モートル　19150624
木蝋　19041218, 19050618
木綿　19220720
木綿縮　19140917

や行
薬材　19210606
薬剤　19260731, 19260915
薬剤法　19320926
薬種　19260731, 19260915, 19290430, 19300317
薬種品　19271222
薬品　19071203, 19110425, 19120710, 19190217, 19220824, 19250721
夜光貝　19210926
野菜　19210214, 19260904
椰子　18970726, 19280917, 19330904
椰子油　19150913, 19150916, 19181007, 19181018, 19230321, 19260914, 19270206, 19340611
椰子実　19020325, 19150916, 大19020425
椰子実糟　19161225

遊戯具　19260913
郵便　19271117
郵便貯金　19060813, 19220130
ユカタ（浴衣）地（本邦産）　19121110, 19121110
輸出額　大19010725
輸出禁止品　19170723
輸出商（業者）　19160629, 19210704, 19240714, 19250410, 19260216, 19260914, 19260915, 19260921, 19260925, 19270805, 19291111
輸出商品　19301222
輸出税　19011110
輸出制限　19180110
輸出税免除　19131103
輸出手続規定　19181104
輸出入　19011025, 19250319
輸出入業者　19210310, 19210609
輸出入業者並仲買者　19140921

輸出入禁止　19180131
輸出入国　19191113
輸出入税改正　18891030
輸出入品　19001025, 19180718, 19180808, 19190113, 19191127
輸出品　19140126, 19140202, 19140212, 19140226, 19140305, 19140330, 19140406,
　19140420, 19140514, 19140615, 19140706, 19140727, 19140813, 19140901, 19141029,
　19141116, 19141207, 19141221, 19150111, 19150128, 19150225, 19150301, 19150308,
　19150323, 19150329, 19150419, 19150422, 19150517, 19150607, 19150624, 19150628,
　19150701, 19150726, 19150812, 19150902, 19150923, 19151011, 19151018, 19151129,
　19151220, 19151223, 19160124, 19160207, 19180627, 19310330, 19330213, 19340917
輸出貿易　19250628, 19300414
輸送（船）　19150308, 19201209
輸入家畜　19160210
輸入貨物　大19020825
輸入希望者　19290603
輸入港　19060328
輸入奢侈品　19270308
輸入商（業者）　19070328, 19101005, 19140827, 19140917, 19141124, 19150628,
　19150916, 10200624, 19210224, 19210602, 19210606, 19220112, 19220316, 19230226,
　19230705, 19240623, 19240915, 10250422, 19250423, 19250827, 19250827, 19251102,
　19251204, 19260301, 19260604, 19260727, 19260729, 19260731, 19260803, 19260804,
　19260805, 19260810, 19260813, 19260830, 19260904, 19260907, 19260913, 19261215,
　19261218, 19261223, 19270917, 19271119, 19271128, 19271202, 19310808, 19310817,
　19311012, 19311130, 19320404, 19330710, 19340912　→取扱商
輸入商品　19030703
輸入申告規則　19220724
輸入税　19220109, 19241225, 19301020, 19301110, 19301201, 19301222, 19310216,
　19310309, 19310413, 19311124, 大19290301
輸入税目　18920506, 18920513, 18920516, 18920519, 18920521, 18920523, 18920527
輸入制限　19280514
輸入税率　18900625, 19110105, 19190901, 19271216, 大19301215
輸入品　19031118
輸入品価格　19250224
輸入品包装　19320208
輸入米　19060828, 19080627, 19120120, 19150204, 19311012　→外国米, 外米

洋傘　19160302, 19160302, 19300106
洋傘柄　19270917
容器栓　19290924
養鶏業　19320307

養蚕　19111115, 19270607, 19300526
養蚕業（蚕業）　19071028, 19101210, 19160706, 19230122, 19240714　→蚕糸業
洋紙　19300317
洋灰輸入関税率　大19301215
洋服地　19290924
羊毛　19260904
洋蝋燭製造　19260604
予算　19020510, 19061013

ら行
ライスペーパー　19150426, 19150426
癩病患者　19060808
酪農　19260830
ラケツト　19290924
ラヂオ電機商　19330313
ラヂオ　19290924
ラヂオ器械　19330717
落花生　19150301, 19290930
ラミー（苧麻）　19100910

陸軍経理部　19301020
リザールセメント会社（リザール，セメント会社）　19151004, 19161012, 19170402
流行病　19140209
領事　19330213
領事館　19031008
旅館　19211101
旅客　19200913
旅客手荷物　19030703
旅券　18970705, 19030623
緑蝸貝殻　19260914
林業　19140126, 19230326
林業投資　19371225
リンゴ（林檎・苹果）　19060113, 19070103, 19150419, 19240623, 19240623, 19270621, 大19110325
燐鉱　19220518
リンダーペスト　19150308　→牛疫

呂宋製糖会社　19100525, 19110505

冷蔵庫　19201101, 19250928

冷蔵庫設備　19290819
冷蔵牛肉　19160417
冷蔵鮮肉　19170503
冷蔵肉　19160221，19170118
レース　19260914
レーヨン　大19300901
煉瓦　19300106

ロイド汽船会社（北独逸）　19110925
蝋　19260904
蝋燭　19190915
労働　19060828，19131218
労働者　19020925，19031203，19050818，19181021

わ行
和紙　19200701

編 集 者 紹 介

早瀬　晋三（はやせ　しんぞう）

1955年生まれ

大阪市立大学　大学院文学研究科　教授

〔主要著作〕

『「ベンゲット移民」の虚像と実像－近代日本・東南アジア関係史の一考察』（同文舘、1989年）、『フィリピンの事典』（共編、同朋舎、1992年）、『岩波講座　東南アジア史別巻』（共編、岩波書店、2003年）、『復刻版　比律賓情報　解説・総目録・索引篇』（龍溪書舎、2003年）、『海域イスラーム社会の歴史－ミンダナオ・エスノヒストリー』（岩波書店、近刊）

南方軍政関係史料 28

「領事報告」掲載 フィリピン関係記事目録，1881-1943年

2003年5月20日　　　　税込価格　13,200 円
　　　　　　　　　　　（税抜価格　12,000 円）

編集者　早　瀬　晋　三
発行者　北　村　正　光
発行所　㈱ 龍　溪　書　舎

〒173-0027　東京都板橋区南町43－4－103
電　話　03（3554）8405代・振替00130-1-76123
FAX　03（3554）8444

ISBN4-8447-5450-5

印刷　勝美印刷
製本　高橋製本